評伝 ロバート・モーゼス

Robert Moses

世界都市ニューヨークの創造主《マスタービルダー》

渡邉泰彦
Yasuhiko WATANABE

鹿島出版会

本書に寄せて

男性は女性よりも嫉妬心が強いといわれる。なぜか。それは男性が女性以上に権力を愛するからである。

ニューヨークを訪ねたものは誰もがパークウェイ、トライボロー・ブリッジ、ロングアイランドのジョーンズビーチ、そして国連本部、リンカーンセンター等を知っている。これらすべての実現に二〇世紀のニューヨークが生んだ稀代の能吏、ロバート・モーゼス（一八八八～一九八一）がかかわりあい、そのために当時の米国大統領、ニューヨーク知事、ニューヨーク市長らとの日本では想像できない熾烈な権力と欲望の闘争が常にその背後にあったのだ。もう一つの権力者に米国の代表的メディアを加えてもよいだろう。生涯、ノブレス・オブリージュの精神を貫いた彼は能吏としての目覚ましい台頭、そして黄金期、さらにジェイン・ジェイコブズとの闘いでの敗北、苦悩の晩年を送るが、しかし近年彼への再評価など、先の『ジェイコブズ対モーゼス』の訳者である渡邉泰彦氏がよどみなく彼の一生を語り続けた本である。

しかしジェイン・ジェイコブズが限りなく愛したロウワー・マンハッタンは顔のない新しい権力者、ネオリベラリズムに侵食され、大領領トランプとメディアの闘いも凄まじい。この本は二〇世紀のニューヨークを舞台にした物語であるが、同時に米国の政治、経済、社会の現在と未来への鏡であることに気がつく。物語は読みやすく、大きな米国に関心をもつ人々にとって必読の書であるといってよい。

槇　文彦

評伝ロバート・モーゼス

世界都市ニューヨークの創造主《マスタービルダー》

目次

序章

マンハッタンの都市模型を前にしたロバート・モーゼス

マンハッタンから東に六〇マイル（約一〇〇キロ）ほど車を走らせると、ロングアイランドの大西洋の内海に面した小さな街バビロンに着く。この街のウエスト・メインストリート沿いの白い瀟洒な建物に、地域の歴史や文化を保持する目的を持つヒストリカル&プリザベーション・ソサイエティーがある。一九九五年一〇月一日付けの『ニューヨーク・タイムズ』の地方版は、ここでロバート・モーゼスの回顧展が催されたと報道している。*1

バビロンといえば、モーゼスが家族とともに長年を過ごした街で、回顧展の当時にはまだ、生前の彼と親交のあった住民もいた。トンプソン・アベニューの自宅から少し離れた浜辺にモーゼスが別途借りていたコテージで、一五年にわたり隣人だったジョン・キャンベルはこう言っている。「モーゼスは、ここがお気に入りでね」「泳ぎがめっぽう得意で、海がしけても気にしなかった。なんといっても、彼が自分でつくった橋（ロバート・モーゼス・コーズウェイ）や、公園（ロバート・モーゼス州立公園）がここから見渡せるのだから。すこぶる元気で、いつも思い出に耽っている風情だった」。

キャンベルの追憶どおりモーゼスはこの地域に多大な足跡を残している。というより、彼にとってロングアイランドは本格的なキャリアを始めた場所であり、終生つづいたその思い入れは尋常ではなかった。一九二四年、三六歳だったモーゼスが州知事アル（アルフレッド）・スミスによって、新設のロングアイランド州立公園局長に登用された時、ロングアイランドに州立公園はたったひとつ、それも二〇〇エーカー（二九万坪）の小規模なものしか存在していなかった。それが、局長就任四年後には、なんと一四の州立公園が出現し、総面積は九七〇〇エーカーに及んだ。

一九二九年六月開設のヘックシャー州立公園、翌月開設のサザン・ステート・パークウェイ、そしてもっとも規模が大きく、美しいとされるジョーンズ・ビーチ州立公園はそのまた翌八月四日開設と凄まじく速いペースで、毎月のように州立公園や高速道路が目白押しに開設されていった。

この地でモーゼスが目指したのは、「大都会ニューヨークに住む一般市民の誰もが、海辺を楽しむことができるロングアイランド」を実現することだった。そのために大規模な公園用地を確保し、都心からの交通路となるパークウェイ用地の獲得に奔走した。

ロングアイランドに散在する豪壮な大邸宅を有する富豪たちは無論のこと、土地の農家は彼らの貴重な財産を奪われまいと必死だったし、一般の住民たちも遠く離れた都心からやってくる行楽客に静かな住環境を侵害されまいと猛烈な反対運動を展開した。だが、それをものともせずに押し切り、やってのけた若きモーゼスのパワーは、その後ほぼ半世紀にわたり巨大都市ニューヨークの都市インフラの創造主として君臨する姿を彷彿とさせる。自他ともに許すニューヨークの貌をつくった「マスタービルダー」として、また、パリをつくったオスマン男爵にもなぞられ畏敬された大立て者ロバート・モーゼスの原点がここにあった。

彼は、マンハッタンの中心部にあるグレイシー・テラスに居を構えていたが、バビロンのトンプソン・アベニュー三五番地に三階建ての住居を持ち週末を過ごした。この場所で州知事のアル・スミスをはじめ多くのセレブたちを頻繁にもてなしている姿が土地の人に目撃され、語り継がれている。今でも、この家は多少の改装が施されてはいるものの当時とそう変わらない姿で健在である。

マンハッタンの自邸からこのバビロンまで、車が走行するのはすべてモーゼスがつくった橋梁や高速道路である。彼の生涯でもっとも偉大な事業のひとつと数えられているトライボロー・ブリッジを使ってブルックリンに渡り、グランドセントラル・パークウェイ経由バンウィック・エクスプレスウェイを南下、ベルト・パークウェイ、サザン・ステート・パークウェイを乗り継いでバビロン・ノースポート・エクスプレスウェイを南に走ってバビロンに至る。いまでは、約一時間の行程だが、モーゼスが高速道路を敷設するまでは、ローカル道路を使って一日がかりだった。ほかにも、サザン・ステート・パークウェイに並行して走るノーザン・ステート・パークウェイあるいはロングアイランド・エクスプレスウェイなどがあるが、これらもまた、モーゼスの業績だ。

ロングアイランド半島の南側の海辺は、外海に面して長い砂州が東西に横たわっている。マンハッタンに近い側、すなわち半島の西の端は、ジャマイカ湾を形成するブリージー・ポイントを越えると内海の外側に砂州の浜辺が始まる。東に向かってアトランティック・ビーチ、ロングビーチ、ジョーンズ・ビーチ、ギルゴビーチ、オークビーチ。さらにファイアー・アイランドを経て、半島の東端モントークまで砂丘地帯を越えてつづく浜辺と内海、無数の小島、湿地帯が景観をなしている。この砂州は、長らく手つかずに放置された不毛地帯だったが、モーゼスが州知事アル・スミスに提言し、この地帯一帯を市民のための大規模行楽地域につくり上げたのであった。

海に魅せられたモーゼスは大西洋をみはるかすオークビーチの波打ち際のコテージで多くの時を過ごし、陰謀渦巻く大都会からの開放感を味わっていた。その後、隣りあわせのより鄙びたギルゴビーチに移ったが、波の音も、潮の香りも変わることなく彼の緊張をほぐしてくれたに違いない。

「彼は、ここで死を迎えた。超一流の人物で、あたたかく、気配りは実に細やか、あらゆることに関心を示した。あんなに頭の切れる男は、いまだにみたことがない」とキャンベルはモーゼスを絶賛する。バビロンの町長を務めたギルバート・C・ハンスは回顧展にあたり主任学芸員のアリス・ザルーカとのインタビューで「モーゼス局長は住民の話をよく聞いて相談相手になってくれた。それだけバビロンの街を大事に思っていた」と述べた。[*2] 彼はモーゼスの娘と同年代で、足繁く自宅を訪ねモーゼスと街の将来像について意見を交わしたという。街が大事にしていた自然豊かなサウザード池湿地帯が、パークウェイ建設で危機にさらされた時には知恵を出し保全措置をとってくれたと深い敬意と感謝を表した。

モーゼスの死は一九八一年七月二九日の早朝だった。その前日、火曜日の午後、ギルゴビーチからグッド・サマリタン・ホスピタルに搬送されたがむなしく、死因は心臓不全であった。享年九二歳。葬儀は三一日、自宅からほど近い、ベイショアーのセント・ピーターズ・エピスコパル・チャーチにて午前一一時より執り行われた[*3]（この教会はプロテスタント教会である。モーゼスはユダヤ教であったが、プロテスタントに改宗したと思われる）。

残されたのは、亡くなった先妻メアリー・ルイーズ・シムスとの間に授かった二人の娘、バーバラ（当時コネティカット州グレニッチ在）と、ジェイン・コリンズ（バビロン在）、そして一九六六年に再婚した二番目の妻メアリー・グレイディだった。

一七の州立公園、六五八カ所の大小さまざまな運動場、遊び場、延べ六三七マイルに及ぶ高速道路、一〇カ所の巨大公営プール、そしてさらには一三の大規模橋梁を築いたモーゼスは、住宅供給にも極めて熱心で、都心のあちこちに散らばるスラム街にブルドーザーを入れ更地にした土地の総面積は三〇〇エーカーにものぼり、そこに二万八四〇〇戸を収容する高層住宅の数々を建設した。

彼が関与した作品群はまだほかにも無数にあった。リンカーンセンター、国連ビル、シェースタジアム、ジョーンズ・ビーチ、セントラルパーク動物園と枚挙にいとまがないが、今日のニューヨークの繁栄を支える都市インフラの充実はモーゼスなしには語れない。偉大なマスタービルダーとして、モーゼスの推し進めたニューヨーク都市創造は全米に伝播し、その影響は計り知れなかった。

にもかかわらず、モーゼスについて今なお語られるのは、負の面だ。彼の強引な事業の進め方に対する近隣住民の反感が強く高まり、貧困者の窮状を救うどころか、非情な追い立てによって安息の場所を奪われた移民や、下層労働者を下足で踏みつけた専横者としてのイメージである。多くの犠牲の上にできた高速道路、住民の暮らしを無視した上から目線の大規模高層アパート群。二〇世紀半ば以降、力をつけてきた社会活動家の運動に加え、政治的な駆け引きにも巻き込まれ、モーゼスは人生の落日を迎えることになる。特にジェイン・ジェイコブズとのローワー・マンハッタンを巡るいくつかの闘い[*4]は、世論、メディアがこぞってモーゼスに背を向ける結果をもたらした。今日、都市の開発を語る時、ジェイコブズを範とする者はあっても、モーゼスに目を向けるものは希有だ。

だが、本当に両者の考え方は対立すべき両極なのだろうか。たしかにモーゼスが心に描いたニューヨークはジェイコブズが大切にした心地良い近隣コミュニティや、由緒あるブラウンストーン建物の保護でもなく、ましてやニューヨークの街角、彼女が言う「見守る人の目」がある歩道でもなかった。彼の構想は、一般市民に開放された公園、ビーチ、高速道路、スラム撤去と大規模住宅開発、そして複合文化センター創設など、世界都市ニューヨークにふさわしい都市インフラの構築だった。経済を繁栄させ、訪れる人びとを魅了し、住む人びとに快適な近隣コミュニティを供するには、それを支える巨大公共インフラの存在が欠かせない。

特に忘れてならないのは、モーゼスの活動した時代の米国大都市における底辺の生活は想像を絶する悲惨な状態にあったことだ[*5]。大都市の救済こそ最大かつ喫緊の課題であった。マクロの視点から事業を推し進めるモーゼス、ミクロの視点から近隣を育むジェイコブズ。両者の視点は車の両輪でこそあれ、対極に位置するものではあるまい。

一九六〇年代になって時代は動き、人びとの暮らしは二〇世紀初頭とは比べようがないほど改善された。より小規模で控えめな開発そして自然環境、歴史保存的な側面が強調されはじめ、

当時のニューヨークのスラム街の光景

おおやけの利の内容も変わりつつあったが、モーゼスは頑として自己の信念、手法を変えることはなかった。

一九七四年にはモーゼスこそ、都市を衰退させた張本人だと指摘するロバート・カロの大作『パワーブローカー――ロバート・モーゼスとニューヨークの衰退』[*6]（Robert Caro, *The Power Broker: Robert Moses and the Fall of New York*, Alfred A. Knopf, New York, 1974）が出版され、都市の救世主と崇められたモーゼスの評価は地に落ちた。それでもモーゼスは「公共事業に携わっていれば、とかく専制だの黒幕だのと、無責任な批評家の標的にされるのだ。住民を移転させずにゲットーを撤去できる建築家がいたら、それに乾杯しよう。卵を割らずにオムレツをつくれる料理人に万歳をいうのと同じことだ[*7]」と言いきった。世論とのずれがこのあたりから大きくなっていく。

しかしながら、近年、疲弊する都市のインフラを整備する必要が声高になるにつれ、モーゼス再評価の動きが高まってきた。強い行政の力を求める動きだ。二一世紀に入りコロンビア大学の都市研究専門家の主導により催された大規模な展覧会で、衰退した都市の蘇生を断固たる態度で推進した偉大な「マスタービルダー」としてのモーゼスの姿が浮き彫りにされた。そこでは、彼の関与したすべての事業が、周囲の反対に遭って未完成に終わったものも含めて網羅され、歴史的、国家的文脈にたった評価がなされている。

本書では、モーゼスの生い立ちから始めて、市民の称賛の的となった黄金期、非難と落胆の終末、さらに、再評価の動きまでを追った。モーゼスは都市に衰退をもたらしたのか、それとも都市を衰退から救い出した英雄なのか、読者はいかなる判定を下すのだろうか。

第一章

若きモーゼス

モーゼスが夏に好んで使ったバビロンのトンプソン・アベニュー35番地

イェール、オックスフォード、コロンビア

モーゼスは一八八八年一二月一八日にコネティカット州ニューヘイブンのドワイト・ストリート八三番地に生まれた。アイビーリーグの名門、イェール大学は目と鼻の先、二ブロックの場所にあった。父親のエマニュエル・モーゼスは同化スペイン系ユダヤ人で目抜き通りに商工会議所ビルを所有しており、ビジネスは順調だったという。モーゼスは「父の親族は、未婚女性や、独身男性が多かったせいで、おおかた死に絶えた。母方は、ここ一〇〇年の間で、アメリカ歴史文化の形成におおいに貢献してきた一族だ」と述べている。

母親イサベラ・シルバーマンは、ドイツ系ユダヤ人の上流階級でつくられたサークル、「アワー・クラウド」に属する誇り高いファミリーの出身で、たいそう気が強かった。彼女の母親(モーゼスの祖母)ロザリー・コーヘンも、知的かつ独立心旺盛で、夫を尻に敷くタイプだったらしい。

ロザリーに関して面白いエピソードがある。晩年、彼女はニューヨーク五番街の高級ホテル、ウィンザーに居住していたが医者にかかるのを終生拒んだという。周囲が慮って、ベッドのそばに緊急用呼び鈴をつけようとしたが、「わたしは、入り口の呼び鈴まで歩けなくなるほど、重い病にかかることは決してありません」と断固拒否した。九三歳の誕生日からひと月したある晩、好きなクロスワードパズルをほぼ埋め尽くした彼女は突然、寝室を歩き出て呼び鈴を鳴らし、やってきたメイドに「医者を呼びなさい。わたしは、これから召されます」と静かに命

じ、医者が到着した時、すでに脈はなかった。モーゼスの母イサベラの強い性格は、このロザリーゆずりだったに違いない。

エマニュエル・モーゼスとの結婚によって、イサベラはニューヨークからニューヘイブンに移り住み、三人の子供を授かった。長男のポール・エマニュエル、次男ロバート、そして長女エドナ・マリオンだ。子供たちは緑あふれるニューヘイブンの街が好きだったが、イサベラはここには見るべき文化がないという理由でニューヨークへの引っ越しを決意し、彼女の父親から譲り受けた五番街の東四六丁目のタウンハウスに一家は移り住んだ。五階建てのブラウンストーンのタウンハウスは、このあたりを好むユダヤ系上流階級の典型的な住まいで、近所には金融の名門リーマン家はじめ、名だたる富豪が居を連ねていた。子供たちは、皆遊び仲間で、互いの家に出入りしていた。

イサベラは、その後続々と移住してくるヨーロッパからのユダヤ系家族に対し、寛大な支援をあたえる慈善活動を主導したが、かといって、ユダヤ教そのものに対して忠実だったのではなかった。むしろ宗教心は希薄で、子供への割礼も、バーミツバも受けさせなかった。その代わり、当時流行していたエシカル・カルチャー・ソサイエティーに加盟した。

三人の子供たちは、エシカル・カルチャー・スクールに二年間通い、その後ドワイト・スクールに通った後、ポーキプシーの近くにあって、軍隊的しつけが厳しく、授業料が高いことで有名だったモヒガン・レイク・アカデミーに進んだ。これも母親がすべて決めて子供たちに指図した結果だった。

モーゼスはニューヨークを好きになれなかった。「大きすぎて、人も多く、騒がしいし、混雑していた。ニューヘイブンに戻って、イェール大学に通い、コネティカット州の知事になるのが夢だった。ニューヨークに住んでいるあいだじゅう、ずっとそう願っていた」[*1]と告白している。

大学は、長男のポールはプリンストンへ進み、ロバートは当然のようにイェールを選んだ。長年の夢を叶えたといえよう。ちなみにニューヘイブンでモーゼスの生家があったドワイト・ストリートは、イェール大学の第一二代学長ティモシー・ドワイトを讃えるストリートネームだった。また、ニューヨークで兄弟三人が学んだドワイト・スクールも、やはりティモシー・ドワイトを讃え校名が付けられた。この学校は、そもそも、イェールをはじめ、アイビーリーグ校への進学準備高校（プレップスクール）として発足したもので、ここを選んで子供たちを学ばせた母親イサベラも、イェールに対する思い入れは強かったのであろう。

イェール大学は一七〇一年に設立された。当初はザ・カレッジエート・スクールと称されていたが、篤志家エライヒュー・イェールにちなんで一七一八年に現在の名称となった。大学に支援を惜しまなかった彼は、東インド会社総督の地位にあった人物である。

一九〇五年にモーゼスが入学した頃、イェールは一般には固く閉ざされた特別階級のものだった。モーゼスの学年は三五一名で、生徒の大半はエピスコパル系の「正統な」プレップスクール出身者で固められていた。内訳を見るとフィリップス・アカデミー・アンドーバー校卒が三三名、ホッチキス校卒が二三名、そしてセント・ポール校卒七名といった次第だ。当時、

WASP（白人、アングロサクソン、プロテスタント）の牙城だったイェールで、ユダヤ系のモーゼスは肩身の狭い思いをする機会が少なからずあった。

たとえば、イェール・リテラリーマガジンは学部生の随筆、詩、小説などを年二回発行する学内文芸誌で一八三八年に始まった米国最古のリテラリーマガジンである（実際には、一八一五年に始まったより歴史の長いノースアメリカン・レビューがあるが、第二次世界大戦中に休刊された上、発行元も転変したので、途切れることなく発行をつづけたイェール・リテラリーマガジンが最古とされている）。詩を書くことに長けていたモーゼスは、当然この誇り高い文芸誌サークル入りを希望するが、ユダヤ教であることを理由に、より歴史が浅く格下のサークル、イェール・コウラントで我慢せざるをえなかった。彼の詩のいくつかは、この文芸誌に掲載され、後に編集委員にも選ばれた。

とはいえ、出自ゆえに涙を呑んだ屈辱は、生涯忘れられなかった。当時、同学年のイェール・リテラリーマガジンの同人としては、後にピュリツァー賞を受賞したレオナード・ベイコンなどの有名人が多く、その才能をいっぱいに開かせていただけに、忸怩たる思いが強かった。勉学、特に詩づくり、さらにはラテン語の授業で、クラスの誰からもその抜きん出た才能は称賛されていたが、同級生の目に映る彼は、才能あふれる魅力的な「ユダヤ人学生」という範疇に留まっていた。勉学ができても、最高のエリートとしての条件が備わっていなかったのである。

モーゼスの後の人生に影響を与えたと思われる出来事はほかにもあった。属していた水泳部を辞めざるをえなくなった予想外のハプニングだ。

学内ではアメリカンフットボールが圧倒的な存在で水泳はマイナーだった。このため、学校のスポーツ予算の配分で不利な立場におかれ、プールは古くて天井は低くインカレの競技規格にも合わない代物だった。マイナースポーツへの限られた予算を補うために、モーゼスはレスリング、フェンシング、ホッケー、バスケ、水泳などマイナースポーツの統一団体「マイナースポーツ・アソシエーション」を設立した。この統一団体に対して寄付を募り、集めた資金をいったんプールした後に、それぞれの体育部へ振り分けようと考えたのであった。だが、この案を巡って水泳部のキャプテンと対立したモーゼスは、馬鹿げたことにその場で「ならば、水泳部を辞めてやる」と暴言を吐いてしまった。「わかった。ならばその辞表は今すぐここで正式に受け入れよう」とキャプテン。以来、モーゼスがイェールで泳ぐ姿を見せることはなかった。

この苦い経験から、人間は権力の座にない限り個人の力は限定的で、大きな仕事を成し遂げることは不可能だと考えるようになったといわれている。いわばトラウマ経験で、彼をあしざまにいう側からみれば、権力の亡者であるモーゼスの原点はここらあたりにあるそうだ。

四年生になったモーゼスは、「アフリカのナポレオン」の異名をもつセシル・ローズの贈与資金をもとに設立されたローズ奨学生に応募し、オックスフォード大学への留学を希望した。ところがたまたま、一九〇九年はローズ奨学金が授与されない年にあたり、翌年まで待てなかったモーゼスは母親に援助を頼み、自費でウォドム・カレッジの修士課程に入学を果たした。オックスフォードは、モーゼスにとって極めて快適な場所だった。イェールにみられた偽善的ともいえるもったいぶった民主主義とは違い、本当の意味で平等だと感じられた。友人からの受けも良く、人気者だった彼は、水球チームと水泳部、双方のキャプテンに推されたほか、権威あるオックスフォード・ユニオン討論クラブの会長にも就任した。アメリカ人がこれらの地位に就くのはオックスフォード始まって以来だった。

オックスフォードでは、学生はフランネルのズボンをクタクタになるまで穿き、靴も磨くことなく一足を履きつぶす風習があったが、モーゼスもこれが身についてしまい家人は彼の身なりを整えるのに気を遣った。衣服に無頓着だけでなく、英国貴族が金銭の憂いなく一生を終えるのにならってか、彼も「そういった（金銭）類いの話は好まない」と話し、友人との飲食代は彼が支払っていた。

大の英国ファンになった彼には、帰国後ともすればアメリカを軽んずる発言、行動が見られた。人生のキャリアとして、公共的なサービスに従事する公僕を選んだのも、高い教養を受けた上流階級が行政のトップとしてノブレス・オブリージュ精神を発揮するという英国式思考の結果だった。その一方で、植民地の有色人種への思いやりなどは薄れていった。一度などは、植民地住民の意向を聞く討論会で、現地住民はいまだに自治統治ができる段階には至っていないと厳しい所論を展開し、聴衆のひんしゅくを買った。[*2] モーゼス批判派は彼の人種差別の原点をここに見つけている。実はこの時、中近東からの参加者が激昂し、モーゼスは警備員に守られてようやくその場から脱出した。ひんしゅくを買ったどころの話ではなかったらしい。

彼は、二年間のオックスフォード留学で修士課程を終えた後、博士論文「大英帝国における公務員制度」をコロンビア大学に提出、一九一三年に二五歳の若さで博士号を取得した。政治学が専門で、行政改革のあるべき姿がテーマであった。

行政組織の革新、効率の向上に深い関心を寄せたモーゼスは、ニューヨーク市政調査会の養成学校に入った（市政調査会は一九世紀から二〇世紀にかけて米国で展開された市政改革運動の所産として設けられた民間調査機関。ニューヨークでは一九〇六年に設立された。東京市長、後藤新平が当時の所長チャールズ・A・ビアードを東京に招き、一九二二年に東京市政調査会を発足させた）。

彼のキャリアの出発点となったこの頃のアメリカにおける自治体政治は腐敗しきっていて、行政の効率は最低の状態であったから極めて良いタイミングだった。当時のニューヨーク市政は、東一四丁目にあったタマニーホールを根城とする民主党によって牛耳られ、集票を巡っての供応、収賄、利益供与、腐敗が渦巻き、改革派が暫時、政権に就いても、すぐさま逆戻りして札つき政治家連中が舞い戻り、混乱状態がつづいていた。大企業のエゴと腐敗した政治権力者からアメリカを取り戻すという革新的進歩主義運動にかけられた期待は大きく、その担い手としての市政調査会の養成学校は、その頃まだ珍しかった大学卒業者の若手人材を育てる機関として、モーゼスには理想的と思われた。

彼の申し分のない学歴は、仲間内でも尊敬の的であったが、すぐに彼は、養成学校での訓練生活に飽き足らなくなり、無報酬のまま市政調査会内で働くことを志願し、受け入れられた。手っ取り早く一人前の仕事がしたかったし、またそれだけの実力もあったのである。

だが、それでも彼のはやる心を満足させることはできなかった。彼は、市政調査会のそもそもの機能が、政府に対して「調査し、助言する」だけであることに我慢ならなかった。母親イサベラのコネを通して、彼は市政そのものへの直接的関与を目指し、市役所に入りびたって知り合いの職員のオフィスで時間を過ごすようになり、調査会の仕事はおざなりになっていった。仕事の合間に、学校時代の友人たちと街のなかをぶらついている時にも、彼の頭は鋭く回転した。公園で幼児のおむつ替えに戸惑っている若い母親を見れば、おむつ替え用の小屋をつくってはどうだろうかと友人に意見を聞いたり、公園とは名ばかりで、貨物列車の線路や、錆びた電線やらで景観的に問題だったリバーサイド・パークを、ハドソン川の水辺を楽しむ親水公園にするべきだなどとアイデアを披露しては友人を驚かせた。

その頃、マンハッタンの七二丁目から一八一丁目に至るハドソン川の川辺に面した全長六マイルほどのリバーサイド・パークは、崖上からの素晴らしい景観とはおよそかけ離れていた。ニューヨーク・セントラル鉄道の四本のレールが走り、柵によって川辺へのアクセスは遮断されていた。家畜をダウンタウンの食肉処理場に運ぶ長い貨物列車は、石炭や重油の黒煙を吐き、あたりは霧と煙の混じった悪臭につつまれ、夜にもなると浮浪者の群れがたむろしてたき火を取り囲む地獄絵のような光景だった。普通の神経の持ち主なら、目をそらすこのあたりの荒廃をみたモーゼスの反応は「ワクワクするね。この水辺は世界一美しいものに変えられるな」だった。

モーゼスのこの驚くべき想像力と創造力を称賛した友人のひとりに、後にフランクリン・D・ルーズベルト大統領のもとで、初の女性労働長官となったフランシス・パーキンズ[*3]もいた。

彼女も若き改革者であり、モーゼスやその友人たちと一緒に街なかを歩き回ったり、リバーサイドを川から眺めるためにボートに乗ったりしていた。「とにかく、彼の頭のなかには、そのための具体案がもうすでにでき上がっていたのよ」、しかも、単なる夢想家と違って彼は学校、刑務所、社会福祉などあらゆる分野での改革と効率向上を頭のなかでおさらいしていた。「無論コストも勘案しての上」だったと彼女は回顧している。

とはいえ、市政調査会内で、協調性のない彼の評判は悪くなる一方であった。だが、ある日、幸運が訪れた。一九一三年一一月四日、改革派の若き政治家ジョン・パーロイ・ミッチェルが市政改革を旗印にして、市長選挙に大勝利したのである。彼は、モーゼスの上司を収入役に起用し、あわせてモーゼスを行政改革のエキスパートとして迎えた。モーゼスはついにそのもてあまさんばかりの才能、情熱、実行力をフルに発揮する機会に巡り合った。ミッチェルは、賭博や陰謀の徹底的取り締まりで一連の腐敗政治家を辞任に追い込んだ、三四歳の若き検察官で「若造市長」として手腕が期待された。

モーゼスが最初に手をつけたのが、市政府内の職分の分類格づけとそれに伴う給与水準の体系化だった。それまで、市政府職員の給与はタマニーホールに牛耳られ混乱の極みにあったから、業績に応じた報酬などとはほど遠かった。改革派ミッチェルの後ろ盾を得たモーゼスは、オックスフォードで学び、コロンビアで博士論文となった彼の行政改革論をもとに改革案を作成し、残すところ実行あるのみの段階まで至った。

その少し前、市政調査会に働いていたウィスコンシン生まれのメアリー・シムス[*4]にモーゼスは好意を抱いた。彼女は、ウィスコンシン大学を卒業して州知事の秘書をしていたが、ニューヨークの調査会に移りモーゼスの同僚となった。市政改革案を完成させ安堵したモーゼスはその夏、保養地レイク・プラシドに両親の夏の家を訪ね、四歳年上の彼女を紹介し、八月の一五日、無宗派のレイバー・テンプルで式をあげた。そして翌年、五月二三日には長女バーバラを授かった。

腐敗したタマニーホールの政治家たちは、市長の座を取り戻すべく画策し、モーゼスの改革案を攻撃の的にした。彼らは卑劣にもモーゼスの博士論文の一部をとりあげ『ブルックリン・デイリー・イーグルズ』紙に意図的にリークした。「イギリス人（ママ）のモーゼス氏はこの国に数年前にやってきて、ミッチェル市長の右腕として市政革新にあたるそうだが……彼は論文で〝市政をゆだねるべきは、出自も育ちも正しい人材、もしくはそれに匹敵するものを自力で獲得した者に限る〟と述べている」と悪意ある煽動記事が一九一四年四月七日に掲載されたのである。

当時の市職員の採用は縁故が多かった。しかも集票活動への見返りとして座に就いた者もまた多くいた。当然、大学卒業者は稀だったから、この記事によってモーゼスは彼らの多くを敵に回してしまった。

敵意を抱いた市の事務職員が総動員で徹底抗戦した結果、モーゼスの改革案は日の目を見ることはなく、またミッチェルも一九一七年の再任選挙に敗れ、タマニーは目的を果たした。革新が死に、腐敗がまたもや復活したのだ。モーゼスの考えは科学的で、公正で、合理的であった。にもかかわらず、人間の抱く強欲、利己主義、そして権力への執着に考えが至らなかったことによって完膚なきまでに敗れてしまった。

苦悶の日々が始まった。失業した彼は、二人の娘、長女バーバラと次女ジェインのためにも働き口を求めるが、気が短く、正論ではあるものの過激な意見を吐くので、せっかく職にありついても長続きせず、経済的にもかなりな困窮状態がつづいた。母親ベラは喜んで手を差し伸べたが、結婚して子供をもうけた手前もあって、若い夫婦は自力で苦境を切り抜けようと四苦八苦した。信じ難いことだが、メアリーがある日友人に「お金が乏しく、食料品店に借りがある」と漏らしたほどだ。

州知事アル・スミスとの二人三脚

三〇歳の誕生日を迎えようとするモーゼス、しかも妻メアリーと娘二人を抱えて、行き詰まったモーゼスは困惑し、将来への不安につつまれていた。ニューヨーク市政にはもはや戻れなかったし、かといってワシントンの連邦政府には全くコネがなかった。また、州政府への就職も期待できなかった。なぜなら、州知事に当選したアル・スミスは、タマニーホールの出身で、まさに腐敗政治家としてモーゼスが攻撃の的にしてきた典型的な人物に思われたからだ。

アル・スミスは赤ら顔のアイルランド系、だみ声、金歯をぎらつかせ、葉巻をいつも口にくわえてクチャクチャさせ、山高帽を斜めにかぶる下品な男という第一印象だったと、モーゼスは友人に語っている。事実、スミスは「わしは、大学にも、高校にも行かず、学位はフルトンの魚市場で（七年間働いて）取った」と、自ら州議会で胸を張っていた。こんな男が知事[*5]として牛耳るニューヨーク州政府にモーゼスが職を見つけることなどおよそ不可能と思われた。

ところがある日、まさかの事態が発生する。ベル・モスコービッツ[*6]と名乗る女性からの突然の電話と訪問を受けたモーゼスが耳にしたのは、次期州知事アル・スミスが、「州政府の革新を図るために、詳細な青写真を描き、それを実行する決意を固めている」という驚くべき知らせだった。そして、ベルを頭に精鋭部隊を募って行革組織を立ち上げる計画で、五〇人の採用と日々の仕事の最高責任者として、モーゼスに声をかけたのである。腐敗したタマニーの典型的政治家としかスミスを捉えていなかったモーゼスには、新任知事が州政府の改革を考えていること自体、にわかには理解できなかった。

アル・スミスの父親[*7]はアイルランド系のカトリックで、マンハッタンのローワー・イーストサイドのブルックリン・ブリッジ近くに住んでいた。ちょうどその頃この橋は建設中で、スミスは口癖のように「自分はブルックリン・ブリッジと一緒に育った」と言っていた。このあたりはマンハッタンの第四区と呼ばれ、貧しい移民が身を寄せあって懸命に明日への夢を紡いでいた。

父親は一三歳の息子アルを残して急逝してしまう。極度の貧困のなか、アルは一四歳で学校をやめ、魚市場で働くこととなった。その後、タマニーホールの後ろ盾をえて、一九〇三年の一一月、三〇歳の誕生日直前に民主党員として州議会議員に当選した。珍しくタマニーの腐敗に染まらずに、一般市民の声を代表する政治家になろうと決意し、毎夜、法案を遅くまで読みつづけた。彼は子供の頃、ほとんど本を読むことなく過ごした。そんな彼が、解読しにくい法案に取り組んだ姿を想像するとなにか微笑ましい。

一九一一年三月二五日、痛ましい火災事故が起こりニューヨーク中を悲しみと怒りが覆う。トライアングル・シャツウエスト工場火災はシャツ縫製工一四六人の命を奪った。そしてその大多数が若い女性の縫い子たちだった。彼らの多くはアイルランドや、ユダヤ、イタリアの移民の娘たちで、最年少は一四歳であった。労働条件の改善、安全な作業環境を求める市民の運動が巻き起こった。アル・スミスはこの事故の調査委員会副委員長を務め、改善策を策定したことでも知られている。一九一八年、彼はタマニーホールの支援をえて、州知事に当選を果たした。アイルランド系としては史上初の州知事であった。

それにしても、州知事アル・スミスの右腕として行政改革案の策定にあたるベル・モスコービッツ女史が、なぜモーゼスに声をかけてくれたのか不可解だったが、経済的にも苦境にあったモーゼスは渡りに船と、この誘いを受け入れた。ベルは、スミスにとって貴重な人材だった。彼女は、対立する当事者いずれにもキチンと配慮した上で、改革を実行する能力の持ち主で、知事に助言するというよりはむしろ彼の改革の執行者として周囲に認められていた。彼女は、働く若い女性の待遇改善などに尽力し、その成果をスミスに認められ、彼の政策立案、遂行の右腕となった改革主義者だった。

モーゼスにとっても、ベルは貴重な存在だった。忍耐強くことにあたることを教え、改革の具体策が当事者のプライドを傷つけることのないよう表現を和らげるなど助言をあたえ、決してモーゼス流の過激な表現を許容しなかった。モーゼスにとって、目から鱗の教えだったに違いない。とはいえ、州政府公務員委員会の予算は乏しく、人員削減しながらの激務で、モーゼスはまさに不眠不休で対応した。部下に激務を要求し、時には大声で叱咤もしたが、また、よく笑う快活な上司でもあった。特に自分がミスをした時には、隠そうともせず自らそれを認めてオフィスは笑いにつつまれた。モーゼス率いる改革案策定部隊は、士気高く目標達成に向かって轟音を立ててつき進んだ。

「州政府組織の簡素化と再編成」という四一九頁のレポートが、一九一九年についに州知事アル・スミスに提出された時、政府内の部局は一八七にものぼっていて、蜘蛛の巣のように複雑で混乱していた。

州知事の地位もまた曖昧で、州政府内の独立部局の長、あるいは委員会の委員長が持つ権限のほうが知事権限よりも強かった。予算の作成は各委員長が決めた数字を足し算するだけで全体調和の視点はなかったし、州議会の力も強く、知事の力はここでも制限されていた。こんな状態では、一般市民の声が政府政治に反映されるはずもなかった。

モーゼスのチームが作成したレポートは、部局の数を一六に束ね、知事の現行任期を二年から四年に延長することで、知事の権限強化を狙う大胆な改革案であった。アル・スミスの後ろ盾に加え、モスコービッツの適切な導きもあって、州議会はこの案を採択するかに見えた。だがその矢先、任期満了となったスミスは、州知事選挙で共和党のネイサン・J・ミラーに敗れてしまった。その結果、モーゼスの改革案は法案化にもう一歩のところでまたもや、お蔵入りとなった。

浪人の身に落ちたモーゼスにある日、アル・スミスのだみ声電話がかかってきた。「よければ、そこらを一緒に歩かないかね」。

かくして、奇妙なコンビの街なか散歩が始まり、それがほとんど日課となった。かたや、短軀で太鼓腹。かたや、長身、スリムでハンサムな青年。アル・スミスは、道行く人からの声かけに気さくに応じて、なかなか前に進まない。それを内心苛々しながらも、神妙に肩をならべるモーゼス。その頃、スミスは幼友達がオーナーの運送会社社長の職に就いていたが、決して政治への野心を捨ててはいなかった。ふたりだけの会話は常にカムバックを頭においての州政府運営にあったようだ。

報道陣への対応もアル・スミスは心得ていた。彼は決して、嫌な顔をせずに報道陣とつきあい、友情関係にまで持ち込んだ。モーゼスにとって、これは貴重な教訓であった。記者やレポーターはうまく使えばことの次第をスムーズに運べるのである。

さまざまな改革の実行

アル・スミスは、一九二二年に州知事に返り咲くことに成功し、以降、三期六年、知事職を務め上げた。モーゼスは、この間一貫して忠実に仕え、今までに実現できなかった彼の改革案が、時には修正されたり否認されたりするにせよ、着実に実現するのを見届けた。改革派のジョン・パーロイ・ミッチェル「若造市長」のもとでは日の目を見なかった改革案が、腐敗政治家の温床であるタマニーホール出身で、自ら「下層の出」といって憚らない、およそモーゼスとはタイプの違う州知事、スミスの手によって実現しているのである。

アル・スミスの指示のもと、モーゼスはさまざまな改革実行に乗り出した。スミスは病院整備に五〇〇〇万ドル、老朽化した刑務所、精神病院改革[*8]に一億ドル、そして道路や鉄路の立体交差化費用として三億ドルを予算づけした。

四肢に障害を持つ子供たちのための専用病院、精神障害を負った退役軍人、盲人、聾唖者専用病院などが州内のあちこちに設立された。近代化された精神病院ならびに精神病の研究施設も数多く新設された。

刑務所や矯正施設の運営が、囚人の社会復帰に重点がおかれていなかった点に不満を持っていたアル・スミスの要請に応え、モーゼスの打った手は明快だった。彼は、志望学生が少なく経営がおぼつかない州立の農学校を矯正施設に転用し、罪の軽い若年囚人の社会復帰訓練に供した。また、成人の囚人に対しては、小規模な作業工程を導入し、成果に応じた賃金をあたえ、社会復帰に備えるという斬新な案を提案し法案成立に漕ぎ着けた。一九一九年に設立された収容所調査委員会が長らく実現できなかった収容所近代化を、モーゼスは短期にやり遂げてしまったのである。シンシンをはじめとする先進的な刑務所が出現したのもこの頃だった。

また、アル・スミスはかねがね、鉄道の踏み切りや道路の平面交差による交通遅延、死亡事故の発生に心を痛めていて、モーゼスに解決策を求めた。[*9] それまでも、関係者は問題意識を共有していたが、コストの分担で紛糾し、解決にはほど遠かった。当時の鉄道事業は、深刻な業績不振に落ち込んでいて、元大統領のカルビン・クーリッジを筆頭に「クーリッジ鉄道委員会」[*10]が開かれ、事業の再生が検討されていた有様だったから、立体化のコスト負担にはとうてい耐えられなかった。

モーゼスは、コストは州と鉄道会社が折半する。州の分担金は歳入担保債の発行で賄うという、これまた柔軟な策を提言し、そのために必要な州法の修正案をあわせて提言した。紆余曲折はあったが、アル・スミスはこのモーゼス案を強力に推進した。この結果、ブルックリンのアトランティック・アベニュー、クイーンズのロッカウェイなど、重大事故頻発地域を中心に数百の平面交差が立体化された。目を見張るほどの成果だった。

義理人情に厚い男、アル・スミスはモーゼスの貢献を高く評価し、州政府のなかで給料の高いなんらかの地位をあたえようとしたが、モーゼスは一顧もせずに、改革の鬼となった。スミスは彼を「法案作成では、モーゼスの右に出る者はいない」と称賛していた。

だが、ある時、ある考えがモーゼスに閃いた。そしてここから「ニューヨークの貌を変えた男・マスタービルダー」としての活躍が始まった。

第二章

モーゼス大奮闘

ジョーンズ・ビーチ州立公園（1929年開園）

一般市民に行楽地を

一般市民の誰もが楽しめる、あたかも会員制高級クラブのような格の高い娯楽場、公園などの創設。一見、矛盾するこのアイデアこそ、モーゼスの本当の気持ちを代弁している。

一九一九年に米国人が保有する乗用車の台数は、七〇〇万台だったが、一九二三年までには、二三〇〇万台に大幅飛躍した。フォード自動車会社の大量生産によって低価格モデルが出現し、かつ経済産業発展によってもたらされた労働者階級の生活向上がこの背景にあった。この結果、一般市民の娯楽への関心が高まる。時間とお金に余裕が生まれたのである。

それまで休日の楽しみは、市内近隣のビルに囲まれたアスファルト敷きの狭い空き地か、酒場にたむろするぐらいしかなかった市民はこぞって家族連れで郊外に足を運び、野外で健康的な時間を楽しむようになった。親が子供の頃、夢見ても実現しなかった夢がいまや手の届くところまで近づいたかに見えた。

だが、ことはそう簡単ではなかった。時間と金は手に入っても、行くべき郊外の娯楽場、公園は限られていたからだ。

マンハッタンの北にはウエストチェスター郡があり、そこには緑がふんだんにあったが、ほとんどの公園は住民専用だった。ここを越えてさらに北に上れば、一般市民に開放された公園はあったものの、ブロンクス・リバー・パークウェイはまだ建設途上にあったから、大変な思いをしてブロードウェイの最北端でイースト・リバーに架かる跳ね橋を通過しなければならなかった。船が通過するたび、道を塞がれた車列は大渋滞を引き起こした。朝にマンハッタンを出発しても、目的地に着くのは午後遅くになる公算が高かった。

マンハッタンの西側を流れるハドソン川を越えれば、パリセード・パークがある。ロックフェラー家と鉄道王ハリマン家の協力でできた広大な公園だ。だが、そこに行くには橋もトンネルもなく（ホーランド・トンネルができるのは一九二七年まで待たねばならなかった）、オランダ移民が三〇〇年前にやっていたのと同じく、渡し船が使われていた。さすがに昔の渡し船は、フェリーに代わっていたが、収容能力には限りがあり、週末ともなれば、子供連れが満員札を前にして、恨めしげにハドソン川の対岸を眺める光景が珍しくなかった。

マンハッタンの東には、クジラの形をしたロングアイランドが横たわっている。アメリカ合衆国本土で最長最大のこの島は、最西端のニューヨーク港から東に約一二〇マイル（約一九〇キロメートル）の長さで大西洋に突き出し、南北の幅は約二〇マイル。人口が密集するニューヨーク市の一部をなすブロンクスを除けば、広大なナッソウ、サフォークの二地区が広がっていて、当時ここは四エーカーにひとりの割合でしか人が住んでいない超過疎地だった。西のハドソン川を渡るのとは違って、マンハッタンからイースト・リバーを渡る橋にはこと欠かなかった。当時でもすでに、ウィリアムスバーグ・ブリッジ（一九〇三年開通）、クイーンズボロー・ブリッジ（一九〇九年開通）、マンハッタン・ブリッジ（一九〇九年開通）、ブルックリン・ブリッジ（一八八三年開通）が架橋されていた。

では、ロングアイランドで、ニューヨーク市民は娯楽を楽しめたのだろうか。答えは否だ。

ロングアイランドの海辺には「ベイマン」と呼ばれる、入り江の獲物、主として魚介を採って生計を立てる漁民がいて、彼らはよそ者、特に都会からやってくる来訪者を毛嫌いしていた。また、内陸で農業を営む農民たちもよそ者には決して気を許さなかった。この地には白人至上主義の秘密結社クー・クラックス・クランの団員が多く住んでいたし、共和党の指導者たちは黒人だけでなく、ユダヤ系、カトリック系に対しても嫌悪を隠そうとはしなかった。

さらに、莫大な富を有する大富豪たちがいた。この地に広大な荘園を持ち、城館を築いて一族の保養場所としていた彼らもまた、都会からの無遠慮で騒々しい行楽客の到来を喜ばなかった。彼らは、プライバシーを守るために、広大な敷地に高い塀を巡らせ、あちこちに銃を持った警備員と大型犬を配置した。館は小さいものでも三〇を超える部屋数を持ち、大きいものでは六〇部屋を超えていた。英国の王族、貴族の荘園をモデルにして、家具は英国貴族が放出した本物の骨董家具をあつらえた。なかには、ジョージⅡ世のお抱え職人に宮廷そっくりのものをつくらせてしまった剛の者もいた。敷地は一〇〇〇エーカー（約一二〇万坪）を超えるものもあり、ほとんどの海岸は彼らの私有地で一般市民が近づくことはできなかった。彼らは、ロングアイランド北側のグレートネック、キングス・ポイント、サンズ・ポイント、グレンコーブをはじめとするロングアイランド海峡の内海に面した美しい浜辺や、岬、入り江に至る車道を意図的に狭く、未舗装のまま放置して、プライバシーを確保した。

富豪のロングアイランド占有欲が強いことを物語るおもしろい逸話が残っている。半島南側のティンバー・ポイント・ゴルフクラブでの話だ。当時、蚊による伝染病の発生が多く見られ、街は撲滅のための寄付をクラブの一〇〇名しかいなかった会員に要請した。ところが、ほとんどがそっぽを向いて協力しようとしなかった。蚊がいなくなれば、大衆が街から押し寄せると恐れたのだ。ある夫人が友人に言った言葉がふるっている。「よそ者に荒らされるより、蚊に喰われたほうがまし」[*1]。このクラブでゴルフをやっていて相方の顔を見るとなんと二〇匹もの蚊がたかっていたというから、それよりましとはなにをかいわんやだ。

漁民、農民、大富豪、それぞれの立場からとにかくよそ者排除の気運が強く、勢い込んで週末にフォード車に一家を乗せてピクニックと洒落込んだ一般大衆は、ひどい目に遭った。バンパーがくっつきそうな大混雑で、一寸刻みののろのろ運転。子供は泣き叫び、ワイフはおかんむり。やっと緑の広場に出たと思ったら、今にも飛びかからんばかりの番犬が牙を剝き、警備員が「ここは私有地だ、早く立ち去れ」と脅しつける。結局、車のなかで持参のサンドイッチをかじって午後の日差しのなかを渋滞にもまれながら、帰途につく惨状だった。

都市居住者の数はその頃、一〇年間に一〇〇万人単位の爆発的増加をみせていて、ロングアイランドに娯楽を求める都市生活者の数は増える一方であった。行楽地を島の北側に求める人びとが車を走らせるルートは、ノーザン・ブールバードとジェリコ・ターンパイクだったが、この二本のローカル道路とも週末の混雑は凄まじく、市民の不満は高まる一方だった。島の南側にはメリック道路があったが、これまた幹線とはいえ北のノーザン・ブールバードよりもさらに道幅が狭く、混雑は言葉にできないほどの苦痛を伴った。

この問題は、行政府のなかでも民主革新派にとっては解決すべき課題として認識されていたが、いざとなると、実際にことにあたるまでもなく、立ちはだかる難問にうちのめされ挫折し、宙に浮いてしまうのがオチであった。なにせ、ニューヨーク市民を満足させる行楽地をつくるとなれば、未曾有の規模の空き地が必要となる。購入するには天文学的な資金が必要となるし、強制収用ならば州議会で反対されるのは目に見えていた。議員には、このあたりの大富豪が名を連ねていたからだ。しかも農民、漁民の類いまで反対勢力に加担することが予測されたから、誰も勝ち目のない闘いに挑戦しなかった。ただ一人を除いては。

ただ一人、ロバート・モーゼスは違った。彼は友人に誘われ、一九二一年の夏、ロングアイランドの海辺の街バビロンで週末を過ごし、すっかりそこが気に入った。街の雰囲気に、入り江に、そして大西洋の内海や大海原に面した南海岸にも魅了された彼は、翌年妻のメアリーと娘たちを連れて海の家を借り夏を楽しんだ。オフィスには、ロングアイランド鉄道で片道一時間ちょっとだった。

この通勤列車の車窓から、彼は街と街の間に深い森林地帯があることに気づいた。そこには、池や小川も垣間見えた。調べたところ、この森は一八七四年にニューヨーク市（正確には一八九八年にニューヨークの五行政区が合併してニューヨーク市が統一される以前のブルックリン区）が、飢饉に備えて水資源確保のために取得したものと判明した。そして、ここの水がいまだかつて市の緊急事態に使用されたことは一度たりともないことも。そればかりか、市は州の北方クロトンの地に別の貯水池を取得し、そこから水路で水を導いているので、今後もおそらく使用される機会はないと推察された。

これを知ってモーゼスの頭脳はフル回転を始める。一般市民が心から望んでいる「健全な行楽地」の創設だ。彼は足を使い未踏の森をかき分け、ボートを乗り回し、海からしか近づくことのできない岬や砂丘に上陸して、この地域の徹底的な探索に取りかかった。ボートはひさしがついた平底の小型船を漁民から譲り受けた粗末な年代もので、スピードはえらく遅かった。妻のメアリーはこの船をロバートの愛称「ボブ」と名づけた。ある時はひとりで、時には妻と娘二人も乗せて、家族で浅瀬を渡り人影のない砂州の浜辺に上陸して、この探検ごっこにも似た探索は熱心につづけられた。

モーゼスが魅せられたのは、バビロンの桟橋埠頭から五マイルほどの沖合に横たわる砂丘と砂浜でできた細長い砂州であった。ここでひと夏を過ごす避暑族は、この砂浜を「ショートビーチ」とか「ギルゴビーチ」と呼んでいたが、その形状は年々変化し、昔の古地図とは様変わりしていた。土地に長く住む老いた漁民の話では、このあたりの海流は西に向かって強く流れており、この流れが常に砂礫を運びこんで、砂州は西へ延びつづけているのだそうだ。そして冬になると嵐や南東の強風が吹き荒れ、この砂州に切れ目を入れ新しい入り江が口を開くのだと。

こうして西に延びた砂州を住民はファイアー・アイランドと呼ぶが、古老によれば、「ファイブ・アイランド」が訛ったもので、その名がついた一八世紀には、四カ所の入り江によって砂州は五分割されていた。ファイアー・アイランドの東の先端は、モリッチスの街まで延びているが、西側は細い入り江で切れ目が入っているもののフリーポートの街まで到達する長さで、ロングアイランドの海岸線と並行に走っている。このあたりはジョーンズ・ビーチと総称されていた。一七世紀にこの海域を国王の下命を受けて取り仕切っていたウェールズ人のトマス・ジョーンズにちなんだ名称だった。彼はその後沿岸のクジラ漁で財を成し、若妻のために豪奢な館を建てたが、その死後、浅瀬に蘆が密生し、時の移ろいとともにこの地は寂れてしまった。

この人っ子ひとりいない荒れた砂州を見て、モーゼスは得意の想像力と創造力を発揮する。ここを整備して海辺の行楽を渇望している都会の一般大衆に提供しようではないか。とにかく、市からここまでの距離は意外なほど近いのだから。

問題は市内から、ここに至る道だ。ロングアイランドの南を走るルートにはメリック道路があるが、海辺に出るためにはこのメリックに接続され南下する自動車道の創設が必須となる。しかし、実現は容易でなかった。用地を住民から購入するのも、強制収用するのも非現実的だと思われたからだ。

地図を精査していたある日、モーゼスははたと膝を叩いた。以前通勤列車の窓外にみた森林地帯はニューヨーク市が私有する土地だと知っていたし、そこを公園にするアイデアも持っていたモーゼスは、この南北に縦長の森林地帯にパークウェイを縦走させメリックに接続させることを思いついた。こうすれば買収費用は不要、混乱を招く強制収用もすることなく、市民へ憩いの場を供することが可能だと考えたのだ。モーゼスは、「その時一瞬にして考えが浮かんだ」と後に語ったが、それまでの飽くことのない森へ、浜へ、そして入り江への探索があったからこそ、このアイデアに至ったと言えよう。

彼は、さらに東方に足を伸ばし、あちこちで見捨てられた空き地を発見した。さらに北の海岸沿いにも、ロングアイランド海峡を見下ろす素晴らしい風景をもつ荒野があることを確認する。

夢は大きく膨らんだ。大富豪たちが、こぞって建てた大邸宅が散在する島の北側のゴールド・コーストにパークウェイを通せば、世界一の眺望ドライブが実現するだろう。ゴールド・コーストには、カーネギーの友人で、不動産に進出したフィップス家、ホイットニー美術館で有名なホイットニー家、金融のモルガン家、海運と鉄道で財を成したバンダービルト家、投資銀行家のオットー・カーン家など、名だたるファミリーが広大な荘園をもち、それは見事な光景をなしていた（現在でも大邸宅の多くは残っていて、市民に開放されており、訪れる観光客も多い）。彼のアイデアはこれらの邸宅の横に、あるいは庭園の一部を削って自動車道をつくるというもので、東西南北にわたりロングアイランド全体をカンバスにして市民が楽しめる行楽ネットワークを描く大規模で、大胆な構想だった。

当時の一般的な考えでは、市民に開放された大規模公園というコンセプトは希薄だった。ロングアイランドに唯一その頃存在していた州立公園は（一九六四年にロバート・モーゼス州立公園と改称される以前の）ファイアー・アイランド州立公園であった。この土地はもともと植民地時代には行政官ウィリアム・タンジール・スミスの私有地だったが、一八二五年に連邦政府が灯台建設のためにその一部を購入し、さらに一八五五年にはマンハッタンのホテル経営者デイビッド・サミースがサーフホテルを築いた。[*2]

一八九二年に、ニューヨークへの渡航者が持ち込む伝染病やコレラの蔓延を恐れた州政府はこのホテルを買収し検疫施設に転用した。だが、一帯の衛生安全が脅かされると怯え憤った地元民は道路を閉鎖し、警備隊との衝突事件を起こした。時の州知事は事態の収束を図り、この地をロングアイランド初の州立公園とする文書に署名した。一九〇八年のことであった。しかし、一九一八年には火事が発生、公園施設は灰燼と化した。一九二一年の夏、モーゼスがあたりを探索した頃は、ここもご多分に漏れず荒れ果てたまま放置され、州立公園とは名ばかりだった。この荒廃空き地以外には、ハドソン川以東に州立公園は存在していなかった。

ハドソン川の西には、パリセード・パークから北方のバッファロー市の間に、篤志家たちが州に寄贈した未使用地や、緑地などが一九カ所あったが、規模的にはいずれも小さく、その上、州は維持費を負わなかったため、原則、寄贈者負担を余儀なくされ、いずれも荒廃していた。トイレもなく、自動車でのアクセスも不可能だった。

そもそも州政府には公園を司る部局はなかった。州がそんな有り様だったから、州内各都市もまた同様だった。だが、各都市の経済発展は目覚ましく、都市生活者が求める行楽地の創造はモーゼスの心を突き動かした。

しばらくして彼は「ニューヨーク州立公園計画」という題名の独創的な報告書をまとめ、総合的アプローチを提唱した。一五〇〇万ドルの州債の発行を勧告し、これを原資として州立公園ネットワークを設立するべきだと唱えた。他州では、すでにこの方法は採用されていて、州立公園運営をサポートしていたが、これほどまでに大胆な構想、そして大規模な州債発行はいまだかつて例がなかった。

報告書がユニークなのはそればかりではなかった。彼は、公園の創設、維持改良の目的として、それまでに重点が置かれていた「自然保護」に加えて、「一般市民への娯楽場の提供」という新しいコンセプトを追加した。また、「改良」とは、広い意味で公園へのアクセス、つまり自動車道路網の整備にも及ぶと主張した。まさに総合的な州立公園ネットワークシステムの提唱であった。さらに、このネットワークシステムを地域ごとに掌握する「地域州立公園局」と、それらをまとめる「ニューヨーク州立公園評議会」の設立を提案した。たとえば、ロングアイランドに位置する州立公園であれば「ロングアイランド州立公園局」が掌握する。そして、各地の「州立公園局長」は、「州立公園評議会」の評議員メンバーとなる。評議会は最高機関として、各地域の州立公園を包括的に調整し、全州にわたる中長期的な統一公園政策を策定、監督するのである。

この提案書は、広く全米の公園関係者によって称賛された。だが、肝心のアル・スミスの反応はいまひとつで、彼の感想は「(市民には)赤いフランネルの下着で十分なのに、毛皮のコートまでくれてやれというのか?」[*3]と懐疑的であった。知事にしてみれば、一五〇〇万ドルという途方もなく多額の借金までして、公園などにうつつを抜かすよりも、ほかに有権者を喜ばせる方策はあるだろうと思ったのだ。

だが、モーゼスは飽くことなく知事を方々の公園候補地に連れ回し、有権者たる市内の一般

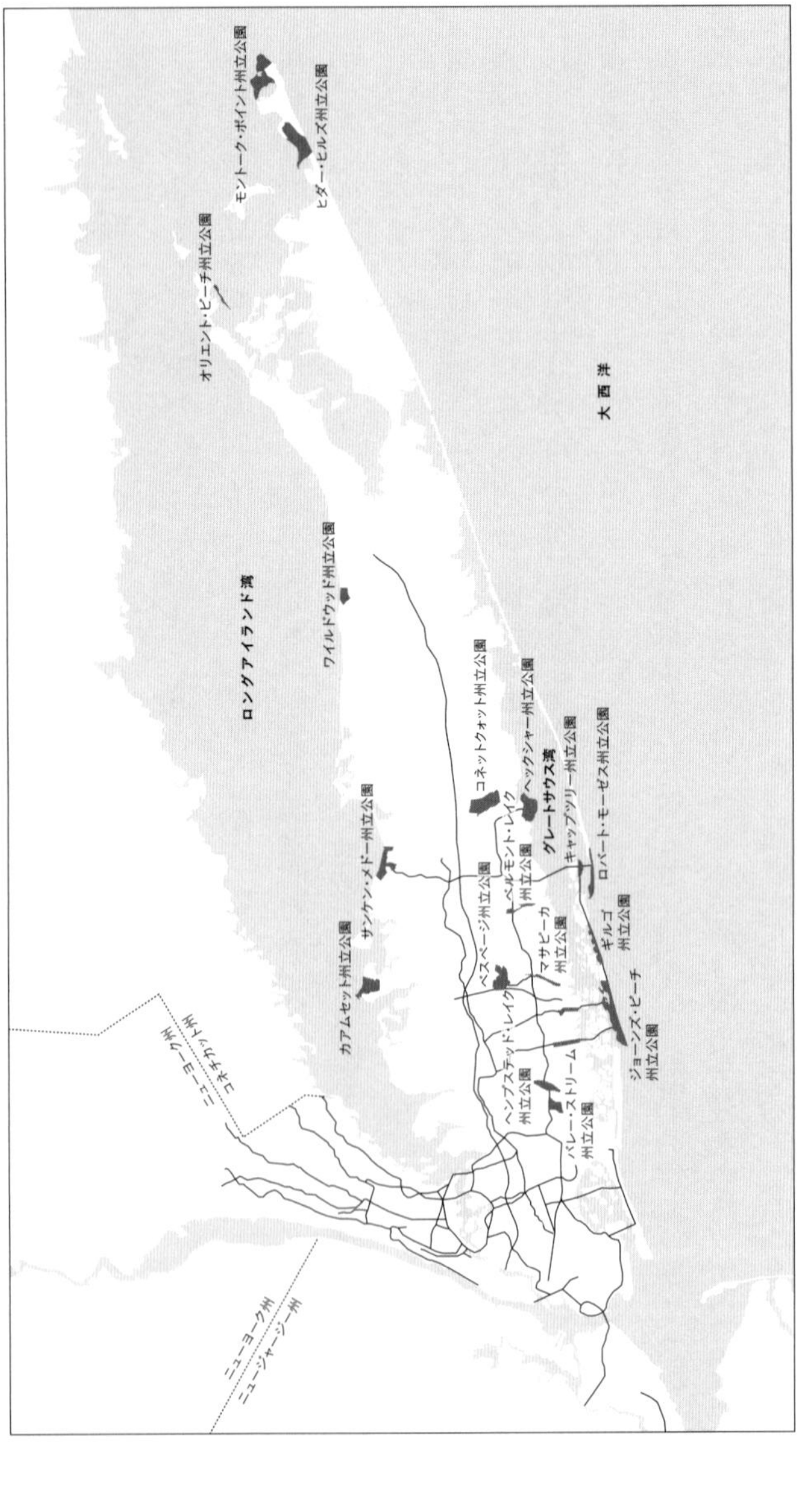

ニューヨーク州ロングアイランドでモーゼスが直接関与した公園、ビーチ、高速道路、パークウェイ

大衆は必ずアル・スミスを支持するだろうと説得をつづけ、ついに「ボブ、わかった。きみの勝ちだ」と言わせてしまう。こうして、一九二三年四月一八日、スミスは「州立公園評議会」の設立法案ならびに一五〇〇万ドルの州債発行案を議会に提出した。

このアル・スミスの英断はさまざまな団体、他州の知事、そしてスラム街の住民を含む一般市民の熱狂的な称賛と支持をえた。一般市民の、とりわけ中流以下の貧困層の生活向上を心がける州知事としてのスミスの評判は高まる一方であった。そして、いまやモーゼスの評判も否応なく高まった。「モーゼスを支持することは政治的な正義につながる」、そんな空気が州政府内や、州議会議員の間に流れはじめた。

そうするうちにも、モーゼスはロングアイランドの探索をつづけ、あちこちで長い間放置された屋敷跡や、管理者さえいない広大な空き地を見つけては公園候補地として挙げていった。島の東端モントーク半島、ハンプトン湾周辺、北に行けば、ロングアイランド海峡に沿ったサンケン・メドー、ロイドネック、オリエント・ポイント、東西南北の公園候補地、そしてそこをニューヨーク市と結ぶ自動車道の敷設候補ルート。ジョーンズ・ビーチに始まった構想は、大きく膨らみロングアイランド全土に及んだ。

この候補地探しのさなかに、モーゼスは漁民の話が事実であることを確認した。潮の流れが運んでくる砂礫が堆積して、ジョーンズ・ビーチ西端の砂州は、毎年一六〇フィート（約五〇メートル）というスピードで西へ延びつづけていた。およそ六〇〇エーカーにも及ぶ土地が人知れず天然の力で創造されていると知ったモーゼスは、すぐさま当時の商務長官ハーバート・

フーバー（後の大統領）の補佐官であったイェール時代の同級生に書状を出し、この未管理地六〇〇エーカーの権利放棄をフーバーに懇請することを依頼した。幸い、この放棄申請は認められ、砂州はモーゼスの州立公園網の中核として組み入れられることとなった。

モーゼスのはやる心を察したアル・スミスは、「ロングアイランド州立公園局を新設するので、その局長になってもらいたい」と切り出した。建築に興味を持ち、アウトドア派、しかも水泳が得意だったモーゼスにとって公園、それも四周を海に囲まれたロングアイランドの公園創設の責任者になれるのなら、これ以上の幸せはなかった。この職は、同時に設置される上部組織の州立公園評議会の評議委員としても名を連ねる職であった。当然、返事は「イエス」だった。

ロングアイランド州立公園局長、そして州立公園評議会議長に就任

一九二四年四月一〇日、ついに州立公園関係の法案が満場一致で州議会を通過した。四月三〇日、モーゼスはロングアイランド州立公園局長ならびに上部組織の州立公園評議会議長に任命された。実は、この関係法案の内容はモーゼスが作成したもので、随所に隠された工夫がしてあった。

公園局長就任前にモーゼスはアル・スミスのもと、一大行政改革を断行し成功を収めた。行

革前に一八七にものぼっていた州政府部局はわずか一六に収束された。それにつれて、従前は予算権限を持っていた多くの独立機関も、一六部局のいずれかの傘下に入り予算権限は剝奪された。たとえば、公園に関する政策の決定権と予算権は、州政府の自然保護局長に集中された。そこで、モーゼスは、州立公園関係法案作成にあたって自身がかつて主導した行革精神に表向きは従うかのごとく装ったものの、公園に関する政策と予算割当の権限に限っては州立公園評議会にあたえた。この結果、自然保護局長は実質的にお飾りのポジションに祭り上げられてしまった。

仕組みはこうだ。各地域の州立公園局長は、それぞれの地域の公園政策を策定し、予算を申請する。これを州立公園評議会が検討し、ニューヨーク州全体の公園政策に照らして、優先順位をつけ予算配分を決定した後、州自然保護局長に承認を求める。本来予算権限を有する自然保護局長に最終の「伺い書」があがった時には、すでに政策、予算ともに変更の余地もなく固められていて、それまで全くかやの外におかれた局長は否も応もなく承認せざるをえなかった。

このほかにも、法案にはモーゼスの仕掛けが織り込まれていた。州知事がアル・スミスでいる限りは安泰だが、選挙にやぶれたりあるいは引退して知事が代わっても自身の地位が脅かされないように、モーゼスは州立公園評議会議長の任期を六年と定めた。知事の任期のなんと三倍だ。

また、公園に行くためのパークウェイ、公園入り口へのアプローチ道路、それに付随するものすべてを総括して「公園」と呼称し、公園局の管轄とした。通常、高速道路の敷設は、既存の州高速道路法によって、その地区の自治体が管轄するが、パークウェイという概念は比較的新しかったため、高速道路法の文言に入っていなかった。この空白を利用して、モーゼスは「公園」の定義にパークウェイを入れ込み自身の管轄としてしまったのだ。

彼はパークウェイを一般高速道路と区別して、バス、トラックの類いの商業車は一切乗り入れ禁止とした。目的地への道すがら、車窓からふんだんな緑を満喫できる、それがパークウェイだったからだ。黒煙をふりまく乗り物はふさわしくなかった。

モーゼスの仕掛けた落とし穴は、まだあった。彼は公園局が「不動産」を取得できるというくだりのなかで、別条項を追加して「本法案における不動産とは、陸上の土地、水面下の土地、鉄道、路面軌道、電信電話用途地などを含む」と書き込んだ。水面下の土地も、買収、収用、取得の対象となれば、ロングアイランドのグレートサウス湾沖合一マイルは、公園局の所有物となり、浅瀬漁をもっぱらとする「漁民」にとっては死活問題となる法案であった。本来ならば、法案審議段階で物議をかもす可能性の高かった内容であったにもかかわらず、誰の目にも留まらず、見逃されてしまった。ただ、巧妙に仕込まれたこの条項がなければ、モーゼスが一般市民のための行楽地を、水面下の土地までも利用して奔放自在につくり上げることは不可能だったのも事実であった。

しかも、モーゼスは議会へのこの法案提起を、トルービー・デビソンに依頼した。デビソンは、その前年に州議会議員になったばかりの新人であったから、法案の中身に深く踏み込んで検討することもなく、ただただモーゼスの信頼をかちえたと思い込んで有頂天になり、無邪気に法案提出者となった。モーゼスは、デビソンがロングアイランドの名門出身であることに目をつけ、皮肉にも彼を選んだ。これから自分がやり遂げようとするロングアイランド州立公園網の設立構想の推進過程で、地方の名門連中とは、嫌でも対立することになるであろう、その名門の御曹司を意図的に選び、州立公園法案を提出させたのである。

デビソンは、イェール大学を卒業したばかりの二二歳の青二才だった。父親は、J・P・モルガンと組んで銀行業を営み、国際赤十字の発展に力を尽くした有力者ヘンリー・P・デビソンである。後になって、この法案が父親をはじめ地方豪族の利害に反すると判明し、デビソン・ジュニアは、内容を吟味せずに法案提起者になったことを周囲から詰問され平謝りすることになるがもはや遅きに失した。

一方、モーゼスは法案成立を見越して、すぐさま立派なオフィスをマンハッタンに借り、内装に贅を尽くし、当時の最高級車パッカードを購入、お抱え運転手を雇い入れた（こう主張するのはロバート・カロだが、モーゼスは「車はパッカードではなく、母親イサベラが運転手付きで長年使用した一六気筒の大型マーモン車だ。不要になったので、自分が譲り受け局長車として使用した」と反証している）。実は、彼は生まれた時から一度も自分で車を運転したことはなく、運転免許も持っていなかった。裕福な育ちであったから、子供の頃から運転手は常に待機していた。

モーゼスは、一五〇〇万ドルの州債発行資金のうち一〇〇〇万ドルをロングアイランドの公園候補地ならびにパークウェイのルート用地確保に充てると決めた。しかし、この上限を全く無視して候補地の買収に走り回るので、農家や豪華な城館を持つ名士たちとあちこちで摩擦を起こすが、アル・スミスの後ろ盾をうまく利用して、強引にことを進めた。彼は、ロングアイランド全島を憩いの地に仕立て上げるべく構想を練り上げたのであって、決してひとつやふたつの州立公園、あるいは海浜公園などでは満足しなかった。

彼は、マスコミをうまく使いこなす術にも長けていた。アル・スミスやモスコービッツ女史の指導が功を奏したのかもしれない。一九二五年、一月八日の『ニューヨーク・タイムズ』の一面に見出しが躍った。「金持ちゴルファー、州立公園設立計画妨害で告訴さる」[*4]。ここで彼は、強大な政治的、社会的影響力を持つ一部の「裕福なゴルファーたち対貧しい一般大衆」という対立構造を浮き彫りにし、マスコミや世論の喝采を手にした。さらに富豪たちとの闘いにおいて決定的なことが起こった。スミスの滞在するホテルに彼らが訪れてきて直訴した時のことだ。うっかり口を滑らせたひとりが「公園をつくれば、市から押し寄せてくる下層の輩によってロングアイランドが蹂躙される」と言ってしまった。それまでなごやかに聞いていた知事の顔は一変する。彼は「下層の輩だと？　わしだってそうだ」と応酬した。

そんななか、モーゼスの意中にあったジョーンズ・ビーチの全容が明らかになるにつれ、関係者は驚愕することになる。海浜公園には給水塔が付きものだが、彼はイタリアのベネチアにある立派な鐘塔を模したものにすると宣言した。イタリア各地に見られる鐘塔のなかでもベネチアのそれはもっとも優雅で美しい、モーゼスはそう強調した。二棟の更衣所もまた凄かった。城かと見まがうばかりの堂々たるデザインで建物の壁面仕上げは、東六三丁目のバルビゾン・ホテルに使われたレンガとオハイオ産砂岩に統一された。この砂岩はもっとも高価な素材で、これだけでロングアイランドのすべての公園関連総予算一〇〇万ドルを使い切ってしまう代物だった。技師にその点を指摘されたモーゼスの口から出た言葉は「かまわん、これでいく」だった。一般大衆の驚愕、歓喜する姿を思い浮かべながらモーゼスは即答した。市民があたかも会員制高級クラブのような優雅な雰囲気のなかで楽しめる行楽の場。これぞ彼が抱いた大構想だった。

ジョーンズ・ビーチへのパークウェイに架かる立体交差橋のデザインも凝りに凝った。設計士は「きみが橋の設計に長けていることは認める。でも、美しい橋はつくれないのかね?」とモーゼスに念を押された。橋は一〇〇以上あったがそのすべてを石造りのアーチにするのはいうまでもなく、ひとつひとつ全部違うデザインにし、かつ全体調和を心がけろと命じられた。パークウェイのガードレール、そして照明柱もまた尋常ではなかった。鉄製のガードレールや柱は、パークウェイの牧歌的風景と折り合わないという理由で、すべて木製にし、強度を上げるために鋼鉄の芯材を入れた。

州都オルバニーで州政府の仕事をこなしつつ、ロングアイランドの公園網、高速道路網の立ち上げ作業に没頭するモーゼスの日課は厳しかった。しかも、彼は細部にわたって漏れなくチェックし、少しでも期待している品質水準に満たない場合、必ず修正を求めた。部下のミスがつづく場合には不機嫌は怒りに変わり、チームから放逐された者も数多かった。愛想を尽かした部下に対しては一切口をきかない「黙殺待遇」もあった。部下への厳しい要求をする一方で、彼自身がそれ以上の厳しさをもって働いたので、チームの意気は盛んだった。

この頃のモーゼスの働きぶりをかつての部下のひとりがこう描写している。「オフィスの雰囲気はくだけたもので、みんな上着を脱いでシャツ姿で懸命に働いた。わたしの記憶では、ボスはネクタイをゆるめて肩に投げ掛けシャツの袖をまくり上げていた。しょっちゅう、冗談を飛ばしまくっていて、我々も遠慮なく冗談を打ち返していた」。

家族も、またこの大事業に貢献していた。二人の娘バーバラとジェインは、オフィスに改造された旧ベルモント邸（金融資本家オーガスト・ベルモント邸で、長い間使用されていなかった豪邸）の前庭につくられた遊具で無邪気に遊んでいたが、実はモーゼスは遊具の優劣、子供の好き嫌いをこれで試していた。将来、公園に設置する遊具選択の参考にしていたのであった。妻のメアリーも、有力者を招いた食事会のホステス役として、また部下の妻たちの悩みごとの相談に乗っていた。チームはモーゼスの壮大な夢を支える大きな家族だった。

献身的な大家族チームを率いたモーゼスは、内心焦っていた。後ろ盾として大きな力を貸してくれている州知事アル・スミスが、一九二八年の合衆国大統領選挙に出馬する予定だったからだ。大統領候補になると州知事選挙には出馬できない。これは州法で定められていた。つまり一九二九年の正月元日までには新しい州知事が、それも多分、共和党の知事が誕生する可能性が高かった。そうなれば、どんな難癖をつけられて計画の変更、縮小を余儀なくされるのか予測不能であった。スミスの任期中にジョーンズ・ビーチの工事を進捗させ、マスコミや一般市民の目に見える形をつくり、世論を味方につける必要があった。

ある時、モーゼスは割り当てられた予算をすべて使い切り、次の予算が下りるまでのやりくりに行き詰まってしまった。さすがのアル・スミスも、一度ならずの要求にあきれ果て追加措置を認めず、直訴に来たモーゼスを追い返した。工事請負業者は、作業員への支払いが滞り倒産の危機に瀕した。そこで、モーゼスは母親イサベラに頼んで、当時の金で二万ドルを貸してもらった。一九二〇年代の二万ドルは今の貨幣価値では、かなり巨額だ。予算がついた後、この金はイサベラに無事戻ったのだった。

このことからもわかるように、モーゼスは決して自分の懐を肥やそうと思っていなかった。それどころか、服装などにはこだわりを見せず、服やシャツのほころびも頓着しなかった。見かねた妻のメアリーが、糸と針で繕ってくれるのが常だった。仕事、仕事、仕事、彼は希代の仕事師だった。

アル・スミスの任期が残り少なくなった一九二七年の冬、チームはジョーンズ・ビーチの整備、園内構築物の建築、そして、サザン・ステート・パークウェイの敷設工事、さらにはパークウェイから南下してビーチに至るコーズウェイの敷設に大わらわだった。ロングアイランドの海辺の冬はしばしば嵐に見舞われ、積雪もある。加えて沿岸の海は凍りつく。にもかかわらず工事は強行された。その上、もう一本のパークウェイであるノーザン・ステート・パークウェイも並行して敷設される予定で、この工事もまた、大車輪で進めなければならなかった。

振り返れば、一九二六年の春までには、ロングアイランド州立公園関係予算は全く認められていなかった。だが、一九二八年の夏の終わりには、サザン・ステート・パークウェイに必要な用地はすべて公園局の手中にあった。ニューヨーク市に接する最初の七マイルの工事区間はヘムステッド貯水湖までだったが、エルムと楓の植樹の並木、石造りのアーチ型立体橋が完成し、信号もなく交差点もないリボン状の緑のパークウェイが貫通した。第二区間の七マイルは、貯水湖からワンタフまでだが、植樹などの美化工事を除いて竣工した。第三区間はワンタフからバビロンまでの七マイルで、これも道路基礎は完成し舗装を待つだけとなった。そして、ワンタフ・コーズウェイは盛り土工事が終わり、ルート上に予定された四本の橋梁のうち、三本がすでに完成していた。途方もない早業だった。

一九二四年の四月一八日に、モーゼスがロングアイランド州立公園局長に就任した当時、唯一の州立公園は荒廃しきったファイアー・アイランド州立公園だった。それが、一九二八年の夏の終わりには、一四カ所で州立公園の工事が完成を目指して同時に進められていた。総面積九七〇〇エーカーのうち、六七七五エーカーは市町村、ニューヨーク市、合衆国商務省、あるいは個人などからの寄付、贈与だったから無償だった。

ロングアイランドに公園が続々と開園し、一般市民に開放されたという嬉しい情報は口コミでニューヨーク市民の間に広まった。報道陣もこぞってモーゼスの偉業を称賛し、ニューヨーク市民はロバート・モーゼスの名前を公園の創造主として胸に刻みつけた。『ニューヨーク・タイムズ』紙、『ワールド』誌、『ヘラルド・トリビューン』紙（現『インターナショナル・ニューヨーク・タイムズ』）、そして枚挙にいとまがないほど多数の雑誌、メディアがロバート・モーゼスをとりあげ、ほかの大きなニュースはかすんでしまった。

だが、ロングアイランドの州立公園網は彼の全構想の一部にすぎなかった。構想は本土の北に向かう。州都オルバニーの北、レイクジョージの湖岸数百マイルそしてタング・マウンテンと呼ばれる山岳丘陵地域の獲得。州債発行による予算規模だけではとうてい実現不可能な彼の夢を可能にするために、時には公園愛好家の富豪から風光明媚な未使用地の寄贈を受け、ある時には粘り強い交渉によって破格の値段で購入するなど、あらゆる方法を駆使して大車輪で突き進んだ。

州務長官時代

話は少しさかのぼるが、アル・スミスは知事在任中の一九二七年一月、モーゼスを州務長官に任命した。この職務は極めて多くの権益を握っていて、他の部局に属さない事柄、一切合切の面倒を見ていた。イースト・リバーの水先案内から、ニューヨークの港湾管理人、競売人や私立探偵の免許鑑札発行、劇場切符販売代理人などにかかわる事物一切。かような仕事は人手を必要とするので、利益供与による縁故採用が盛んに行われていた。また、競技団体、競馬、国有地管理権も握っていて莫大な権力を有する濡れ手に粟の職だった。ここにモーゼスを据えると知事が宣言したから、ただでさえモーゼスの行革でそれまでの権益を失い、弱り切っていた腐敗政治家たちは民主党、共和党を問わずうろたえ、そしてモーゼスを憎悪した。怨嗟の声は州都オルバニーに渦巻き、彼の就任を妨害する運動が起こった。

モーゼスは全く意に介さなかった。アル・スミスの後ろ盾ある限り彼にとって怖いものは何もなかった。知事の人気は絶大で一九二〇年の再選こそ失敗したものの、その後二二年に知事復帰して以来二四年、二六年と連続当選を果たした彼に対抗できる政敵は皆無だった。盤石の知事スミスは「王であり、ミカドであり、州の大ボスだ」と『ブルックリン・イーグル』紙は報じ、異を唱える者がいたとしてもモーゼスの州務長官就任は揺るがないと断じた。

その頃までにはモーゼスの評判はすこぶる一般市民受けしていた。彼こそは一握りの富豪連中の私有地をとりあげ、一般市民が渇望していた行楽の場を創造してくれた恩人にほかならない。公選政治家として次の選挙を考慮するなら、有権者が英雄視するモーゼスを攻撃するのは全く馬鹿げていた。案の定、表立っての反対は次第に影をひそめた。

長官に就任したモーゼスは、年俸一万二〇〇〇ドルを州からもらう身となった。実に、彼が初めて受け取った州政府からの給与であった。それまで、彼は無給で働き、生活費は母親イザベラの懐に頼っていた。彼女のお気に入りの息子は、三八歳にして自分の家族を養える身分になった。

モーゼスは長官として容赦なく大鉈を振るい、汚職にまみれた政界と業界の癒着に挑戦する。もちろん、やりすぎて一敗地にまみれることもあった。ボクシングの興行主が、大量の無料入場券を利益供与の見返りにばらまく旧弊を、改めようとしたがうまく結果は出せなかった。ボクシング業界の知識が欠乏していたからだった。しかし一般市民はこの失敗さえも、市民の立場で一部の利益団体の権益濫用に挑戦した英雄として好意的に受け止めた。ロングアイランドの公園創造主が、「またもや我々、懐具合の厳しい大衆のために立ち上がった」と。

アル・スミスは、モーゼスを酷使した。ロングアイランドを、そして州北部を駆け巡り公園網の創造に大わらわのかたわら、彼はスミスから課せられた大仕事に奮闘する。寸暇を惜しんだ彼は、車を移動する事務所に仕立て上げた。建築設計士、技術者そして秘書を同乗させ報告を聞き指示を出し、それが終わったら後ろについてきたもう一台の車で彼らを本部事務所に帰し、その日の仕事をさせ、自身はほかの現場に到着する間もなく、作業中の工事技師に新たな指示を出す。本部事務所は、マンハッタンとベルモント邸の二カ所に置いていた。

アル・スミスは、自分の育ったマンハッタンの極貧地区「第四区」の恵まれない住民たちが喜ぶだろうと思われる善政を行うべく、ベル・モスコービッツ女史の知恵を借り、モーゼスを尖兵として、目一杯のがんばりを見せた。この頃、彼はさらに上を狙っていて、望みは合衆国大統領だった。そのために、州内は勿論のこと、他州の有権者の心もつかまえる諸々の政策を企画し、その遂行の全責任を州務長官であるモーゼスの肩に負わせた。

アル・スミスは大統領選に大敗、州知事にはルーズベルト、市長には「洒落もの、ジェイムス」

一九二八年、ニューヨーク州における数々の実績を引っさげて、アル・スミスは勇躍、大統領選挙に出馬した。共和党からはハーバート・フーバーが出て一騎打ちとなった。ふたりはともに合理主義者で改革派であり政策的には似通っていたが、著名な政治ジャーナリストのフレデリック・ウィリアム・ワイルによれば、スミスは「3P」によって地滑り的な大敗を喫した。「3P」とはPROHIBITION＝禁酒法、PREJUDICE＝宗教的偏見、PROSPERITY＝経済繁栄策である。

禁酒法に対して、アル・スミスはタマニーホール出身のせいか曖昧。どちらかといえば反対の立場で、州知事の任期中、州都オルバニーの公邸で賓客のもてなしにアルコールを供していた。対するフーバーは禁酒法の精神を讃える主張を展開した。また、合衆国大統領候補として初めてのアイルランド系カトリックだったスミスは、カトリックへの対立意識が強い南部のプロテスタントからの反感を買った。理不尽なことだが、大統領に就任すればスミスは合衆国憲法に従わず、ローマ法王に忠誠を尽くすであろうという馬鹿げた噂が、巷間まことしやかに流された。

かつ当時の共和党は経済政策で成長を謳っていて、その継承者であったフーバーに分があった。出馬する前、フーバーは共和党大統領のカルビン・クーリッジ政権下で商務長官の職にあったが、クーリッジはフーバーの能力を評価せず「ラッキーボーイ」にすぎないと嘲笑っていた。とはいえ、フーバーはクーリッジの経済繁栄策の後継者だと謳い、国民もまたそれを信じた。二一〇〇万票を獲得したフーバーに対し、スミスは一五〇〇万票と大差をつけられた。

アル・スミスは大統領選に敗北したばかりかニューヨーク州知事の職も失ってしまい、これを契機に政治から足を洗うつもりだった。自分の懐を肥やそうとしなかった清貧の彼を見かねた友人たちは、エンパイア・ステート・ビルを所有する会社の社長職に彼を招き入れ、暮らしを助けた。*5

州知事の後釜は、後に合衆国大統領をスミスと争うことになるフランクリン・デラノ・ルーズベルト（FDR）であった。スミスはFDRに全幅の信頼を寄せていて、自分の施策を継承してくれると信じて州知事への立候補を勧め、支持した。だが当選した途端、FDRは手のひらを返し、スミスがもっとも信頼していた側近のモスコービッツ女史を遠ざけ、モーゼスからも州務長官の地位を剝奪した。しかも、スミスが直接FDRに対して頭を下げ懇願したにもかかわらず、くわえタバコで、知事の椅子に反り返った彼の答えは「ノーです。あの男は神経を逆撫でするから」とにべもなかった。ただ、州務長官への再任を許さなかったFDRも、大衆が求めている州立公園関係の職からモーゼスを放逐することはできなかった。

こうして、モーゼスは父とも慕うアル・スミスの後ろ盾を失った。しかも、スミスとともに推し進めてきた公共事業の数々はまだ未完成の状態であった。任期六年と自ら規定したロングアイランド州立公園局長をはじめとする公園関係の地位はFDR知事の下にあっても安泰であったが、サザン・ステート・パークウェイは、まだ完成していなかったし、ジョーンズ・ビーチへのワンタフ・コーズウェイも未完成、ノーザン・ステート・パークウェイの工事は着工にも至っていなかった。モーゼスの焦りは極限に達していた。早く目に見える形にして一般市民からの支持を取りつけない限り、突然新知事FDRから、事業中止を言い渡されるかもしれないという懸念があったからだ。

フランクリン・デラノ・ルーズベルトは、一七世紀にオランダから米国に移住した名門に生まれた。一門には第二六代合衆国大統領セオドール・ルーズベルトがいる。プレップの有名校グロトンで学び、大学はハーバード、コロンビアに進学した。長身、ハンサム、貴族的雰囲気を持ち、反タマニーホール派、禁酒派で、アル・スミスとは同じ民主党とはいえ対極にあった。一九二一年の八月、避暑地のカンポベロ島の別荘で突然ポリオに罹病し、懸命のリハビリにもかかわらず、歩行が極めて困難であった。

彼は一九二四年からタコニック州立公園局長の職にあったが、モーゼスとはその頃から犬猿の仲だった。公園評議会議長のモーゼスが、タコニックへの予算割当てを認めなかったことが尾を引いていた。ところが、FDRが州知事になったことにより、立場は逆転する。まだまだ、やり遂げなければならない宿題の数々をモーゼスは抱えていて、その遂行のためにFDRとある程度の妥協を図らなければならなかった。

FDRは、大学時代の同級生から「羽ぼうき」とあだ名をつけられていた。[*6] あれこれ首を突っ込むが長続きせず、コロコロ意見を変えるところからつけられたというが、卒業後もその性格が災いして弁護士としてもビジネスマンとしてもぱっとせず、二八歳の時にダッチス郡選出の州議会上院議員となった。頭を反らして相手を見下す尊大な態度の彼と、モーゼスのプライドとは衝突こそすれ心からの和解には至らなかった。ただ、いまや譲るべき立場にあったのはモーゼスだった。

彼は、その頃、ノーザン・ステート・パークウェイの道路用地を巡って、広壮な荘園を持つ富豪たちと闘い、それまで一歩も譲らぬ硬い態度で接してきた。なにせ、彼のやろうとしていることはニューヨーク市民のために州立公園をつくり公開することにあったからだ。「正義は我にあり」を貫き、それを前知事アル・スミスも全面的に信頼し支援してくれた。しかしながら、新知事はあだ名のとおり「羽ぼうき」だった。彼は、一切スミスの助言を求めず、モーゼス嫌いを隠そうともしなかった。

まもなく、モーゼスはFDRの曖昧な態度のなかに潜むメッセージを汲み取り、大幅な譲歩を始める。当初案では、パークウェイは一直線の最短距離でロングアイランド半島を東西に横断するはずだったが、富豪たちは揃って腕利きの代理人を雇い、直接FDRへ働きかけた。アル・スミスの後ろ盾を失ったモーゼスは、結局ノーザン・ステート・パークウェイの道路用地をウィートレイ・ヒルズあたりで九〇度曲げて数マイル南下させ、富豪の土地を迂回して弱小農家の敷地内を貫通させた。現在でも、地図上でその不自然な直角南下カーブは、見てとることができる。

農家との交渉で、モーゼスはその経緯を伏せて「技術的に、ここを通すのが最善」としか説明していないから、後世の批判は弱い者いじめをした彼に向かう。だがFDRが、彼の当初の信義を揺るがした結果、ルートが曲げられたことはまぎれもない。一九三〇年は、FDRの知事再選の年にあたり、「羽ぼうき」の面目躍如だった。州都オルバニーでも知事との交渉は、何ごとも「書面にて」行わないとリスキーだと噂が飛びかい、議員たちのひんしゅくを買っていた。

この逸話に限らず、モーゼスはこの頃から実利をとるためには上位権力に忖度して、うまく立ち回る必要があるという考え方に傾いていったかに見える。地元の有力者との交渉には、裏工作も利益供与も甘受することで用地の獲得、工事の進捗を迅速化できると学んだのだ。

一九二九年に始まった大恐慌は、ニューヨーク市を直撃し一般市民への影響は甚大だった。街には浮浪者があふれ失業者の群れがさまよう様子は、さながら生き地獄だった。

当時のニューヨーク市長は、タマニー出身のジミー・ウォーカーで、彼はアル・スミスに頼み込んで市長の職にありついたものの、市政にはほとんど興味を示さず、「洒落もの、ジェイムス」の異名どおり、カジノに入りびたり、酒色にうつつを抜かした。ついには前年の大統領選に敗れ私人となったスミスさえも疎んじた。それどころか、恩人スミスの側近を市政から次々と遠ざけ、スミスの宿敵で周囲を固めた。ウォーカーは、踊り子ベティ・コンプトンとの愛人関係を隠そうともせず市政は乱れに乱れた。治安を取り仕切るはずの警察までも反社会的行動に出て横暴を極め、善良な市民の生活を脅かす始末となった。

知事FDRは、タマニー派の腐敗政治に厳しく対応してきた実績を持つ判事サミュエル・シーバリーに捜査を命じた。その結果、市長と請負業者との癒着が明らかとなり一〇〇万ドルにものぼる収賄の事実が発覚した。一九三二年九月一日、ウォーカーは市長を辞職し、愛人ベティ・コンプトンとヨーロッパへの船旅に出て、ほとぼりの冷めるまでパリに住んだ。

ジミー・ウォーカーの思い出をモーゼスは次のように述べている。「一九二四年、まだ市長就任以前だったが、ウォーカーはいつも議会が始まる寸前にオフィスに飛び込んできた。山と積まれた書類、封書を前に、小切手が入ったものがあるか秘書に確かめ、それ以外はすべて床に放り投げていた」[*7]。

結局、アル・スミスは自分の後継として州知事を託したＦＤＲにも、市長職にまで導いたジミー・ウォーカーにも裏切られ、まさに飼い犬に手を噛まれた状態にあった。

ハレルヤ！ モーゼス

ＦＤＲへの悪感情は決して和らぐことはなかったが、その一方で、モーゼスはＦＤＲの州知事としての権力を必要としていた。また、ＦＤＲにとってもモーゼスの行動力によって州政が前進する点を評価せざるをえなかった。ふたりは互いに補完する関係にあった。

モーゼスは、次々に州立公園を開園させ称賛の的となった。一九二九年六月に催されたヘックシャー州立公園開園の祝辞で、当時の副知事リーマンはモーゼスの「先見性と勇気」を讃えた。七月には待望のサザン・ステート・パークウェイが開通した。立体交差橋のおかげで信号停止することもなく、緑陰をリボン状に縫って走るパークウェイの有り難さをかみしめながら、マンハッタンから一家総出で行楽を楽しむ大勢の家族は創世主モーゼスを崇めた。

さらに八月に入るとワンタフ・コーズウェイがオープンした。人びとはこの夏をジョーンズ・ビーチで思い切り楽しむことが可能となった。称賛は高まる一方で「ハレルヤ！　モーゼス」の大合唱になった。

ジョーンズ・ビーチのグランド・オープンは一九二九年八月四日に賑々しく催された。アル・スミスはすでに州知事を引退していたが、後任知事のＦＤＲとともに出席した。浜に強風が吹き荒れ、式典はさんざんだった。細かい砂粒が、参列者の目や耳や鼻孔を襲い、自動車のエンジンに入り込んだ。「砂嵐は、数千の乗用車のキャブレターを破損した。怒った持ち主たちは、この公園は大失敗だ、誰もこんな場所に二度と来る気はしまいと息巻いた」とモーゼスは後に語っている。彼は、すぐさま手を打ち、砂浜に無数の芝草を植え、強風で砂が飛散するのを防いだ。

懸命の努力が実を結び、一九三〇年には一五〇〇万人が、そして一九三二年には三二〇〇万人の来訪者があった。モーゼスが確信していたとおり、ジョーンズ・ビーチは大成功だった。「放牧地と見まがうばかりの大駐車場」、そして「見たこともない絢爛豪華な給水塔、更衣室建物」、最上級の褒め言葉が、ニューヨークだけでなく合衆国全土の紙面を埋め尽くした。[*8] ちなみにこの頃、全米で国立公園を訪れた人の数は三〇〇〇万人といわれているから、ジョーンズ・ビーチ州立公園来訪者が途方もなく多かったことがこの数字からも理解可能だ。

完成直後は、地元議員が難癖をつけて予算を否認したために立体交差が二か所未完成だった上、サザン・ステート・パークウェイとワンタフとの接続部分が完成していなかった。そのため、数カ所で渋滞も発生したが、世論に後押しされて欠落部分は一九三一年に完成した。

満員御礼となったのはジョーンズ・ビーチだけではなかった。バレー・ストリームもヘックシャーも、サンケン・メドーも、モーゼスがつくったすべての州立公園は開園と同時に押しかける市民で大混雑となり、彼は改めてロングアイランド州立公園の施設増設、拡張を決めた。それだけでなく、サザン・ステート・パークウェイとヘックシャー州立公園を結ぶ短距離の高速道「ヘックシャー支脈道」の敷設、ならびにノーザン・ステート・パークウェイとサンケン・メドー州立公園を結ぶサンケン・メドー・ステート・パークウェイの敷設も決定した。

また、一九三〇年の秋口にはジョーンズ・ビーチから砂州つづきのファイアー・アイランドまで、二マイルほどの短いオーシャン・パークウェイをオープンさせた。この時、口には出さなかったが、モーゼスは大西洋の大海原沿いの砂州にオーシャン・パークウェイを走らせ、西端のロッカウェイ・ビーチから東端のモントーク・ポイントまでを一直線で結ぶ計画を懐に温めていた。約一〇〇マイルの長さを持つこのパークウェイが完成すれば、一方の車窓から大西洋の果てしなき水平線を臨み、他方では砂州に囲まれた穏やかで美しい内海を楽しみながらドライブできるのである。彼は後に、この構想を現実にした。一直線ではなかったが、入り江を跨ぐ切れ目のないパークウェイが西から東の端までつながった。

ロングアイランドの州立公園の開園式が次々に催された一九二九年から三〇年の夏、祝辞を述べたのは当然ながらほかならぬＦＤＲであった。彼は、歓喜する大群衆を前にして「公園は票田だ」と実感し、祝辞のなかでモーゼスを初めて親しげに「ボブ」と呼んだ。選挙の年に有権者が喜ぶ公共事業の完成祝辞を述べる以上に有利なことなど考えられなかった。一方、モーゼスは、手柄をＦＤＲに持たせることで、事業の遂行に協力させせようと謀った。とはいえ彼が「知事」と呼ぶのはアル・スミスだけで、これは生涯変わらなかった。ＦＤＲのことは、口頭でも書面でもフランクとしか呼ばなかった。

モーゼスは、ＦＤＲの死後に州知事としてのＦＤＲを評して「有能、正直、野心的、衝動的そして予測不能な知事だった……好き嫌いが激しく……必ずしも方向が定まっていたともいえない。むしろ、しばしば考えや公約を反故にした。親しい人には誠意をもって接したが、ほかの人びとには安心感をあたえることはなかった。わたしは極めてよい知事だったと考えている」[*9]と書いている。末尾の高い評価の根拠は読み取れず、複雑な表現としか言いようがない。

モーゼスは、ＦＤＲが予算にかこつけてモーゼスの計画を快諾しない場合、お得意の常套手段に出るのが常だった。「ならば、責任を取れない。辞任する」。これでたいていの場合は、モーゼスの勝利となった。イェール時代、水泳部のキャプテンから「ならば、即刻（辞任を）受諾しよう」といわれて味わった敗北の屈辱。それがいまや、世論を味方につけて逆に勝利に導いてくれた。

とはいえ、大衆のため市民のためといいながらも、彼は綿密なまでに計算し尽くされた娯楽施設や建物、さらには浜辺などが汚されることを極度に嫌った。長年の知己である後の女性労働長官フランシス・パーキンズはこう語っている。「彼は一般市民のためを思って公園網の設立を推進したはずなのに、こっぴどく彼らをこき下ろすのよ。うるさくて薄汚い連中が、彼の芸術作品ともいえるジョーンズ・ビーチに空き瓶を散らかすのは我慢できないとね」[*10]。

実際、モーゼスは公園施設を荒らし回る若者の破壊行為には困惑して、一六歳以下の子供が市の公共財産を毀損した場合には、その両親に対して罰金を科す法案を提出した。心のすさんだ青少年による意図的な公園、学校施設などの破壊は激しく、経済的に大きなマイナスとなっていたのだ。だが、家庭裁判所はこの法案は実効力を持たないとして受けつけなかった。[*11] モーゼスとしては歯がゆかったらしく、判事に対して内心不満げな様子であった。

ずっと後の一九六八年に『USニューズ&ワールド・レポート』誌との対談で、どうすれば都会の街路や公園は安全にすることができるのかと訊かれ、彼は次のように答えている。「熱狂を駆り立てる催しや、突発的なハプニングは、公園を〝ビートニク〟や乱暴狼藉者、〝ヒッピー〟など、煽動者の手にゆだねてしまいます。目指すべきは公正な警察力の強化と来園者の九五パーセントが秩序ある善良市民であることです」。

一九二九年の一月に第三一代の合衆国大統領に就任したフーバーは、その年の八月まで「フーバー相場」と呼ばれる株式フィーバーに恵まれた。しかしながら、秋には未曾有の大恐慌がアメリカ合衆国を襲う。基本的には「小さい政府」の支持者である共和党出身の大統領は、フーバーダムなど大型公共投資に取り組みはしたものの、株式市場の暴落にはなんの手も打てないまま、国民の人気は取り返しのつかないところまで落ち込んでしまった。彼は一九三二年の大統領選で再選を狙ったが、民主党のFDRに大敗を喫した。

この年の大統領選に、アル・スミスは長い間逡巡したが、ついに再度の出馬を決める。五八歳とまだ若かったスミスは、エンパイア・ステート・ビルの社長職にも食傷気味だったし、なによりも自分が引き立て、後を託したFDRの裏切りに腹を立てたあげくに決意した極めて遅

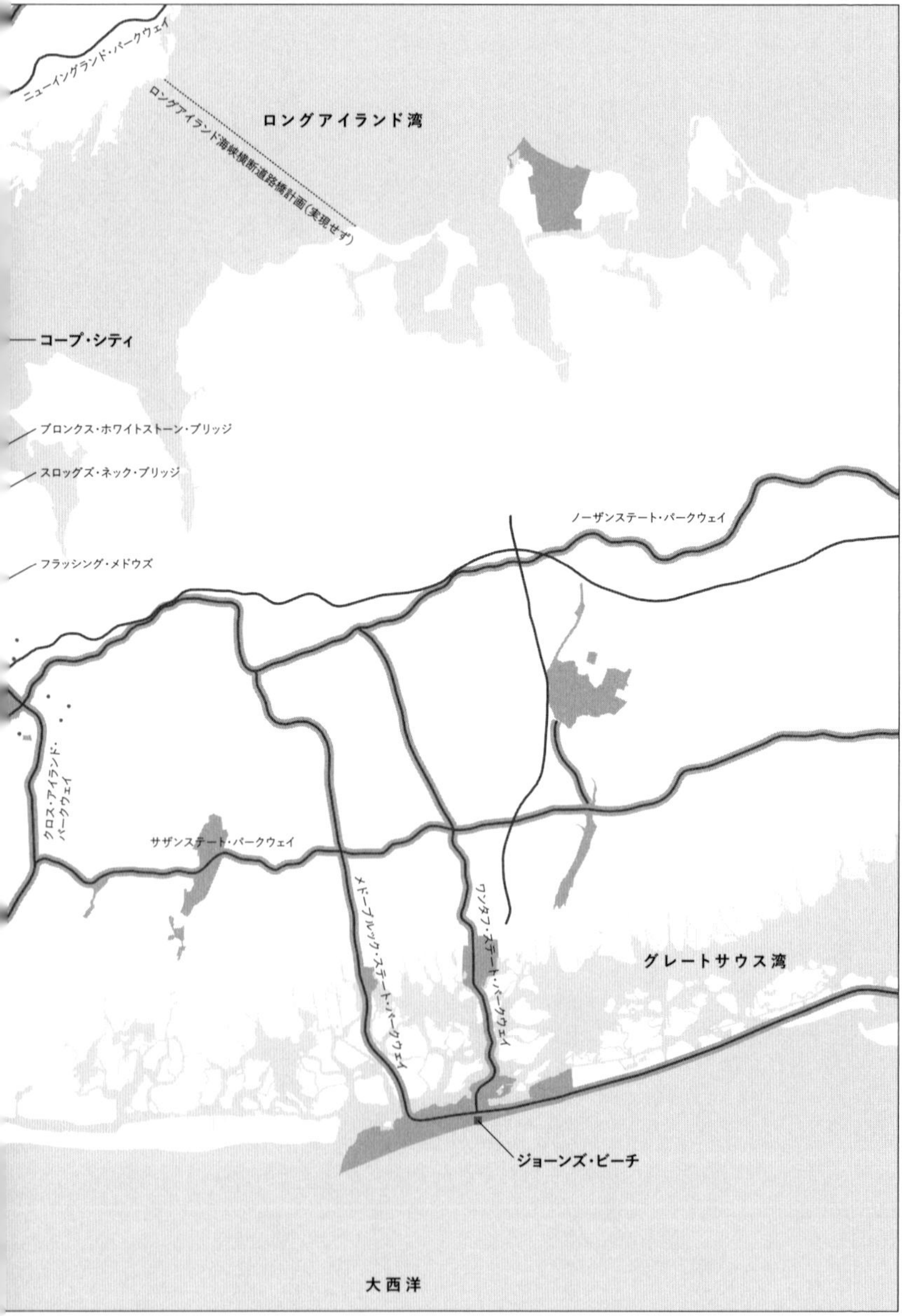
ニューイングランド・パークウェイ
ロングアイランド海峡横断道路橋計画(実現せず)
ロングアイランド湾
コープ・シティ
ブロンクス・ホワイトストーン・ブリッジ
スロッグズ・ネック・ブリッジ
フラッシング・メドウズ
ノーザンステート・パークウェイ
クロス・アイランド・パークウェイ
サザンステート・パークウェイ
メドーブルック・ステート・パークウェイ
ワンタフ・ステート・パークウェイ
グレートサウス湾
ジョーンズ・ビーチ
大西洋

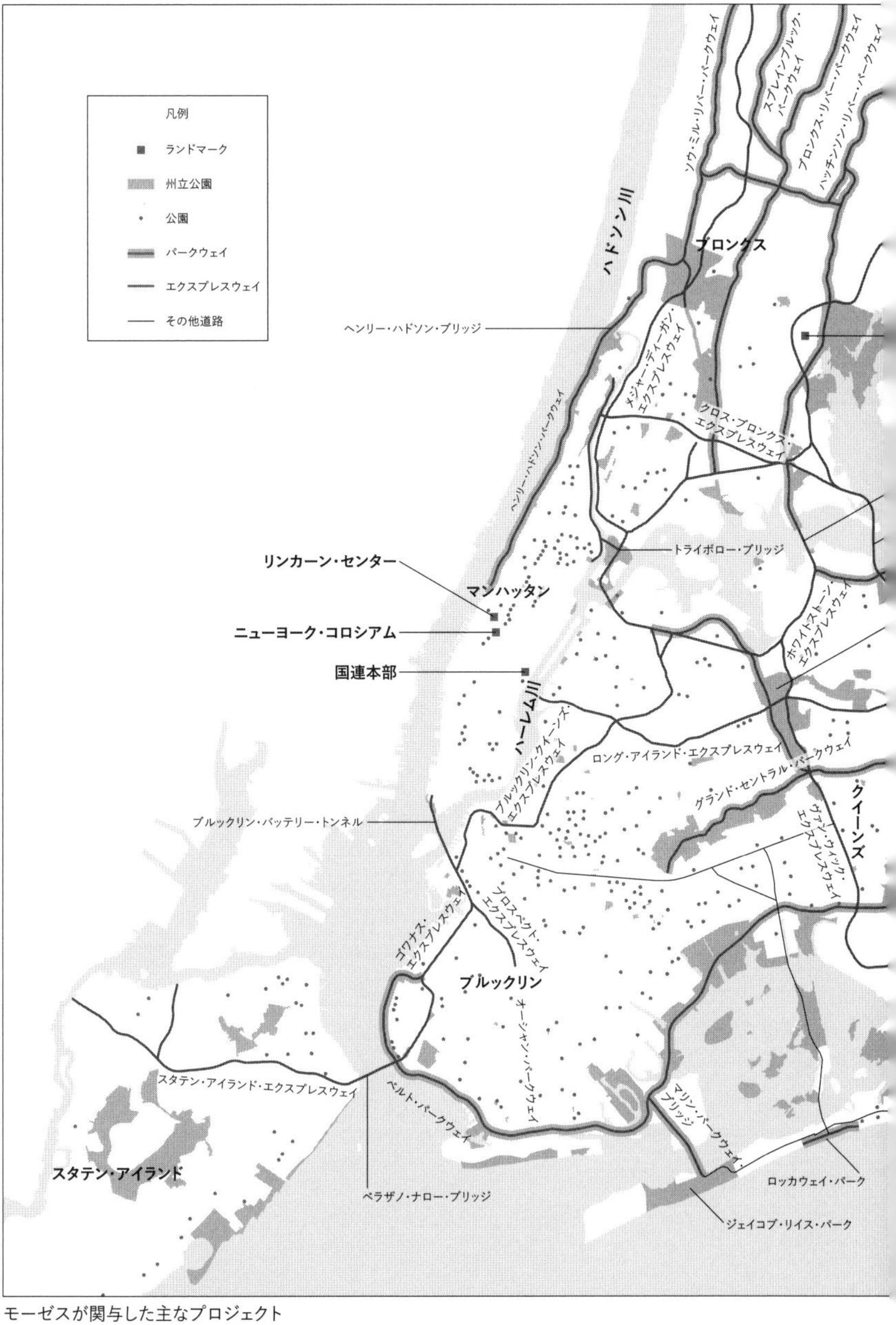

モーゼスが関与した主なプロジェクト
（ニューヨーク州全体についてはp.250、ロングアイランドについてはp.048を参照）

いタイミングでの出馬表明であった。だが、意向を固めた時点では、昔からの彼の支持者たちはすでに敵方、FDRの選挙参謀になっていた。出馬の意向がなかった段階では、むしろそれを容認していたスミスであった。

翻意して立候補に走ったものの、あまりの慌ただしさに準備不足で、付け焼き刃的対応に追われた結果、民主党の予備選挙でFDRに敗北した。

第三章

州につづいて市の公園事業も掌握

巨大水泳プール、トーマス・ジェファーソン・プール（1937年オープン）

ラガーディア市長との微妙な蜜月

第九七代ニューヨーク市長「洒落もの、ジェイムス」ことジミー・ウォーカーが、愛人ベティ・コンプトンとパリに出立し、一九三二年の九月一日からは市長代行のジョセフ・V・マッキーが年末までの四カ月を務めた。

第九八代市長になったのは、ジョン・P・オブライエン。彼は民主党員でタマニーホールの操り人形にすぎなかった。就任後、報道陣に警察局長には誰を任命するのかと聞かれ、「知らない、誰になるかまだ聞いていない」と失言したほどで、結局一年後の再選挙に敗れてしまう。ウォーカー、マッキー代行、オブライエンと、ろくでもない民主党系市長がつづくなか、モーゼスを推す声もあったが民主党の長期覇権に危惧を抱く良識派、とりわけても厳しい判事サムエル・シーベリーの反対に遭ってモーゼスは出馬を断念し、逆に共和党のラガーディア候補を支持する側に回った。

フィオレロ・ヘンリー・ラガーディアは共和党ではあったが穏健派で、民主党のなかでも反腐敗政治を掲げる「反タマニー派」との「連合」候補として、市民の幅広い支援を取りつけ、無能なオブライエンを破り、一九三四年一月一日に市長に就任した。腐敗政治家の跋扈するニューヨーク市政に飽きていた市民のラガーディアへの期待と支持は予想以上に大きく、タマニーの主要な支持基盤であったイタリア系、アイルランド系住民さえもラガーディアに好感を持ったことが勝利の原因であった。

彼は身長一五〇センチそこそこと小柄で、リトルフラワーと呼ばれていた。「フィオレロ」はイタリア語で花を意味していたからだ。父はイタリア系、母親はハンガリー系ユダヤ人であった。一九一〇年ニューヨーク大学の法学部卒。気が短く精力的で、かつ強い上昇志向を持つカリスマで、出自からして、イディッシュ語とイタリア語に通ずるのはもちろん、その後の海外領事館勤務からドイツ語、フランス語、クロアチア語、ハンガリー語も身につけていた。一九一四年には、合衆国議員選挙に共和党候補として立候補して善戦するも落選。一九一六年の雪辱戦に勝ち、議会始まって以来のイタリア系アメリカ人下院議員となった。第一次世界大戦中、爆撃機のパイロットを志望し、イタリア前線で戦績をあげ戦功十字賞を受けている。大戦後の一九二三年以降一九三二年に落選するまで議員を務めた。一九二九年にニューヨーク市長選に出馬したが、ジミー・ウォーカーに大差で敗れ、ウォーカーが収賄と醜聞で現職を投げ出した後、市長の座を摑んだ。

彼は一九三四年に就任し、第二次世界大戦をはさんで一九四五年の一二月まで実に一二年間市長を務めたが、ニューヨーク史上最高の市長との名誉ある評価を受けている。最大の功績は、市の公共事業の推進にあった。市民のための娯楽施設、公園、交通網整備、公共住宅事業、空港など大都市、国際都市としての基礎をつくった功績は極めて大きかった。また、それまで警察との癒着も噂されていたマフィアの取り締まりに注力した。当時、マフィアの大物といえば、ラッキー・ルチアーノだったが、警察署長に彼の逮捕を命じ、禁固刑に処したことでも名を馳せた。

その一方で、「ラガーディアは目標に向けて、並外れた専制統治を行う危険な流儀の権化」で、「今日なら、あのような凄まじい権力行使は許されないだろう」と伝記を書いたトマス・ケスナーは評している。[*1]

ＦＤＲとラガーディア、両者はともに一八八二年生まれ、それぞれ大統領、市長に就任した時期、そして辞めた時期もほぼ同じで、在任期間も一二年と拮抗していた。しかも「反タマニー派」という点で共通点があり、ふたりは強い絆で結ばれていた。一方のＦＤＲは民主党、他方のラガーディアは共和党で本来、政敵であったが、ラガーディアは「連合」候補であり、ニューヨーク市の発展を望む両者の気持ちに齟齬はなかった。

それだけではない。当時のニューヨーク市の財政は、無惨な状態にあった。不況に沈むニューヨーク市を救うために、ラガーディアは連邦政府の潤沢なニューディール資金を必要とした。その一方、ＦＤＲにとってもニューディール資金投下先としてニューヨークは貴重な存在だった。ロバート・モーゼスが、矢継ぎ早に大規模プロジェクトを打ち出し、市、さらには州の公共事業を推進していたからだ。

モーゼスとラガーディアの仲は良好だった。モーゼスにはなんといっても、選挙中ラガーディアを支持した実績があった。しかも、ラガーディアの対立候補オブライエンと元市長代行マッキーに対して容赦ない批判を浴びせ、ラガーディアの当選に多大の貢献をした。もちろんモーゼスはラガーディアがすでに一九三四年に大統領に就任していたＦＤＲと親密であることも、またニューディール政策によってニューヨークが蒙る恩恵、莫大な額の連邦資金についても知悉していた。この三人は、いわばニューディールの申し子であった。

このあたりの相互依存関係を理解したラガーディア市長は、ロバート・モーゼスを市政府に取り込もうと誘いをかける。これに対する彼の返答は、「ニューヨーク市のすべての公園に関する全権、それも大都市圏としてのニューヨークの公園とパークウェイ・ネットワーク事業推進の全権限を掌握する地位ならば、受けてもよい」[*2]だった。

一九三三年当時、ニューヨーク市には、五つの独立した公園部局があった。市内の五行政区それぞれに公園局があって、各々局長が在職していた。モーゼスの要求はこの五局を一局に統合し、かつパークウェイに関する権限も加えて、自身が局長に就くというものであった。彼はすでに州立公園評議会議長の職にも就いていたので、要求が通ればニューヨークの州と市、双方に彼の権限が及ぶことになり、強大な権力を握ることが予測された。

要求はまだつづく。このニューヨークの全州、全市に及ぶ公園とパークウェイ・ネットワークの究極の課題は、マンハッタンとクイーンズ、そしてブロンクスの三つの行政区を結ぶトライボロー・ブリッジをつくることにあると強調し、独立行政法人トライボロー・ブリッジ・オーソリティ（公社）の全権も要求した。

さらに、マンハッタンとロングアイランドの西端ロッカウェイを結ぶマリン・パークウェイの建造を担うマリン・パークウェイ・オーソリティを創立、この全権掌握もまた条件に含まれていた。

ラガーディアは、これらすべての要求を呑んだ。それも喜んで呑んだ。モーゼス以外にモーゼス以上の仕事を成し遂げる人材などいるはずがないからだ。すぐさま、モーゼスはこれらの事柄を法案化し、市長は初仕事として議会にこの法案を提起した。

無論、この法案がすんなりと議会を通ることはなかった。反対が渦を巻いた。モーゼスの持つ権力が途方もなく肥大することへの懸念が主たる反対の根拠だったが、もうひとつ重要な問題があった。そもそも、ひとりの人間が州と市、双方の職に就くことは禁止されていた。というのも、州知事と市長の互いの権限への介入、越権が発生する可能性があるからだ。「利益相反が懸念される」あるいは「州と市の独立関係が毀損されるともいえる状態は避けなければならない」と真っ当な反対が巻き起こった。[*3]

モーゼスは、この反対を予測していた。だから、その法案の第六〇七条に次のような文章を潜ませておいた。「州政府機関で無給の職にあるものは、市長の任命により市政府内で無給の職に就くことを妨げない」。

州知事リーマン、市長ラガーディアはこぞってモーゼスを支えて、懸念を払拭するメッセージを出し、やがて反対勢力は力を失った。一九三四年一月一九日、知事はこの「モーゼス法案」に署名、モーゼスはラガーディアのオフィスでめでたくニューヨーク市の全公園を統括する初代公園局長に任命された。

これによりモーゼスは、ニューヨーク都市圏にあるすべての公園、主要道路、巨大橋梁などを司るオールマイティとなった。ロングアイランド州立公園局長、ニューヨーク州立公園評議会議長、ジョーンズ・ビーチ州立公園局長、ベスページ州立公園局長、ニューヨーク市公園局長、それにトライボロー・ブリッジ・オーソリティ総裁とマリン・パークウェイ・オーソリティ総裁などの地位を独占したのである。それからのモーゼスの仕事ぶりは、異常なまでの情熱、執念、そしてとてつもない実行力を伴った常人の理解を超えたレベルにあった。

モーゼスを批判する立場からすると、これだけの要職を独り占めにするのは、いかに彼が権力に取り憑かれた人間であったかの証にほかならない。ロバート・カロも執拗にその点を指摘しているが、客観的にはニューヨーク州と市の公園、パークウェイ・ネットワークの将来図、あるいは資源配分の優先度を考えるにあたって、責任ある立場の人間が複数散在する状況は避けるべきだろう。権力志向というよりは、事業完遂のために必要不可欠な権限の整合性を求めた結果だと受け止めるべきではなかろうか。

事実、モーゼスは「市政府の職を受けるにあたって、市長に念を押したのは、市の公園すべてについての統一的権限を、わたしが掌握することが不可欠だという点である。それでこそ、初めてこの大都市の公園ならびにパークウェイの事業遂行に、統一的コントロールが可能となる」と述べている。

市の公園施設の改装、改善に関する公共事業は、それまでニューディール政策の一翼を担う目的で一九三三年に設立された連邦土木事業庁（ＣＷＡ：Civil Works Administration）が受け持っていた。しかしながら、雇われ人たちの仕事ぶりはあきれるほどの怠惰、非効率で工具類も満足に揃っていなかった。もともとＣＷＡの事業は不況下の雇用対策が狙いだったから、効率についてとやかく詮索されることはなかった。

一九三四年一月一九日の午後五時に市長から発令を受けた直後、モーゼスは集まった報道陣の度肝を抜いた。既存の公園五局の全局長、ならびにおもだった役職者の解任発表、それも「只今即刻解任」の発表であった。

翌日、彼はセントラルパークのなかにある「アースナル」と呼ばれる市民戦争当時の陸軍兵器庫であった建物に、ニューヨーク市公園局の指令本部を設け、セントラルパークの大規模改修に手をつけた。組合に守られた怠惰な下級職員を通勤困難な場所へ異動させたり、あるいは高齢の女性職員にも残業を強制させたりすることも厭わなかった。従来の緩い慣習で、彼らの多くは定年退職までの期間を事実上、編み物片手に過ごしていたといっても過言ではなかったから、驚愕の環境変化に自ら辞めていく者も少なくなかった。

部下をアースナルに留めた一方、モーゼス自身はダウンタウンにある州立公園評議会のオフィスを使用し、ここでCWAとの闘いを繰り広げた。一流の技術を持った専門家を集めて、公園改修のヘゲモニーをCWAから奪取したのである。当時、大不況の影響で建築技師、設計技師たちの多くは職がなく、その日暮らしも覚束ない状態にあった。アースナルの門前には暮らしに窮する専門家が長蛇の列をなした。

怠惰な公僕意識に染まった人員を一掃、経験と才能にあふれた技術専門家集団を配備し、彼らを厚遇すると同時に寸暇を惜しんで事業に挑戦させる。これがモーゼス流のやり方だった。有能な人材にはどんどん仕事が集まってくる、それをこなしてさらなる挑戦をさせる。ダメな人間には去ってもらう。当然のことを当然のように実行するモーゼスだった。

それまで遅々として進んでいなかったセントラルパークの改修工事だったが、モーゼスは昼夜三交代のシフトを組んで全く休みなしの工事を進めた。真冬のセントラルパークは摂氏零下一〇度も珍しくないが、積雪にも氷結にも負けず夜を日に継いでひたすら工事をつづけ、近隣住民はあまりの工事環境の変化に目を丸くした。そして、この変化はセントラルパークだけに起こったのではなく、市内全域で公園の改修が同じようなペースで進められた。

厳しい冬がすぎ、心地良い春の陽気は多くの市民を公園に誘った。その頃までには、モーゼス軍団は市内のほとんどの公園改修工事をやり終えていた。剝げたペンキは塗り直され、テニスコートはサーフェスがやり直され、芝生は新たに種づけされて緑が輝いていた。八カ所のゴルフコースが改装され、乗馬専用路は一一マイルにわたり整備された。歩行者専用道路は三八マイル分が再舗装され、トイレは一四五カ所が整備された。公園に配置された彫像は二八四体が修復された。水飲み場六七八カ所、七〇〇〇のくずかご、休憩用ベンチ二万二五〇〇、枯れた樹木七〇〇〇本が片づけられ、代わりに一万一〇〇〇本が植樹された。六万二〇〇〇本が剪定を終え、柵は古くなっていたものを取り除き新たに一九マイル分が設置された。すべての運動場の舗装は子供が転んでも膝を擦りむかない材質で加工が施されていた。ジャングルジム、滑り台、砂場、そして母親たちが座って子供を見守るベンチが備わっていない遊び場は皆無だった。手を加えられて、公園が市民の憩いの場として甦った。*4

モーゼスは、その後長きにわたりラガーディアとの関係を良好に保ちつづけた。とはいえ、ふたりの関係は微妙なバランスの上に成り立っていて本音ベースではきわどい関係であることに間違いはなかった。

ラガーディアは市の財政を均衡させ、合理化を遂行し、犯罪取り締まりにも成果をあげた。だが、部下をあしざまに怒鳴りつけ、部局長レベルの辞任が相次いだ。馘首もまた頻繁であった。ただし、モーゼスだけは別格で、彼は市長からの呼び出しを無視したり、多忙を理由に部下を代役に立てたり、いっこうに動じなかった。しかも、ロバート・カロによれば、陰ではラガーディアの出自を捉えて「イタ公」呼ばわりしていた。当時、イタリア系の移民が、芸をする猿を連れて手回し風琴を弾き流す光景が見られたが、侮蔑を込めて市長を「あのチビの風琴弾き」と呼ぶことさえもあったのだと（ただし、モーゼスは事実無根と否定している）。

彼は、ラガーディアに対しても「ならば、この場で辞任する」という脅迫めいた対応を繰り返した。書状によることもあれば面と向かっての場合もあった。辞任を申し出、怒りのままに市長室を出たモーゼスが本当にそのまま市庁の建物を去るのかどうか、窓のカーテン越しにじっと見つめるラガーディアの姿が目撃されている。このゲームの敗者は、常に身長一五〇センチのリトルフラワーであった。

あまりの頻繁な辞表提出に怒りを超え、あきれ果てた市長はある日、モーゼスが辞任を申し出る寸前に「私義、〇〇日をもって、（またもや）辞任いたします。ロバート・モーゼス」と書いた辞表を用意し、モーゼスに手渡した。このジョークは多少の効果をもたらし、申し出回数は以降大幅に減った。[*5]

モーゼスが本気になると、何をしでかすかわからない。心の底から市長はモーゼスを恐れていた。だが、その一方で、ニューヨーク市をよりよく改造するという、共通の夢の実現にはモーゼスが必要不可欠だとわかっていて、畏敬の念を抱いていたのも事実だった。ふたりとも、「仕事師」であり、なによりも事業の遂行、完成が最優先だった。

トライボロー・ブリッジの建設工事中、モーゼスが市長を工事現場に連れ出した時のこと。ハーレム・リバーに架かる巨大な昇開橋の据えつけの光景を息を詰めて見守った市長は、「ロバート・モーゼスこそ、世界一のエンジニアだ！」と感嘆の声を漏らした。もちろん、モーゼスはエンジニアでも、都市計画家でもなかったが。

一九三六年七月二三日の『ニューヨーク・タイムズ』は、モーゼスの破壊的な実行力をまざまざと描き出した。[*6] マンハッタンとアストリアを結んでイースト・リバーを渡るフェリーの波止場と周辺施設、歩道などがいきなりやってきた作業員たちによって破壊されたのである。七月一一日に開通したトライボロー・ブリッジへのアクセス道路を建設しフェリーの運航を廃止することで、自動車の走行をトライボロー・ブリッジに集中させることはすでに決定されていたが、その猶予期間六〇日をモーゼスは受け入れずいきなり破壊行為に及んだのだ。

乗客はおもに通勤客でフェリー利用の車も多数あったのに、前触れなしだったため現場は大混乱となった。苦情を受けた市長は驚愕し、すぐさま停止を命じるがモーゼスは聞く耳をもたず、ついに警察が出動する騒ぎに発展した。ところが請負工事業者は、モーゼスから工事完結せよと厳命を受けていたので、警察の停止命令にも腕を休めなかった。

市長の最後通牒が出されようやく工事が停止されると、すぐさま波止場や周辺施設の修復が始まり翌朝に運行は確保されたが、結局市長は猶予期間を大幅短縮せざるをえなかった。フェリーの運航は、七月三一日の夜一一時二五分の最終便をもって永久に廃止された。またもや、勝者はモーゼスだった。

そんな暴挙に出たにせよ、この頃の報道陣はモーゼスに好意的だった。揺るぎないモーゼスの功績もさることながら、彼は有力新聞社のオーナーたちと強力なコネで結ばれていた。『ニューヨーク・タイムズ』を所有するサルツバーガー家のイフィゲニア夫人とアーサー。『ヘラルド・トリビューン』の社主オグデン・ミルズ・リード。彼は、イェール時代の水泳部の先輩だ。『ワールド・テレグラム』のロイ・W・ハワード。モーゼスは大立て者の彼らと日ごろから懇意にして、おもだった祝賀の催し物などに招待し、極めて良い関係を築いていた。特に、イフィゲニア・オックス・サルツバーガー夫人は、セントラルパークを愛し支援する団体「パーク・アソシエーション」の会長で、モーゼスとは大変親しい間柄だった。

ニューヨーク市は財政破綻の危機——モーゼス流の解決法

モーゼスとその軍団は、放置された公園、遊園地などの老朽化した遊具、トイレ、噴水、広場、公園の柵などに、改修、新装工事を施し、都会に住む一般市民に娯楽をあたえようと懸命に献身的な働きをつづけた。それだけではなく、彼は公園、遊園地、遊び場などを次々に新設していて、空き地、小規模な土地などを手に入れようと躍起になっていた。

しかし、当時の市の財政は大不況の影響で逼迫し、金庫の中身は底をついていた。だから、モーゼスは市の予算に頼ることなく、土地の手当てをする算段を講じなければならなかった。彼は、市のあらゆる部局が管掌する土地を大規模なものからほんの小規模のものに至るまで、それが本当に使用されているか精査させた。すぐに多くの未使用地、空き地、誰の記憶にも残っていない放置された土地などが浮かび上がってきた。

たとえば、マンハッタンのイーストサイドのハウストン・ストリート沿いにある土地は、地下鉄建設工事の資材置き場として交通局が取得したが今は空き地だった。あるいは、教育局が老朽化した小学校の建物を封印したままの土地、さらにはモーゼスのお膝元の公園局もまた相当な規模の空き地をあちこちに保有していた。

広大な土地を市営住宅用地として確保しておきながら、その後事業計画さえも立っていない遊休地、港湾局関係部署が港湾整備のために確保したものの放置されたままの河岸や波止場の土地など、大小取り混ぜた空き地、未使用地、管理者不在土地が掘り起こされた。[*7]

これらすべての土地の所有名義人は市の「減債基金」であった。これは市の発行する債務証券の返済を確実に行うために、毎年市の歳入から積み立てられる基金であり、ニューヨーク市が保有する土地の名義はすべてこの基金に集中されていた。モーゼスはラガーディアに対し、ただちに彼の軍団が掘り起こした未使用地のすべての名義を基金から外し、公園局につけ替えることを提案した。市の部局のなかにはこの動きに対抗して、すぐさま形ばかりの計画を発表しあたかも事業が遂行されるかにみせて抵抗を試みる者もあった。しかし、おおかたの場合、市長はモーゼスの味方をしてくれた。

ラガーディア市長の後ろ盾も功を奏し、市の公園局長就任後四か月もしないうちにモーゼスは六九カ所の空き地で大小の公園、遊園地の類いを新設することに成功した。大規模な土地は、大型遊園地や娯楽施設の集積地になった。また、小規模な土地のほとんどは、光も風も通らないスラム街に散在していたから、貧しい子供たちに緑地を供給したモーゼスの功績は大きかった。どんなに小さな空き地でも、不整形地であっても、夏には緑陰を、冬には穏やかな日だまりを恵まれない母子に提供したのである。

モーゼスは、寝ても覚めても四六時中、三六五日、自分の遂行する事業のために何をすべきか考えていた。「これこれの事情で手つかずの土地がどこそこにあったはずだ」と急に思いついて部下に命じて調査させ、あらゆる手段を尽くして夢の実現に邁進した。そして、手に入るや否や、間髪を入れず技師や作業員を送り込んだ。

車窓から空き地を発見すると車を停めさせ、所有者を確認した上で、即座に寄進を交渉することも珍しくなかった。教会保有空き地の交渉で大司教を訪れ、地域の子供たちの遊び場の重要性を訴え、合意を取りつけた。ガス会社所有の未使用地は、暫定ながらも遊び場に変換された。殺害された著名ギャンブラー名義の一二七エーカーもの大空地を、未払い税金との相殺でただ同然で手に入れたこともあった。また、ジョン・D・ロックフェラーに直談判して、一族所有の土地、数カ所を市に寄付させ、その成功例を活かして大富豪たちに同様の寄進を求め、多大の成果をあげた。

モーゼスの大胆極まる公園事業に熱狂したのは、公園を渇望していた一般市民だけではなかった。メディアの興奮は予想を超えていた。通常なら右寄り、左寄りと意見や立場の違いが明白な新聞、雑誌の類いがこぞってモーゼスの大事業に拍手喝采した。ロングアイランドでの土地の収用を巡って彼に批判的だったメディアも最大限の賛辞を送った。『ニューヨーク・タイムズ』はモーゼスが魔法のランプをこすって、万能の精霊「ジーニー」を呼び出したに違いないとコメントしている。

一九三四年、ニューヨークでもっとも有名な人物といえば間違いなくモーゼスだった。彼は誰よりも多く新聞、雑誌で取り上げられた。『ヘラルド・トリビューン』紙は「モーゼス氏は、またもや勝利した。この勝利は一般市民に公園は〝彼らのもの〟だと認識させた。タマニー派の（腐敗政治の）もとで、長い（暗闇の）夜を過ごしてきただけに、彼らがこのことをにわかに信じがたいのも無理はないが」と書いた。

セントラルパーク動物園新装開園──アル・スミスへの贈り物

一九三四年一二月三日、モーゼスは荒廃していたセントラルパーク動物園を新装開園した。彼は、著名な造園技師フレデリック・L・オルムステッドのオリジナル設計は、「動物園敷地用に十分なスペースを割かなかったため、動物たちの自由な行動が妨げられていた*8……祖父に連れられて、自然科学館の檻にいた巨大なヒヒを見たのがわたしの最初のセントラルパークの記憶だったが……一九三四年、公園局長になった時には、動物園は木造の小屋掛けでそれはひどい状態にあった」と述べている。保安員は火事に備えて常時ライフル銃を携帯していた。動物が逃げ出したら即座に射殺できるようにと。

幼い頃の楽しい記憶とのあまりの違いに驚いただけではない。彼にとって、動物園の改修はほかにも極めて重要な意味合いを持っていた。というのも、生涯、ただ一人敬愛するアル・スミスが無類の動物好きだと知っていて、感謝の気持ちを表したかったからだ。スミスとケイティ夫人は、動物園とは目と鼻の先、五番街八二〇番地に住んでいて、動物たちが不衛生で狭隘な檻のなかで見せ物扱いされている状態を日ごろ嘆いていた。

一九三二年の大統領選で、過去の因縁を水に流しＦＤＲを応援したアル・スミスに対し、大統領就任後のＦＤＲは誠意ある態度を見せなかった。連邦政府でなにか仕事をしたいと希望していたスミスの期待を裏切ったのだ。スミスの落胆は激しく、エンパイア・ステート・ビルの一室にこもり窓外をじっと見つめている姿をモーゼスは悲しい思いで見ていた。

こんなアル・スミスを慰めようと、モーゼスは動物園の新装開園に向けて突進する。不況で資材が思うように集まらないなか、資材を融通し、最優秀の工事監督をあてがった。ニューディール公共事業の一環として夜通しの突貫工事だったから、アセチレンのバーナーが夜の闇を照らし、ライオンなど大型獣の咆哮が近所の住民の眠りを妨げたが、モーゼスが怯むことはなかった。

目指したのは、小さな子供たちを喜ばせる動物園だった。彼は、ここを「絵本の動物園」と名づけた。一二月三日の開園日は壮観だった。公園局本部建物「アーセナル」の玄関先の仮設スタンドには一二〇〇人の来賓が座り、五番街の入り口には二万五〇〇〇人が列をなして、入場をいまかいまかと待ちかまえていた。動物園入り口には、高さ六フィートほどの絵本のレプリカが立てられていて、そこに速歩する緑色の象が描かれていた。

来賓が祝辞を述べる演台の両袖には、まるで子供たちへのプレゼント箱のように綺麗に包装された大きな箱が置いてあり、式典がファンファーレとともに開始されると包装紙が除かれてライオンとゴリラの檻が出現した。何千という色とりどりの風船が解き放され空を彩った。制服を整えた高校生のバンドにつづいて、小学生の鼓笛隊が行進する。本部建物の角から二頭のポニーに引かれ華やかな色に塗られた小型の四輪馬車がやってきて、なかに座る可憐な女の子が大きな金色の鍵を抱えているのが見えた。ラガーディア市長が、この鍵を使って絵本のなかに仕組まれた扉を開け、入り口をくぐった。セントラルパーク動物園が公式に開園された瞬間だった。

その日、開園式に招かれたアル・スミスは、感動的な出来事に遭遇した。三〇〇人を超す小学生たちが門口に待ちかまえ、歓声をあげ、風船を振り、五番街を横切る夫妻につき添ったのだ。この小学生たちは、スミスが育ったマンハッタンの極貧地区「第四区」の子供たちだった。

ライオンの頭を形取った襟章を贈られたアル・スミスは、セントラルパーク動物園の「名誉夜間園長」に任命された。祝辞を述べるスミスの目に光るものが浮かぶ。最後まで裏切らなか

動物をこよなく愛したアル・スミス。
セントラルパーク動物園にて。

った忠節なモーゼス、彼への感謝がこもった祝辞であったことはいうまでもなかった。だが、残念なことにモーゼスは、この式典に姿を見せなかった。あまりのハードワークに、さすがの鉄人もインフルエンザにやられ、式典開始二時間前に絶対安静状態に陥ってしまったからだ。

名誉夜間園長は、二四時間いつでも好きな時に動物舎に入り、動物との至福な時を過ごすことができる特権をあたえられた。不運に落ち込むアル・スミスへ、モーゼスの衷心からの贈り物だった。スミスは、友人客人を夜間の動物園に案内してこの特権をフルに行使した。

アル・スミスには好んで客人に披露する演出があった。ひいきにしている巨大で獰猛な虎の檻に近づいて、彼特有の低いドラ声をはりあげ「ラガーディア!」と叫ぶと、それまで静かに見物人を見守っていた虎は、牙を剝いて猛然と檻に跳びつき咆哮する。スミスの娘が言うには、虎は明らかに、「却下!」と叫んでいるのだそうだ。タマニー派の政治家は「タイガー」と呼ばれていたから、この演出にタマニー派はおおいに溜飲を下げた。州知事時代のスミスの指示でモーゼスが実行に移した事業の成果が、いまや政敵ラガーディアの功績として讃えられていて、スミスがあたかも鳶に油揚げをさらわれた気分であったことは容易に推察できた。

虎が「ラガーディア! 却下」とほえたかどうかはともかくとして、この動物園にはモーゼス流儀の細かい配慮がすみずみまで行き渡っていた。「公園の目的は、人を威圧したり、ことさら強く印象づけたりすることではない。そこで楽しいと思ってもらえるような工夫が大事」だと、モーゼスは部下の設計技師たちに口を酸っぱくしていた。たとえば、軽飲食物を載せたカートが園内を回る。どこでも見慣れた光景だが、ここのカートは車体だけでなく車輪さえもカラフルに色塗られた動物の姿と花輪の絵で飾られていた。イタリアのシチリア島で陽気なお祭りに登場する「カレット・シチリアーノ」を模した花馬車だった。絵本から抜け出たかのような明るいドレスを身にまとった売り子たちが売り立てるのは、飲食物はもちろんのこと、くるくる回る銀色の風車、色鮮やかな風船、小旗、吹き流し、幟、組み紐編みのムチ、動物塗り絵の本など、子供たちがわくわくするものだった。

アザラシのプールがある広場を囲むように、動物の檻を設けたのも大当たりだった。騒々しくおどけ回るアザラシを囲んで、周りにはシマウマ、ライオン、猿、マントヒヒ、まさに絵本のページのような光景だった。

大成功の動物園は、開園日三万二〇〇〇人、日曜日には五万七〇〇〇人の観客を集め、一九三五年の日曜日平均観客数は一〇万人にのぼった。[*9] 一般大衆、メディアのロバート・モーゼスへの賛辞は頂点に達した。彼への賛辞は単に大規模施設を完成させたことだけにあるのではない。その運営の細目にも目を配り、「一般市民への楽しい娯楽」を提供しようとする心根への称賛でもあった。

第四章

交通網整備

トライボロー・ブリッジ。
ブロンクス、マンハッタン、クイーンズの三行政区を結ぶ交通路の要

トライボロー・ブリッジ

一九三六年七月に開通したトライボロー・ブリッジは、モーゼスの数ある工事事業のなかでも特筆に値する。このプロジェクトが最初に提案されたのはさかのぼること実に二〇年前、一九一六年のことであった。ニューヨーク市工場および構造物局の主任技師エドワード・A・バーンが提唱したのだが、調査予算がついたのが一九二五年と極めて遅く、工事が開始された当日一九二九年一〇月九日は、なんと株式大暴落のブラックフライデーであった。それでも一九三二年の一月二七日には基礎の完成にまで漕ぎ着けたが、ここで資金が底をついてしまい、事実上の停止を余儀なくされた。全世界を震撼とさせた世界恐慌によって、事業費用として当込んでいた市債の発行が全く当て外れになったからだ。[*1]

そこで、モーゼスが登場する。彼はトライボロー・ブリッジ公社の総裁に就任し、具体的な事業計画を公表した。ニューヨーク市の三行政区、クイーンズ、マンハッタン、ブロンクスを結ぶ大高架橋をつくり、アプローチ道路、パークウェイを新たに構築して、郊外への高速自動車道へとつなげるもので、当初のバーン案に加え、周辺との連結を組み入れた完結にして雄大な装置の建造計画であった。

このプロジェクトは結果的に当時の金額で六〇〇〇万ドルという多額の建造資金を要したといわれるが、モーゼスがこの構想を持った時点での予算枠は、市負担の五四〇万ドル、それにニューディール資金として連邦政府が負担する四四二〇万ドルの合計約五〇〇〇万ドルであった。連邦政府負担分のうち、九〇〇万ドルは一九三三年に設立された公共事業庁（ＰＷＡ）が直接出資し、残額の三五〇〇万ドルはトライボロー・ブリッジ公社が発行する長期債券をＰＷＡが購入し、後にこれをトライボロー・ブリッジ公社が買い戻して市場に売却する予定であった。この債券は公社が将来徴収する自動車通行料金によって担保されていた。[*2]

マンハッタン島は四周を水で囲まれた文字どおりの「島」である。北にはハドソン川から分かれて北西から南東にかけて斜めに横切るハーレム・リバーの水路があり、東はイースト・リバー、南はアッパー湾を経て大西洋、西には大ハドソン川がある。そして、ニューヨーク市は五つのボロー（行政区）で構成されている。マンハッタン、北に広がるブロンクス、東のブルックリンとクイーンズ、それにスタテン・アイランドの五行政区である。トライボロー・ブリッジ構想は、マンハッタンとクイーンズ、そしてブロンクスの三つの行政区を高速高架橋で結ぶことで、いわばマンハッタンが「島」であるというハンディキャップを克服して市内の円滑な移動交通網を確立し、市内から北方ならびに東方への高速走行を可能にする目的を持っていた。

そのために、

1、ハーレム・リバーとイースト・リバーの合流点にあるランドールズ島とマンハッタンを結ぶハーレム・リバー垂直昇開橋

2、ランドールズ島とワーズ島を結ぶ高架道

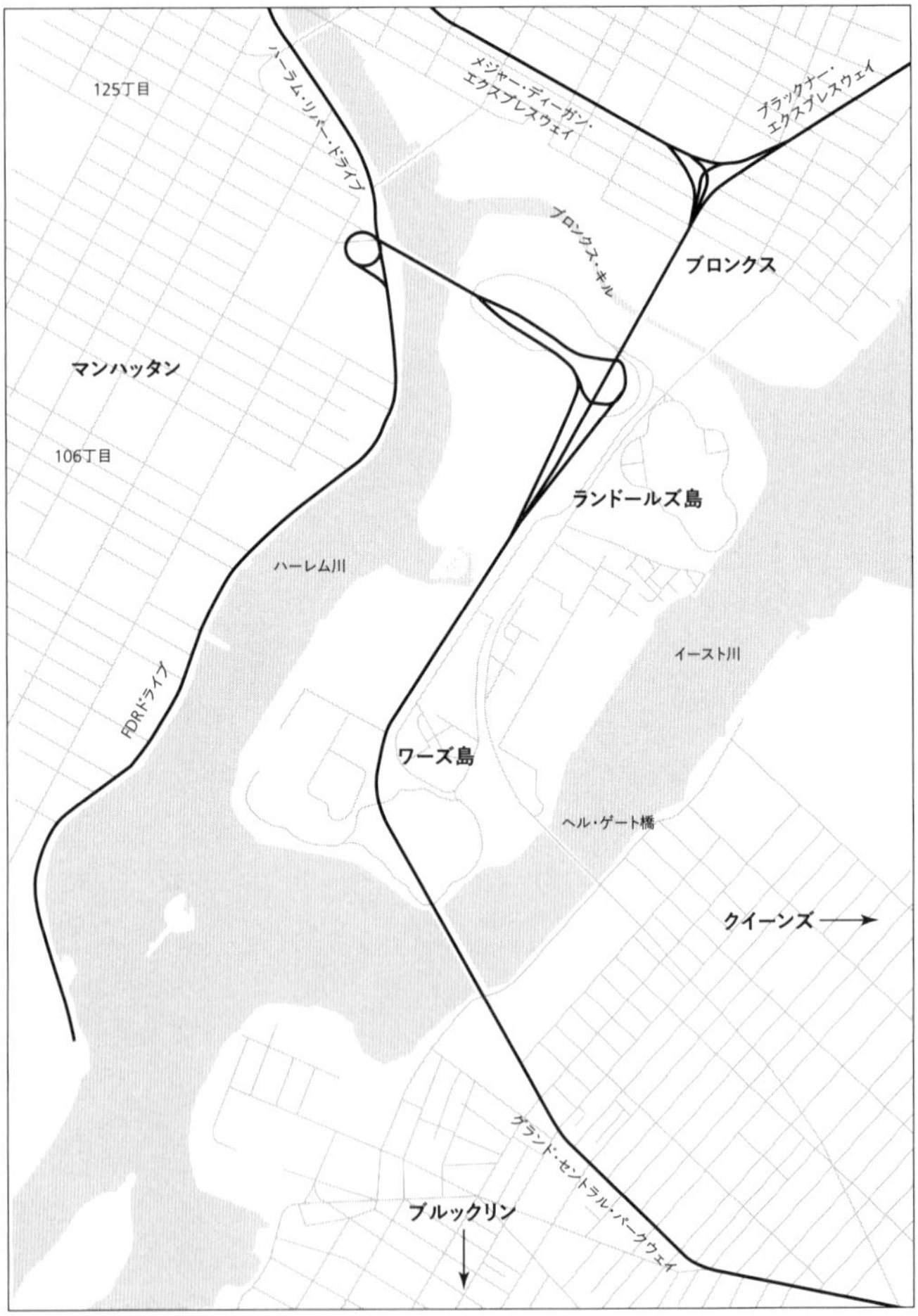

トライボロー・ブリッジ周辺地図。
ランドールズ島とワーズ島は埋め立てられ1つの島となったが、
かつてはP.095の写真のように2つの島であった。

3、ワーズ島とクイーンズを隔てるヘル・ゲート水路を越えるイースト・リバー・サスペンション橋（ヘル・ゲート橋）

4、そしてランドールズ島とブロンクスを隔てるブロンクス・キルに架かるトラス橋

これら四つの部分を建造し連結させた。このうち、3と4は固定橋、1および2は商船、軍艦船などの航行確保のため開閉橋であった。

トライボロー・ブリッジが完成したことで、マンハッタンからロングアイランドやブロンクスに行く車はもちろんのこと、ブロンクスからロングアイランドへも、マンハッタンを迂回して直接走行することが可能となった。ジョーンズ・ビーチにも、信号に邪魔されることなくスムーズに到達できるのである。まさにニューヨーク市の交通網において重要な機能を持つ巨大装置の完成だった。

モーゼスの構想がすぐれていたのは、トライボロー・ブリッジを周辺高速自動車道とつなげるアプローチ道路を計画に組み入れた点だった。それまでの案では、ブリッジ出入り口への短い導入路は考えられていたものの、周辺動脈道路とつなぐ計画はなかった。彼はこれをあたえられた予算合計五〇〇〇万ドルの枠内で実現しようとした。逆にいえば、トライボロー・ブリッジ構想は、始めからアプローチ道路なしでは考えられなかった。彼はトライボロー・ブリッジについて「大都市ニューヨークの動脈道路が織りなすつづれ織りのほつれや、傷んだへりのほころびを織りあわせることは、わたしの長年の夢だった」と述べている。

モーゼスが、この事業の総指揮を執ったのが、公社総裁就任の一九三四年一月一九日であっ

た。この公社はその前年の一一月には設立されていて、ジョージ・V・マクラッフリンともうひとりの理事がいた。モーゼスは初代総裁に就任するとさっそく独裁体制を築き上げる。マクラッフリンはニューヨーク市の元警察本部長であり、モーゼスにすべて一任してくれたし、もうひとりも新聞王といわれたウィリアム・ランドルフ・ハーストの腰巾着にすぎなかったから、トライボロー・ブリッジのあり方などに特段の意見を持ち合わせていなかった。

モーゼスは着手してすぐにこの事業の問題点を発見した。

ひとつは、この橋はあまりにも巨大すぎた。限られた予算に配慮し、彼は橋の規模を見直すことにした。オリジナル案ではダブルデッキの二層構造になっていて、年間一六〇〇万台の自動車を許容する能力を持っていた。だが、実需予測では、年間七五〇〇万台ぐらいがせいぜいで、採算的にはそれで負債のデットサービス（元本返済と利息負担の合計額）は十分賄うことができた。ダブルデッキをシングルに変更しても実需に応えられる上、橋の重量も軽くなり、かつコスト的に五〇〇〇万ドルが浮いた。

ふたつ目は、オリジナル案では橋梁の鉄骨部分が、花崗岩板で表面仕上げされることになっていた点だ。モーゼスは、この過剰な装飾によって橋の重量が重くなり、コストも高くなる点を指摘して、オリジナル案に固執し譲らない主任技師バーンを馘首、代わりにスイスから帰化した橋梁技術者オスマー・H・アマンを任命する。

一九三一年に、アマンが完成させたジョージ・ワシントン・ブリッジは、花崗岩装飾は施されていない。にもかかわらず、ル・コルビュジエから「その美しさは世界一」と絶賛された上、コストも当初予算の六〇〇〇万ドルを大幅に下回って建設された。それ故にモーゼスは彼を選んだのだ[*3]（その後、アマンはモーゼスの指揮下、トライボローのほかに、ブロンクス・ホワイトストーン、スロッグス・ネック、ベラザノ・ナローと合計四つの橋を完成させることになる）。

この二点の改良で、トライボロー・ブリッジのコスト見積もりは一四〇〇万ドル削減され、三〇〇〇万ドルになった。PWAから総額四四〇〇万ドル強のニューディール資金支援枠を取りつけていたから、差額をアプローチ道路などに振り向けることが可能となり、動脈道路ネットワークの「要」としてのトライボロー・ブリッジが機能することとなった。

モーゼスがもうひとつ疑問に思った点があった。マンハッタンと川向かいのクイーンズを結ぶには、マンハッタン側の一〇三丁目あたりに架橋すれば、ハーレム・リバーを越えて一直線にクイーンズのアストリアに降りることができる。ところが、橋は一二五丁目あたりに架けられ対岸のランドールズ島で直角に南下してワーヅ島に渡りアストリアに降りるのがオリジナル案だ。つまり、マンハッタンのセントラルパークあたりから出発する車は、わざわざ一二五丁目まで混雑する一般道を二五ブロックも北上し、ハーレム・リバーを越えてランドールズ島に渡り、今度は二五ブロック相当の距離を南下してワーズ島を経てアストリアに至る、極めて非合理なライン取りとなるのである。

調査の結果タマニーのシンパ、全米最大の新聞王と呼ばれたハーストが一二五丁目あたりに遊休不動産を保有していて、これをトライボローに売却しようと画策していることが判明した。典型的な利益誘導のケースだった。[*4] モーゼスはこのからくりを把握したものの、有力なマスコミを敵に回して大事な事業を邪魔されたくないという配慮から不問に付した。その昔、ロングアイランドの富豪たちとのやり取りで学んだ教訓は「時には、長いものには巻かれろ」だった。

モーゼスが蒙ったニューディール政策の恩恵は巨額の資金だけではなかった。大不況からの復興のために失業者への雇用確保を促進する土木事業庁（CWA）との折衝を通じて、ほかの事業に割り振られていた数万の労働人員をトライボロー・ブリッジに振り向け、労働コストの大幅な削減を実現した。

CWAは、一九三三年の八月から翌年の三月末までの短期間の暫定組織で、以降は雇用促進庁（WPA）に引き継がれた。おもに小規模工事を地方自治体と共同で行い、未熟な労働者の雇用を促進する目的を持っていた。大規模公共事業促進のための公共事業庁（PWA）とならび、いわばニューディールの目玉ともいえる事業主体であった。

トライボロー・ブリッジはいかに大都市ニューヨークといえども独力で成し遂げるには大きすぎた。株式大暴落を契機に大不況が始まり、それに対応してFDRがニューディール政策を大々的に打ち出したことによって、初めてこの大型プロジェクトの実現に漕ぎ着けられたといっても過言ではない。

トライボロー・ブリッジのコストを合理化した結果、浮いた資金でモーゼスはアプローチ道路の敷設あるいは整備に成功する。

この結果、
1、北のブロンクス方面へは、ブロンクス・キルを越え、イースタン・ブールバード経由ハッチンソン・リバー・パークウェイに結ばれた。

2、ロングアイランド方面にはヘル・ゲートの固定橋を渡り、クイーンズのアストリア地区でグランドセントラル・パークウェイと結ぶために四マイルほどのアプローチ道路を敷設する必要があったが、このあたりはジャクソンハイツと呼ばれる住宅が密集していて、土地収用するには多額のコストが見込まれるだけでなく住民からの反対も強いと思われた。そのためモーゼスはこの地区を迂回して、海側を埋め立てそこに道路を敷設しアストリア・ブールバードとグランドセントラル・パークウェイとを結ぶことに成功した。

3、さらに、マンハッタンのイースト・リバー沿いに自動車専用道路（イースト・リバー・ドライブ）を新設することでトライボロー・ブリッジへの出入りが信号なしで可能となった。これによって、一二五ブロックも北上することを余儀なくされた不便さを完全にリカバーした。

ただ、このイースト・リバー・ドライブ新設にあたっては、川辺に土地を所有していた古くからの企業との厳しい交渉が必要だった。コンソリディテッド・エディソン電力会社や電線製造会社との話し合いは容易ではなかったが、結果的に用地の確保に成功、さらに川縁に水の流れや対岸の景色を楽しむ歩行路用地も入手した。しかも、ＰＷＡから追加資金を出させ、ＣＷＡからは人手を調達、ほとんどトライボロー・ブリッジ公社の負担なしにこれを成し遂げた。

モーゼスの創造力は、限界を知らなかった。彼は、ランドールズ島とワーズ島に着目した。それまでは、産業廃棄物が捨てられ、建物といえば少年院、陸軍病院、知的障がい者病院、州立病院などがならび、賑わいもなかった侘しいこの島に、七万人の収容力を持つ野球場施設の建設をはじめとする大規模公園の構築を思いつく。既存の公共施設を立ち退かせ、ここを行楽の地へと変えれば、「それにつれて橋の通行料収入も増加するではないか」と力説するモーゼスの説得に、PWAもCWAも結局ニューディール政策の追加対象事業とすることに同意した。さらに、モーゼスはランドールズ島の東側に浅瀬を隔てて横たわる砂州に着目し、埋め立てて五〇エーカーもの公園用地を新規に造成することにも成功した。

開通式は、一九三六年の七月一一日だった。当日は、フランクリン・D・ルーズベルト（FDR）大統領、ラガーディア市長、リーマン州知事、ハロルド・L・イッキーズPWA監督官たちが晴れやかな顔つきで勢揃いした。

配布されたパンフレットには、「空中に浮かぶ高速道路」が「（マンハッタンの）強力な三区を結び、一〇〇〇万人のドライバーの時間と金を節約する」トライボロー・ブリッジは貨物、人、そしてサービスをニューヨーク市、ニューヨーク北部、ロングアイランド、コネティカットへスムーズに運搬することにより、たちどころに大成功を収めると説明してあった。*5

「トライボローは、単なる橋ではないし、ましてや交差路でもありません。市の三区を結び、隣接する郡や州の境界へと延びていく交通の大動脈なのです」。モーゼスはそう挨拶し、FDRは数十台の乗用車や、オートバイを従えて祝福し、命名式を執り行った。

彼を痛烈に批判したロバート・カロでさえ、「もちろん、これだけ切り離して考えるわけにはいかないが、とはいえ、この事業は彼のやったことのなかで、もっとも好ましい部類に入る」「ロングアイランドとマンハッタン、そしてニューヨーク州本土とを橋梁でひとつに結びつけた。市民は今でも（一九七〇年代）彼の業績を讃えている。民主主義体制下における優れた大規模公共事業の範となるものだ」と高い評価をあたえた。*6

ここでもうひとつ注目すべきは、モーゼスはトライボロー・ブリッジ公社に、安定した自動車通行料収入をもたらし、財政的に市からも、州からも干渉されない、独立体制を築き上げた点である。初年度の自動車通行量は九六五万台、料金収入は二一二万ドルにのぼった。公社が発行した長期債券は通行料金収入を返済資源とするいわゆる歳入債で期限は四〇年であったから、デットサービスはこれで十分に賄えた。こうすることで、知事や市長が、まして大統領が誰であろうと、はたまた株式大暴落で世界中を黒雲が覆うとも、決して揺るぐことなきトライボロー・ブリッジ公社の礎が確立されたのであった。

彼は、同様の手法で、主要プロジェクトごとに独立公社を設立し、ヘンリー・ハドソン・ブリッジ、ブロンクス・ホワイトストーン・ブリッジ、スロッグス・ネック・ブリッジ、ベラザノ・ナロー・ブリッジと巨大橋梁を次々に建造していった。これらの橋梁をつくることによって、トライボロー・ブリッジを扇の要に、市内五つの行政区、州北部、ロングアイランドを結ぶ大動脈道路網が完成したのだ。

FDRのモーゼス追放の陰謀

ＦＤＲとモーゼスの確執は、長い期間をかけてふたりの心のなかで醸成されたものだった。実は、トライボロー・ブリッジの開通式の祝典にＦＤＲは、出席すべきかそれとも欠席すべきか即断できなかった。招待状は受け取っていたが、モーゼスが司会役を務め大統領が紹介される段取りだったから、その場でどのような意趣返しをされるかわからなかったからだ。

このトライボロー・ブリッジ完成を目前にしてＦＤＲは、モーゼスをトライボロー・ブリッジ公社の総裁職から追放しようと、内務長官兼ＰＷＡ監督官ハロルド・イッキーズと企んだ。彼は表に出ることなく、ＰＷＡ監督官を焚きつけ、ラガーディア市長に圧力をかけた。[*7] しかも、トライボロー・ブリッジ開通直前の六月末までにと期限を設けていた。

モーゼスがトライボロー・ブリッジの完成を目指して大車輪で頑張っていた一九三四年の冬二月二一日、イッキーズは密かにラガーディア市長をワシントンＤＣに呼び出した。ＦＤＲの強い意向を伝えるためだった。[*8]

リトルフラワーは途方に暮れた。モーゼスが自分で草案作成したトライボロー・ブリッジ公社関連の法案によれば、公社の総裁職は公式聴聞会を開き規定に定められた手続きを経て、刑事告発されない限り馘首できないきまりだった。しかも、モーゼスはそれでも辞めろというなら、内部情報をプレス宛てに漏洩すると脅かした。大統領が陰で動いてＰＷＡに圧力をかけ、自治体の雄であるニューヨーク市長を脅しつけ、「公園創造の主」「一般市民の味方」であるモーゼスに辞任を迫ったと披露すれば、すぐさま主要新聞の一面を飾るトップ記事になることは想像に難くなかった。

ラガーディア市長は執念深いFDRと、並外れてプライド高くしかも法案で身を守る術に長けた一筋縄ではいかないモーゼスとの板挟みに喘《あえ》いだ。しかも、この間にも、トライボロー・ブリッジ建設に必要な資金はPWA宛てに毎日のように請求しなければならなかった。そして、PWAは当然のように、この請求を無視した。モーゼスの首を差し出さない限り、コミット済みのトライボロー支援資金もこれ以上出さないし、いわんや新規事業などはもってのほかであった。

市民に高い人気を誇るモーゼスを馘首すれば、有権者の敵意はラガーディアに向けられよう。いままで、そこを慮ってリトルフラワーはモーゼスを腫れ物に触るように扱ってきた。

ラッキーなことに、大統領、PWA監督官にとって思いがけなく有利な状況が起こった。モーゼスはその年ニューヨーク州知事選に立候補して、現職のリーマン知事に記録的な大敗を喫した。これを大統領、PWA監督官は好機と捉えた。選挙中のあまりの傲慢さが災いして一般市民、プレス、大口寄付者すべての反感を買い、さすがのモーゼスも愛想を尽かされた、その今を捉えて追い払え、このチャンスを逃すなとばかり勢いづいたのであった。

一一月二一日、PWAの理事会は、ニューヨーク関連プロジェクトのすべてを資金供与リストから削除する決議をした。しかし、悩めるラガーディアの態度は煮え切らなかった。彼はモーゼスがどれだけの恩恵をニューヨーク市にあたえたか、はっきりと理解していたからだ。

しびれを切らしたFDRはイッキーズに命じ、PWA官命一二九号の発令を準備させた。官命一二九号は、「自治体に官職を有する者が、同時に当該自治体が管轄する独立法人、公社などの職位を兼職する場合にはPWA資金の供与は禁止される」という内容だった。市政府内の公園局長であり、かつ市政府が管轄するトライボロー・ブリッジ公社総裁でもあるモーゼスをピンポイントして総裁の地位を剝奪する目的で起案されていた。

イッキーズは、自身の日記に「この官命一二九号は、草案作成にあたりFDRが手助けしてくれた」と正直に書き入れた。背後に大統領あり、という事実が見え見えだった。イッキーズはこの官命をもって、ラガーディアに迫り、モーゼス追放を確行させようとした。大統領を後ろ盾にして、というよりは、真犯人は大統領、イッキーズはその実行犯だった。

実は、この法案が施行されればモーゼスのほかにもうひとり適用対象者がいた。ニューヨーク市住宅局長のラングドン・W・ポストである。彼は、ニューヨーク市住宅公社総裁を兼ねていて、ここも連邦政府から資金供給を受けていた。イッキーズはラガーディアに、狙いはモーゼスだけで住宅公社総裁については適用除外すると密約した。

悩んだあげくにラガーディアは、密かにこの官命一二九号の内容をモーゼスに漏らし、FDRから強要されていると愚痴った。市長にしてみれば、モーゼス抜きのトライボロー・ブリッジはありえないし、公園創設、整備もありえなかったからだ。モーゼスはこの機会を逃さず、報道陣に大統領の陰謀をリークした。

ニューヨーク市は大騒ぎとなった。プレスはいきり立ち一般市民もまた怒った。彼らは、数か月前に、モーゼスを州知事選で見限ったにもかかわらず、突如再び、モーゼスびいき一色に染まってしまった。知事としての適性はなくても、公園や交通網に関しては、モーゼスは神にも等しかった。

「ニューディール資金は国民の税金ではないか。（大統領の）個人的感情、政治的計らいを根拠に暴挙に出るなら、市民は知る権利がある」というモーゼスの主張は共感をもって迎えられた。『ヘラルド・トリビューン』紙は、一九三五年一月、ラガーディアを「魂を売り渡した男」と非難して、市長の辞任を求めた。『ニューヨーク・タイムズ』は「ラガーディア市長にウナギほどの背骨があるというなら、ロバート・モーゼスを支持すべきだ[*9]」と辛辣だった。

ビジネス団体、社会福祉団体など一四七にものぼる多数の団体がニューヨーク州商工会議所ビルに集まって、統一意見書を作成した。彼らは、「連邦政府が、自治体の独立性を侵し服従を求めるなら連邦資金は受け取れない」と主張した。さらに、この官命一二九号の合法性についても議論が巻き起こり、有力な法律家ウィリアム・D・ガスリーは、イッキーズによる職権濫用だと指摘する始末だった。

ついに、アル・スミスも登場する。彼は沈黙を破り二月二六日、エンパイア・ステート・ビルの三二階に記者を招集し「モーゼスは公園とパークウェイのネットワーク建設に、過去一〇年間心血を注いだ。トライボローはこのネットワークの〝要〟である。この事業の完成を邪魔しているのは狭い見識、政治的駆け引き、報復的執念だ。現職大統領が絡んでいるとは信じ難い」という趣旨の発言を行った。

その翌日の新聞トップ記事の炎上ぶりは想像に難くない。そして報道の翌日、つまり二八日に大統領は屈服する。官命一二九号は、住宅局長のラングドン・W・ポストには遡及適用されないとし、加えてこの救済措置はモーゼスも対象に含めると追記された。モーゼス復活の瞬間だった。彼に再び後光が差した。そして、光明は以降三〇年間にわたり輝きつづけることとなった。

騒動が収まった一九三六年五月一二日、ホワイトハウスへ一通の招待状が届く。七月一一日に催されるトライボロー・ブリッジ開通祝賀式典への招待状だ。FDRはさんざん迷い悩んだ末に、出席の意向を表明する。アドバイザーたちから、東海岸で最大のニューディール事業ではないか、その祝典に大統領が出席すれば功績は大統領に帰属する。全米にそれが報道される絶好の機会を逃すわけにいくまい、と強く勧められたからだった。

祝典当日、モーゼスは大統領の紹介だけは市長に任せ、礼儀正しく堂々たる司会を行った。彼が大統領のスピーチとしてあたえた時間は当初は五分であったが、ラガーディアからの懇請で六分にした。おまけの一分だった。

イッキーズを紹介しながら、モーゼスは次にように述べた。「PWA監督官とわたしは直接お会いし、互いの頭に〝つの〟も、足に〝蹴づめ〟もなく、〝尻尾〟も生えていないことを確認しました。このトライボローのジャンクションでは、あらゆる方面からの車が交差するのですが、左折（事故）もなければ、正面衝突も、こすり事故もありません」。

多少のきわどい比喩はあったものの、攻撃的とはいえない礼儀正しいといっていい紹介だった。だが、その後につづいた彼の言葉には、参列者の誰も理解できなかった皮肉、当てこすりが含まれていた。一七五五年に『英語辞典』[*10]を編纂したことで有名な英国人サミュエル・ジョンソンが資金難に喘いでチェスターフィールド卿に援助を求めたもののほんの少額でお茶を濁された。にもかかわらず、辞典完成の暁に卿があたかも自分の援助で偉業が達成できたかのごとく振る舞った故事をモーゼスは引き合いに出したのである。しかし、これがＰＷＡ監督官、さらには大統領への当てこすりであるとはイッキーズはいささかも理解していなかった。その証拠に、その晩のイッキーズの日記には、司会者モーゼスの紳士的な態度への称賛だけが書き込まれていた。[*11]

ヘンリー・ハドソン・ブリッジとウエスト・サイド美化事業

トライボロー・ブリッジの完成によって、ニューヨーク市東側の交通網は整備されたが、その同じ年の五か月後一二月一二日に完成したヘンリー・ハドソン・ブリッジは、市の西側、ハドソン川沿いの美化と交通網の整備を目指したものだった。全長八四一フィートのこの橋は、マンハッタン島の北限に位置するインウッド・ヒル公園とハーレム・リバーを跨いで対岸のスピュトン・ダイビルとを結ぶ鋼鉄製のアーチ橋である。

この開通式は、モーゼスの粋な計らいで、ラガーディア市長の誕生日を祝うパーティを兼ねていた。ところが激しい風雨に襲われ、急遽、式典は料金収納棟で行われた。また、市長は前日に「恋のため王冠を捨て」退位を発表した英国国王エドワード八世のスピーチを聞きたがりモーゼスは相当苛ついていた[*12]。

この四レーンの幅を持つ橋の完成をもって、ニューヨーク市のマンハッタン行政区とブロンクス行政区とは高速自動車道で直結された。それまで、車や馬車はハーレム・リバーのはるか下流にあるブロードウェイ・ブリッジを利用していたが、この橋は船の運航を確保するために開閉橋となっていて、交通渋滞が極めて顕著であり、その解消に果たしたモーゼスの役割は大きかった。

さらにこの橋はヘンリー・ハドソン・パークウェイの一部を構成していたから、南はマンハッタンのハドソン川沿いの七二丁目から北上して、橋を介して対岸のブロンクス、さらにはヴァン・コートランド公園を経て、北方のウエストチェスター郡へ自動車道が切れ目なくつながった。

この有料橋の運営はヘンリー・ハドソン・ブリッジ公社にゆだねられ、全権は総裁のモーゼスにあった。公社はトライボロー・ブリッジ公社と同様、期間四〇年の債券を発行し、その返済には橋の通行料、車一台あたり一〇セントが充てられた。

この日からさかのぼること三〇年前の一九〇六年四月六日、『ニューヨーク・タイムズ』は市政府がヘンリー・ハドソン・ブリッジ建設のために二〇〇万ドルの予算をつけたと報じている[*13]。その記事によれば、完成は一九〇九年の予定だった。一九〇九年は、悲劇の探検家ヘンリー・ハドソンがこの川を発見してちょうど三〇〇年の記念年にあたっていた（探検家ヘンリー・

ハドソンは一六〇七年にモスクワ会社に雇われ北極海航路の開発にあたった。その時、北極点の南方に達したが氷に閉ざされ失敗に終わる。一六〇九年にはオランダ東インド会社に雇われハーフムーン号で大西洋横断に出帆、チェサピーク湾、デラウェア湾から北上してニューヨーク湾に入り、ハドソン川をさかのぼってオルバニーまで達した。これをきっかけにして先住民との交易が開かれニューアムステルダム〔後のニューヨーク〕建設が始まった。四度目となった最後の航海でハドソン海峡まで足を伸ばしハドソン湾に至ったが、乗組員との不和によって一九一〇年、息子らとともに小舟におき去られ消息は以降途絶えた)。しかしながら、住民の反対やら技術的問題やらを誰も解決できないまま三〇年が経ち、あげくにロバート・モーゼスが完成に漕ぎ着けたのである。

モーゼスが着手した当時、この橋はもっと幅広で六レーンの車道が計画されていた。だが、マンハッタンの七二丁目から北に自動車道を建設し、かつ、若きモーゼスが夢見たリバーサイド・パークを整備して、さらに北のブロンクスに至る自動車道の連結を完成させるためには、資金が圧倒的に不足していた。架橋を含め総工費は一億九〇〇〇万ドルと巨額だった。

彼は川沿いに貨物路線をもつニューヨーク・セントラル鉄道会社との交渉で獲得した資金を皮切りに州政府資金、市政府資金、そしてニューディール連邦資金の取り入れなどさまざまな工面を重ねる。川辺を美化するために川岸沿いの貨物鉄道の線路を覆うトンネル化を計画、その資金は州政府の平面交差解消資金口から確保する。また、鉄道敷設工事で発生する土砂を、リバーサイド・パークの埋め土に利用して土の購入資金を倹約する。あるいは、はたまた、九二ル政策の柱であったＣＷＡの無償労働力をこの事業に充てる段取りをつける。ニューディー

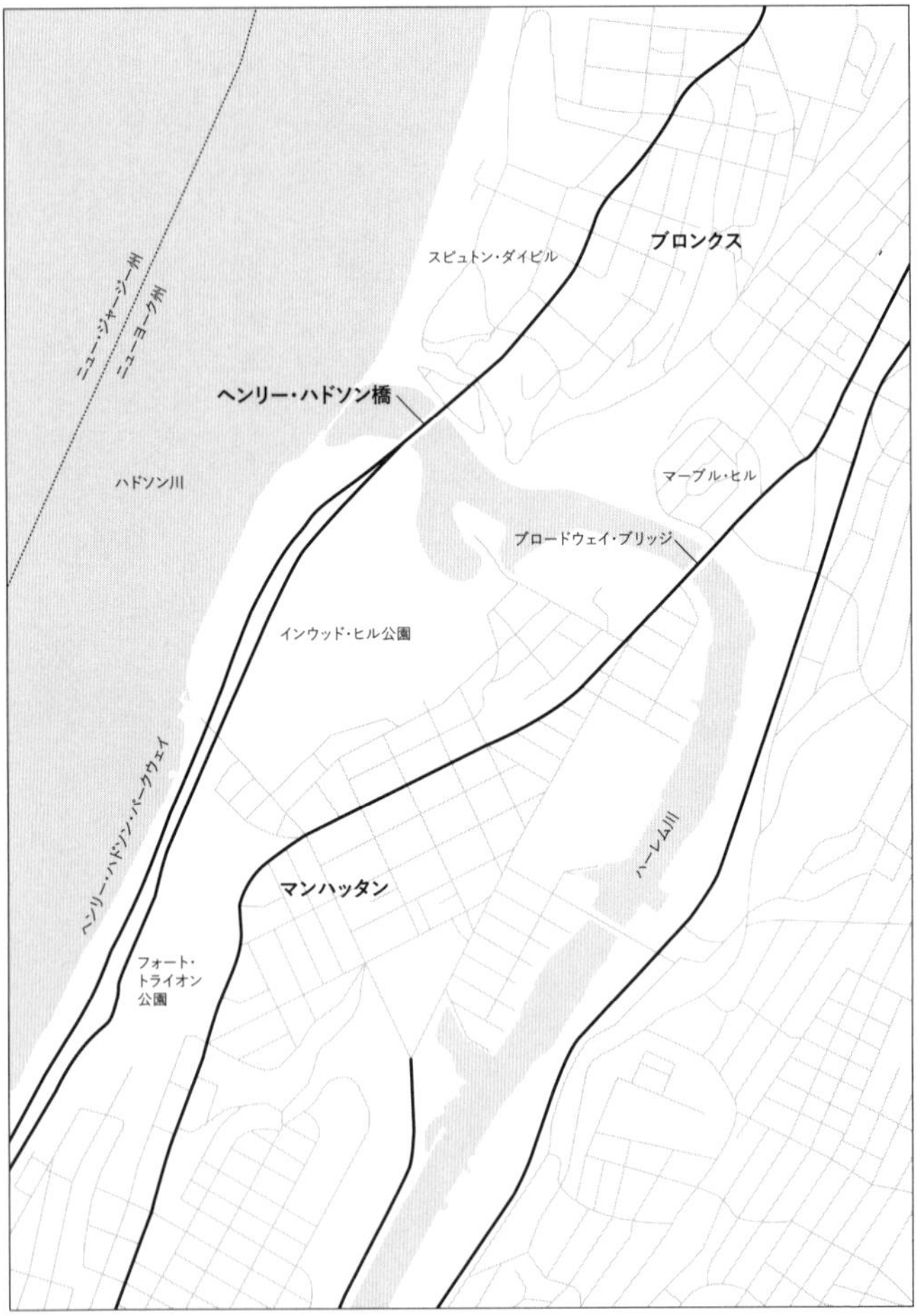

ヘンリー・ハドソン・ブリッジ周辺地図

丁目から一一一丁目までの整備には周囲の環境への配慮を尽くしふんだんに金を投じるが、これより北方部分の整備は、安く仕上げて工事費を浮かせる。

資金調達の一環として、橋の建設費相当分一〇〇〇万ドルを公社発行の長期債券で賄う計画だったが、この債券の引き受けを巡って銀行筋は難色を示した。一九二九年の株式大暴落、それにつづく大不況によって自治体の多くが破綻をきたし、銀行は大損害を被っていたからだ。この時期、財政破綻した地方自治体の数は全米で二〇〇を上回っていた。

度重なる交渉にも銀行は首を縦に振らず、債券引き受けの限度は三一〇万ドルと言明されてしまった。その上、年間の元本返済額と利息負担額との合計額、つまりデットサービス額の二倍近い年間利益をヘンリー・ハドソン・ブリッジ公社が確保することが条件とされた。

モーゼスは急遽、橋の幅を縮小する。従来計画の六レーン幅を持つ橋の建設には鋼鉄製の巨大アーチが三本必要だったが、四レーン幅に縮小することでアーチの数を二本に減らし、大幅なコストダウンを図った。将来、交通量が増加したら上層デッキを設けることにしたのである。この減幅により、橋梁建設費は銀行筋の許容枠うち、三一〇万ドルに収まることがわかった。しかもデットサービスの課題もこれでクリアすることができた。

だが、ヘンリー・ハドソン・ブリッジはほかにも問題を抱えていた。架橋の位置である。近隣住民や自然保護に熱心な若者たちから別ルートが提案されていた。パークウェイのルートを内陸よりにカーブさせ、従来のブロードウェイ・ブリッジに近い場所から、対岸のマーブル・ヒルに架橋するルートだ。これだと、両岸は崖上ではない低地に位置するので、高架橋の必要はなくなり建築コストは大幅に低下する。それにマンハッタン島に唯一残された手つかずの貴重な自然、インウッド・ヒルを破壊せずに済んだ。ブロンクス側のマーブル・ヒルは、荒れ寂れた地域で浮浪者の溜まり場でもあったから、ここに橋を渡せば用地の買収も必要なかった。

だが、この位置だと桁下が低くなりハーレム・リバーの船の航行を確保するため、開閉橋にする必要が生じ交通渋滞は免れない。これではパークウェイや高速道をせっかく新たに敷設する本来の意味が失われるのは明らかだったから、モーゼスは頑として譲らなかった。その結果、マンハッタン側では川沿いの高台を貫きフォート・トライオン・パークの横を通り抜け、インウッド・ヒルを切り裂き対岸のスピュトン・ダイビルへ渡るルート取りが決定した（フォート・トライオンは、ジョン・D・ロックフェラーが、そこに中世ヨーロッパの修道院建築様式の回廊をもつクロイスター美術館を建築した公園である）。

さらに、向こう岸のブロンクス側でヘンリー・ハドソン・パークウェイは大きく東に曲がりヴァン・コートランド公園のなかを貫く結果、この公園内にあった湿地帯も一部消滅の運命にあった。しかし、モーゼスは歯牙にもかけず強行した。このルートなら土地の収用など面倒な手続きが不要だったし、余分なコストも払わず済んだ。

市が、半世紀も前に視野に入れていたウエスト・サイドの美化開発事業は、こうしてモーゼスの手によって実現し、ニューヨーク市の西側ハドソン川沿いの交通網が完成する。マンハッタンの七二丁目から、インウッド・ヒルを抜けてハーレム・リバーの水路を跨ぎ、ブロンクスそしてさらには北方のウエストチェスター郡へつながるネットワークの完成だ。しかも、このルートはマンハッタンの一七九丁目でジョージ・ワシントン・ブリッジにもつながるから、ハドソン川を越えて対岸のニュージャージー州とも結ばれることとなった。

ヘンリー・ハドソン・ブリッジは大成功だった。一九三六年一二月の開通初日に九〇八六台を記録した後、最初の週末にはついに一万台を超える車が橋を越えた。このペースは年間になおすと一〇〇〇万台を軽く超える実績だったから、驚いたのは銀行団だった。すぐさま態度を変えて公社債の追加引き受けを申し出、奪い合いの結果、あっという間にさばいてしまった。

追加資金を手に入れたモーゼスは、その七か月後に上層デッキを開通させた。一九三八年五月八日付けの『ニューヨーク・タイムズ』は、ヘンリー・ハドソン・ブリッジに三レーンの上層デッキが追加されたと報じている。そこには体格の良い、背の高いモーゼスと短躯で小太りのラガーディア市長とが、満面の笑みを浮かべてがっちりと握手している大きな写真が載っていた。[*14]

上層デッキ開通祝典でラガーディアは「過去四年間にわたって、ニューヨーク市が成し遂げた特筆すべき事業のひとつだ」と祝辞を述べ、この四年間は、「市が極めて多くの事業を成し遂げた時期であり、控えめにみてもそれにはモーゼスとラガーディア連合が多少の貢献をしたといえるでありましょう」とつづけた。

モーゼスはスピュトン・ダイビルの街の高台にあるヘンリー・ハドソン公園に高い円柱を立て、柱上に悲劇の探検家ヘンリー・ハドソンの銅像を据え除幕した。ヘンリー・ハドソンの子孫ヘンリー・ハドソン・ホワイティングがモーゼスによって紹介され、「ご先祖さまもさぞかし喜んでいることと思います」と返礼を述べた。橋上では上層デッキの初乗りに集まった長い車列が先導のパトカーの後につづいた。

拡幅後もヘンリー・ハドソン・ブリッジの交通量は順調に推移し、一九四一年には年間一四〇〇万台を超える記録を打ち出した。問題はこのためにせっかくのヘンリー・ハドソン・パークウェイが渋滞してしまったことだ。おまけに、従来のブロードウェイ・ブリッジの交通量も相変わらずのレベルに留まり、渋滞は一向に解消されなかった。この時期、自動車の普及は爆発的で、高速道路の許容量は圧倒的に不足していた。

実際、ピーク時の渋滞は一九五六年に並行するメジャー・ディーガン・エクスプレスウェイとブロンクス・リバー・パークウェイが完成されるまで解消されることはなかった。皮肉なことに、運が悪ければせっかくモーゼスがつくった風光明媚なパークウェイで車を走らせても、ドライバーは前の車のバンパーに集中するあまり、景色を見る余裕さえない状況が発生した。後世の批評家、特にロバート・カロは、モーゼスのウエスト・サイド美化事業は車道を水際に通すことで人びとから水辺を奪い自然を破壊した上、交通渋滞をも解決できなかったと酷評している。

しかし、この批判はどう考えても妥当とはいえないだろう。要するに、爆発的に増える自動車の数に対して、高速道路が圧倒的に不足していて、ヘンリー・ハドソン・ブリッジ一本では対応不可能だったのだ。ましてや、ピーク時の渋滞まで解決することは逆に平常時には過剰キャパシティとなるから、効率の面でも問題が生じよう。

カロのあとづけの批判はさておき、当時のメディアをはじめ一般市民の間では、モーゼスの功績を讃える声が圧倒的であった。幼い子供さえも公園で遊びながら「二、四、六、八、誰のおかげ？」「ロバート・モーゼス、ロバート・モーゼス、ロバート・モーゼス」と数え歌を歌った。公園を市民に、母子にあたえ賜うた「創造主」モーゼスの評判は高まる一方であった。

各種団体からの表彰、メダル授与が殺到し、ある時など一六の団体が一堂に会し連帯してモーゼスを表彰する晩餐会が開かれた。モーゼスはあまりにも頻繁に、こういった祝賀会が開かれるのに閉口して欠席することも度々だった。また、出席した際の毒舌もいや増しに鋭くなり、「今の自分は、〝蜜の滝がナイアガラのように降り注ぐ〟のをいかに逃れるか必死だ」などと本音を隠そうともしなかった。事業遂行の時間を削られるのを極度に嫌がっていたのだ。

アービング・トラスト銀行が、完成したウエスト・サイドの自動車道にモーゼスの名前をつけようと運動したがラガーディア市長は許さなかった。「ロバート・モーゼス・パークウェイ」という呼称は、非ユダヤ系市民の感情を逆撫でしかねないという理由だった。ちなみに、この運動を起こしたアービング・トラストは、ユダヤ系銀行であった。同様な理由で、ジョーンズ・ビーチ州立公園を「ロバート・モーゼス州立公園」と名づけることも却下された。リトルフラワーは嫉妬深かった。格別モーゼスに対しては。

大学もまた、モーゼスに名誉称号をあたえることに熱心だった。「全米でもっとも信頼に値する公僕」「理想の公僕像」といった称賛の声がマンハッタン・カレッジ、あるいはフォーダム大学などからわき起こった。法学博士号は一一回、工学博士号は六回。授与証書は壁にかけきれず、妻のメアリーは最後には箱詰めにした。

「おおやけの利」を最優先して、役所気質や非効率な煩わしさを超越する気高き独立精神の持ち主モーゼスに対して、報道陣も寛容だった。ニューディール資金受け取りの諸々の前提条件が整う前にモーゼスが強引に杭打ちを始め、工事を突貫することに関しても「モーゼス特有の〝あら、ごめんなさいよ〟流儀」だと軽く受け流したピュリッツァー受賞ジャーナリストもいた。

全米も注目した。ローカルメディアに比べて、細かいところは詳述しないし、またより厳しい目で見ることも不可能だったから、全国版のメディアがモーゼスに対して抱く畏敬の念はいっそう強かった。ちなみに、モーゼスを「マスタービルダー」と呼称したのは『フォーチュン』誌だ。

全国の地方自治体からの視察もひっきりなしだった。アトランタの市長は視察後、「一体どこからこんな金が……」と絶句した。建築専門雑誌『アーキテクチャル・フォーラム』誌は「(ほかの自治体が公共事業をやりたいなら) モーゼスを誘拐する以外ない」とまで書いた。公園に関して先輩格のスカンジナビア半島諸国からも視察団が訪れた。

ロバート・モーゼスを共和党の大統領候補にという声さえあがったが、州知事選で大恥をかいたモーゼスがこれに乗ることはなかった。握れる権力はすべて手中に収めた今、選挙の洗礼を受ける必要などどこにあろうか。たとえそれがアメリカ合衆国大統領職であったとしても。

第五章

黄金期

マンハッタンの西側と北のブロンクスを結ぶヘンリー・ハドソン・ブリッジ

私企業のメリットと、行政権力を併せ持つパブリック・オーソリティ

モーゼスが州立公園や橋梁、高速道路網の整備に活用したパブリック・オーソリティ（公社）は、その発祥はエリザベス一世の英国にさかのぼるといわれる。オックスフォードで行政学をモーゼスが学んだのは、三〇〇年も後のことだったが、その頃までには一八〇〇を超えるオーソリティが英国に存在していた。

しかし、アメリカ合衆国では、一九二一年に創立されたニューヨーク港湾公社が初の本格的なオーソリティであり、まだ目新しい事業形態であった。大規模公共事業の遂行のためにオーソリティは設立され、資金を確保するために長期社債（公社債）を発行し売りさばき、その償還のために市民から使用料を徴収する。将来の特定歳入をあてにして長期歳入債を発行するので、基本的には資金調達は州や市の予算に制約されることはない。その一方で、公共事業を遂行する使命を持つから、公社は、州や市と同様の行政強制力を発揮しうる強力な事業主体でもあった。

一九二六年に社債販売を始めた港湾公社の財政状態は不安定で、やっと落ち着いたのは、交通量が多く通行料で懐が豊かだったホーランド・トンネルを一九三一年に買収してからであった。そして、一九二九年に始まった大恐慌からの復興を狙ってフランクリン・D・ルーズベルト（FDR）がニューディール資金を潤沢に出し、自治体の公共事業の推進を図った頃から、

米国でも急速に増えてきた。ニューディール資金と、自治体政府の出資を足しあわせれば、社債発行額を抑えることができる。そうなれば、社債の償還、利払いは、より少額となり公社の財政は安定する。当初は、疑心暗鬼だった引受銀行団もこれに安堵して、資金調達はよりスムーズになった。

モーゼスはこのスキームをあますところなく活用した。一九三三年から三四年にかけて、彼は続々と公社を設立した。トライボロー、ベスページ、ジョーンズ・ビーチ、ヘンリー・ハドソン、マリン・パークウェイ、それぞれのプロジェクトにそれぞれの公社が設立されたのだ。この頃は、公社は単一のプロジェクトを所管し、発行する社債も単一プロジェクトの資金に充てられ、償還もまたその単一事業からの歳入で賄われた。事業が完成し長期にわたる償還が終了すれば公社は解散され、通行料金も無料化され、橋梁であれ、高速道路であれ、公園であれ、すべて州あるいは市の所有物となり、運営もまた市に任せられる。ある意味で、実にシンプルな目的達成型の事業形態だった。

一九三四年、革命的なことが起こった。港湾公社の法律顧問だったジュリアス・H・コーヘンが新しいタイプの社債を考案して、既存の発行済み社債と入れ替えたのである。彼は、個別事業目的の社債を、包括的事業目的社債に入れ替え、これの償還には、港湾公社のすべての事業からの歳入が充てられるとした。しかも社債は、オープン・エンドだったから、目的を問われることなく資金調達が可能となった。この結果、港湾公社は、新規にリンカーン・トンネルを建設する資金を手に入れた。*1

この新しいビジネスモデルにモーゼスは強く惹かれた。というのも、さすがのニューディール資金もそろそろ底をついてきたし、州政府の金庫のなかも安泰ではなかったからだ。市政府の金欠状態は無論いうまでもなかった。その上、市は州議会の決議がなければ何事も前に進むことができない仕組みであったから、リーマン知事が否決すればモーゼスの夢もラガーディアの夢も潰《つい》えざるをえなかった。事実、リーマンは、州政府は今後財政の規律を守ることが困難になると弱気の見解を発表して市を牽制していた。州の意志とは関係なく、自由に資金を調達できる仕組みを手に入れることをモーゼスは切望していた。

彼が率いる三つのオーソリティ、すなわちトライボロー・ブリッジ公社、ヘンリー・ハドソン公社、ブロンクス・ホワイトストーン公社の一九三八年の年間所得総額は四五〇万ドルであった。年利四パーセント、期間四〇年と想定して、発行可能な社債の上限は逆算すれば八一〇〇万ドルに達する。発行残高は四六〇〇万ドルであったから、さらに三五〇〇万ドルの追加資金調達が期待できた。しかも、銀行団はこの三つの事業の業績が好調であることに気を良くして、厳しかった諸条件をゆるめ、かつ三パーセントを切る低金利をオファーした。この結果、公共事業へ投入できる資金はほぼ青天井になり、公園もパークウェイも橋も、望みさえすれば、すべて手に入る。モーゼスは天にも昇る心地であった。

ここから彼の真骨頂が発揮される。自由な資金調達方法を手に入れた彼は、もうひとつの重要課題に取り組み、答えを見つけ出した。それは、いかにして公社の総裁としての自己の権限、権力をほかからの干渉から切り離すことができるかという点だ。彼の地位はFDR大統領によっても、きわどい瀬戸際に追い込まれたし、ラガーディア市長とも微妙な関係にあって、相互依存関係が崩れれば、すぐにも首をすげ替えられかねない状態にあった。

それだけではない。人材の採用においても、彼の欲する斯界最高峰の人材を見つけ出しても、市や州の職員規定の範囲内で雇わなければならず、才能、実績に見合う報酬の支払いは不可能だった。モーゼスとその軍団は、これらの規定の網の目をくぐって目的を果たしてきてはいたものの、遠回りするために時間がかかり事業に遅滞をきたした。遅滞は時として致命的な結果につながった。

採用だけではない。首にするのもまた困難だった。サボタージュや能力不足など、明確な理由があったとしても、規定に反した勝手は許されなかった。公務員規定は、事業の柔軟性を奪う厚い壁だった。

彼が考えついた方法は、社債の発行に際し、社債購入者との契約を結ぶその契約文言のなかに、公社総裁の身分の保全を図る条項を織り込んでしまうものだった。この契約は、引受銀行団と公社の間に交わされる私的な契約である。アメリカ合衆国憲法は、私的契約は、州も市も侵すことができない聖域であると定めている。つまり、州知事も州議会も、市長もそして市財政監査委員会も、なんびとも契約に干渉することはできない。であれば、公社が存続する限り、間違いなく彼の地位は保障される。

ただし、モーゼスがこれを実現するためには、トライボロー・ブリッジ公社法を改正する必要があったし、その改正案を州議会で承認してもらう必要があった。ただでさえ彼の独断専制を苦々しい思いで見ていた州議会がこれをやすやすと承認するはずはなかった。

現行法案の第一条は「この公社の存続は五年、もしくは社債の全額償還がなされた時点で終了する」として社債の償還期限は最長四〇年と定められていたから、いかなる場合でも四〇年を経た時点で、トライボロー・ブリッジ公社は存続を停止し、橋は市に名義替えされ、通行料は無料となる。モーゼスがこの第一条に手をつければ、騒ぎとなる。ただでさえ風当たりが強いのに、第一条の「存続」規定を改正することはリスクが大きすぎた。そのことを熟知していたモーゼスは、ここには一切触らなかった。

その代わり、彼は公社の「存続」などとは全く無関係の、第九条の附則のなかに次のような文をそっとしのばせた。「公社は、既存社債の償還期限にかかわらず、適宜、新規社債の発行をもって既存の社債を償還することができ、かつ、当該社債の発行はその一部もしくは全部を既存社債の償還もしくはその他の事業資金に充当できる」。

一見、無害に見えるこの附則こそ、モーゼスがしのばせた魔法の粉だった。このなんでもない加筆修正でトライボロー・ブリッジ公社は、今までとは全く異質の存在に化けた。

というのも、既存の社債の四〇年の償却期限到来の直前に新規の社債を発行して、既存の社債を償還してしまえば、公社の存続はさらに最大四〇年間延ばすことが可能になる。いわば、リボルビング形式の調達スキームを確立したのだ。

延長された新規の四〇年間は、市に橋を返還する必要もないし、使用料を無料にする必要もない。さらには、社債発行でえられる追加資金は新規事業も含めて、さまざまな用途に充当することが可能となった。新規の高速道路、パークウェイ、一般道、街路の建造はもちろんのこと用地の買収も自由となったし、既存道路の拡幅も許された。用途の制限がなかったから、モーゼスの専制独断に任されることとなった。

たとえば、トライボロー・ブリッジに連結するアプローチ道路、それに連結する自動車道、そしてそれに連結されるパークウェイ、さらにその先の公園、そしてその先の……、いくらでもどこにでも延びていけるトライボロー・ブリッジ公社の交通ネットワーク確立への道が、法案改正で可能になったのだ。

州知事や市長は、市の会計監査官を公社の財務代理人に指定してあるので、モーゼスの行動を資金面で制御できていると考えていた。ところが、モーゼスは、改正法案のなかにまたしても魔法の粉を振りかけた。現行法は「いかなる事業からの収入を問わず、公社の全収入は公社の財務代理人たる会計監査官宛てに支払われる」とあって、資金の流れは収入も支払いもすべて会計監査官によって管理されることが担保されていた。モーゼスの改正法案では、この部分は「公社総裁の公式命令のもと会計監査官によって行われる」と加筆され、見事なまでに、財務代理人の権限を奪取して会計監査官をメッセンジャーボーイに格下げしてしまった。*2

私企業に許されたすべての行為に加えて、行政府の権限を併せ持つトライボロー・ブリッジ公社は、市を訴追することもできたし、警察力を保有することができた。これらの細かい規定を改正案に潜ませたモーゼスは、若い頃、「州都オルバニーで、法案を作成させたら彼の右に出るものはいない」と当時の州知事アル・スミスを唸らせた面目躍如といったところであった。

この魔法の粉に気がつかなかったラガーディア市長は、リーマン知事にこの改正法案を速やかに可決するよう勧告し、知事は署名して法案は無事可決された。

そのわずか一か月後のこと。モーゼスは公社の職員採用にあたり、旧来の市の人事規定を無視して自身の流儀を押し通した。異議を唱えたラガーディアに対し、モーゼスはこの問題が長引くのであれば、社債引受人と管財人の法律顧問に一任したいと申し出た。

市長は怒った。「公社の採用人事に関して社債引受人に発言権などあろうはずもない。市に関する法的問題はすべて市法律顧問を通すのだ。バカも休み休み言え」と息巻いたが、モーゼスはつとめて冷静に「社債引受契約書を読んでみてはどうか」と回答した。勝ったのはモーゼス、負けたのは市長だった。深読みせずに、改正法案を知事に可決するよう勧告した自己を恥じたリトルフラワーは、またもや唇をかんで悔しがったが、もはや後の祭りであった。

以降、モーゼスが市長を上司扱いすることはなかった。彼には、もう怖いものなど何もなかった。

この勝利は、モーゼスにとって、ことのほか嬉しいものだった。というのも、ここ数年間、市長と彼との間にはいくつかの厳しいヘゲモニー争いがあり、モーゼスはその結末に失望し、欲求不満の状態だったからだ。

争いのひとつは、一九三六年に設立されたニューヨーク市トンネル公社を巡って起こった。この公社はマンハッタン島のミッドタウンとブルックリンのクイーンズを結ぶクイーンズ・ミッドタウン・トンネル建設を目的として設立された。建設予算は五八〇〇万ドルで、その全額が連邦政府のニューディール資金で賄われる予定であった。

市の交通ネットワーク創設において自分を凌ぐ人材はありえないと自負していたモーゼスは、当然のことながらこのトンネル公社になんらかのかたちで関与するものと期待していた。期待に反して、ラガーディア市長はトンネル公社にオーレ・シングスタッドを登用した。彼はノルウェー人のトンネル土木技師で、ホーランド・トンネルをつくったクリフォード・M・ホーランドが建設中に過労死した後を継いで一九二七年に無事開通に漕ぎ着けたほか、一九三四年に着工し三七年に開通したリンカーン・トンネルの設計も担当したベテランであった。特に、川底や海底トンネルに関しては、世界的な権威と称されている。

モーゼスは、このトンネル公社をトライボロー・ブリッジ公社に併合することを狙ったが不調に終わった。モーゼスの野望を見抜いた市長は、部下に「あの野郎（モーゼス）に、口出しさせるな！」と口汚く厳命した。トンネル公社については、この時点では市長の勝利だった。

もうひとつの争いは一九三七年に制定された連邦住宅法だ。合衆国住宅公社を設立し、総予算八億ドルの規模で低所得者層に安価な住宅を供給する事業だ。これを受けてニューヨーク市も三億ドルの予算をつけ、住宅公社を設立する。

市長は、ここからもモーゼスを排除した。モーゼスは優秀だ、実行力も素晴らしい、とはいえ、彼の権力は公園、パークウェイ、橋梁の範囲に限定する。これがラガーディアの結論だった。

こんな経緯があったから、モーゼスは、トライボロー・ブリッジ公社法改正案が可決されたことを、そしてそれが早くも功を奏して市長にひと泡吹かせたことをことのほか喜んだ。だが、大統領、州知事、市長、そしてその取り巻き連中とモーゼスとの闘いはこれで終わりではなかった。勝ったり、負けたり、シーソーゲームは果てしなくつづいた。

そしてついにトンネル公社の実権も手中に

一九三六年に設立されたトンネル公社に、なんらかのかたちで関与することを模索し、完全に失敗したモーゼスにとって、逆転の大きなチャンスが訪れた。

ラガーディア市長の肝いりで、新たな「環状自動車道」計画が発表されたのである。この事業はマンハッタン島最南端のバッテリー公園から新たに掘削するトンネル（ブルックリン・バッテリー・トンネル）を経てクイーンズ側に出たら、北上してブロンクス・ホワイトストーン・ブリッジを経由してウエストチェスター郡のパークウェイなどにつなげる事業であり、そのためのコストは総額一億ドルを超える壮大な規模であった。トンネル工事に六五〇〇万ドル、マンハッタン側とクイーンズ側の双方にそれぞれ必要な高架アプローチ道路に一二〇〇万ドル、そして周辺高速道路までのギャップをつなぐパークウェイに二八〇〇万ドルだった。

市長はこの事業にもモーゼスを関与させずトンネル公社に全責任を持たせた。ところが、トンネル公社には当時全く収入がなかった。工事を始めたばかりのクイーンズ・ミッドタウン・トンネルの完成には、もう二年待たなければならず、トンネル通行料収入はそれまでお預けだった。金融機関をはじめ投資家たちは、トンネル収入の実績を見るまでは新規投資に慎重で、様子見を決め込んだ。ラガーディアはニューヨークの金融筋に見切りをつけ、ワシントンDCに自ら足を運んで社債の売り込みを図ったが、芳しい反応はえられなかった。

頼りにする連邦政府関係機関の支援も十分ではなかった。フーバー前大統領肝いりの復興金融公社（RFC）は三九〇〇万ドルが支援の限界と回答してきたが、ラガーディアの懇請で四二〇〇〇万ドルまでの許容を合意した。ニューディールの中核、PWAの監督官イッキーズは、五〇〇〇万ドル以上は無理だと断りを入れてきた。すでにPWA資金はニューヨークに大幅に偏って支出されていたからだ。ただし、学校、病院の整備用にニューヨーク宛てに枠を用意した七〇〇〇万ドルの資金の流用は黙認する柔軟な態度を示してくれた。

この結果、このふたつの資金の合計は、五五〇〇〇万ドルとなったが、それでも総額の一億五〇〇〇万ドルには五〇〇〇万ドル不足していた。悩んだ末、市長は、モーゼスの懐に探りを入れた。すると驚いたことに、モーゼスのトライボロー・ブリッジ公社にはあり余る金が唸っていた。

モーゼスの回答は明確だった。彼は三〇〇〇万ドル出資の交換条件として、トンネル公社をトライボロー・ブリッジ公社が併合することを要求した。わずか二年前に、モーゼスが熱望しラガーディアにきっぱりと拒絶されたこの併合をまたもやモーゼスは持ち出したのである。

市長は悩んだ。二年待てば、クイーンズ・ミッドタウン・トンネルが完成し、通行料が入ってくる。この実績をみれば、銀行団も慎重姿勢を捨てて社債の引き受けを受諾するだろう。だが、RFCやPWAの資金はその頃まで、この環状プロジェクトのために留保しておくことが可能だろうか。政治の世界で二年も先のことを誰が予測できようか。リトルフラワーの心は揺れる。

本心では、トライボロー・ブリッジ公社の剰余金三〇〇〇万ドルを環状プロジェクトに回せとモーゼスに命令したいところだった。市長は市政府の職員であるモーゼスに対して強制することも可能だ。だがそれをした途端に、モーゼスはトライボロー・ブリッジ公社と社債引受人との契約を持ち出し不履行条項に抵触すると騒ぎだすのが目に見えていた。

結局一九三八年の九月、モーゼスと市長は覚え書きを交わした。この文書で、モーゼスは総額三四〇〇万ドルをブルックリン・バッテリー・トンネルならびにアプローチ道路建設に拠出することに合意した。これにRFCの四三〇〇万ドル、PWAの一二〇〇万ドル（うち七〇〇万ドルは学校、病院あての資金枠を流用）を加え、残りの一六〇〇万ドルはニューヨーク市の金庫から向こう五年間で分割拠出し、周辺道路とつなぐパークウェイを建設することとなった。一方、市長はモーゼスの要求に応え、トライボロー公社によるトンネル公社併合を州議会に必ず諮ると約束した。

これで一件落着のはずだった。心ならずも、モーゼスの野望実現に一役買ってしまったとはいえ、トンネルを含む環状道路の建造資金を確保できたラガーディア市長は、安堵のため息をついた。ところが、一難去ってまた一難、騒ぎが起こった。

この事業に対して、あらゆる方面からさまざまな反対の声があがった。もともと、モーゼスの握った権力に懸念を抱いていた人びとは、彼の独断専行を許せばそのうちにニューヨーク市の財政は破綻しかねないと立ち上がった。学校や病院への投資を削って、公園や道路に資金を流用することに反対する声も聞こえた。たしかにその頃、学校、病院の老朽化は激しく、築一〇〇年も経過した学校の建物さえあったほどで、投資、資金支出の偏りが危惧されるのは当然だった。また、いわゆるマス・トランジット、大量輸送手段への配慮の不足も指摘された。市長は、地下鉄を人口増加が著しい郊外に延伸すると公約したにもかかわらず、全く着手されていなかった。

市の会計監査官マクゴールドリックは、ラガーディアの友人でコロンビア大学の教授をしていたが一九三四年に現職に就いた。彼は市長の煮え切らない態度にしびれを切らし、財政評価委員会での本事案に関する票決投票日に反対を投じた。異例なことだったが、ほかにも評価委員会の主要メンバー二人が追従し、反対票の割合は五割に達した。しかし、このトンネルを核とする「環状道路」をどうしてもやり遂げたい市長は、別室で四時間にもわたる説得工作を行い、反対票を押さえ込んでしまった。

これで前に進めると安堵するまもなく、モーゼスのわがままが、さらなる騒ぎを巻き起こす。彼は抜き打ちで、ブルックリンとバッテリー間にトンネルはつくらない、橋梁に変更すると発表した。一九三九年一月二二日のことだった。

以前から、モーゼスはことあるごとに橋梁の肩をもってきた。より安価で、より多くの交通量をさばくことができる。しかも見栄えもするのが橋梁だ。それに対して、トンネルは地下に穴を掘るだけ。穴の拡幅は困難だから将来の交通量増加に対応不可能だ。彼の論理をもってすれば、ブルックリン・バッテリー・トンネル計画は、ブリッジに変更することに合理性があるのは明白だった。[*3]

しかし、橋梁案には問題があった。モーゼスは、ちょうど中間地点あたりに位置しているガバナーズ島に強大な橋脚を据え、その両側にふたつの橋梁を架ける案を公表したが、その橋へのアプローチ道路は一〇階建てのビルにも匹敵する巨大な構造物となってマンハッタン側とブルックリン側、両端の近隣をなぎ倒すのである。モーゼスは橋の鳥瞰図を描いただけだったので、ちょっと見にはわからなかったが、側面図や立体図を描いてみると周辺にあたえる影響がハッキリ見えた。

ニューヨークに何代も前から居住していた名門家族「ゴッサムのお歴々」の多くは、先祖代々の土地や不動産を、このあたりに所有していた。また、対岸のブルックリンの静かな住宅地、ブルックリン・ハイツを好んでいた有力者もいた。彼らは、自分たちの資産が無惨に踏みにじられるのを黙っていられなかった。打ち壊されないまでも、好ましい水辺の風景が橋へのアクセス道路によって殺風景なコンクリートのスクリーンにさえぎられてしまえば賃貸料金も低くせざるをえない。不動産価値が下落すれば、市の不動産税収も大幅に下落するだろう。

問題はまだあった。マンハッタン側の最南端には歴史的に貴重なバッテリー公園がある。ここにはジョージ・ワシントンが英国と独立を巡って戦ったゆかりのクリントン砦があったし、その丸い砦の内側には市民が子供を連れて長年楽しんできた水族館があった。そのバッテリー公園も大きく削られ変貌してしまう。州知事も市長もお歴々も、市民も子供も皆、橋梁案には反対だった。だが、相手はモーゼスだ。彼がこうと決めたら、覆すのはまず無理だった。ラガーディアも渋々ながら、議会宛てに法案を提出し、リーマン知事は署名した。*4

これで、橋梁案に決定したかに思われたが、反対派は密かに、大統領夫人エレノア・ルーズベルトに依頼し、素晴らしいニューヨークの風景が壊されるのが懸念されるという趣旨のコメントを、新聞の連載コラムに書いてもらった。そして、さらに合衆国陸軍省に手を回して軍関係の船舶の航行を確保する必要上、橋梁は認可できないとの結論を引き出した。この裏にはFDRの画策があったが、大統領は最後まで知らぬ存ぜぬを決め込み、戦争の予感に世のなかが騒然とするさなか、軍の決定には誰も逆らうことができなかった。実際にはイースト・リバーの上流にはすでにブルックリン・ブリッジとマンハッタン・ブリッジの二本の橋梁が架かっていたから、この陸軍省の決定は意味不明であった。

エレノア・ルーズベルトのコラムには「(さる人から)ニューヨークの極めて有能なある行政官が、バッテリー公園の上空を一〇〇フィートの高さで横切る橋梁を計画中と聞きました。これによって、高架道路、橋脚などの大障壁がそこに出現するのだそうです。この工事が進歩の名の下に行われることに疑いを持つものではありませんし、なんらかの工事がなされる必要もあるのだと思います。しかし、すでに過剰に混み合った島(マンハッタン)に残された数少ない趣のある風景の保全にたいして、多少なりとも配慮の余地はないのでしょうか。なんといってもローワー・マンハッタンのバッテリー公園は、この国に出入りする人びとの玄関口にあたるのですから」とあった。
モーゼスは「一九三九年の四月三日にリーマン州知事が署名したブリッジ案に対し、四月五日にルーズベルト夫人が『ニューヨーク・ワールド・テレグラム』のコラムを通じてくちばしを入れてきた。それも例によって、性急に」と苦々しいコメントを残している。[*5]
一九三九年七月二〇日、橋梁反対派は大祝賀会を催した。そして不思議なことに、トンネル工事宛てRFCの出資金が、当初、上限三九〇〇万ドルと言われていたのに、突如二〇〇〇万ドル追加され五九〇〇万ドルまで許容されることとなった。おくびにも出さなかったが、ラガーディアは内々に知っていたから、この嬉しい知らせを受けても格別驚きはしなかった。モーゼス包囲網がしかれ、ホワイトハウスの裏の力が働いたことがこれによっても明らかだった。逆にいえば、モーゼスのエネルギーと闘うには、大統領とその夫人までをも動かさなければならなかったともいえよう。

この話には後日談がある。トンネル嫌いのモーゼスは子供じみたとしか思えないような復讐行為を試みる。市民や観光客が子供連れで行楽を楽しんだバッテリー公園の水族館と、クリントン砦を打ち壊すと言い出したのである。その理由は、トンネル工事の振動とやらで水族館も砦も安全が脅かされるからだそうだ。馬鹿げた理屈だと反論があがったが、言い出したのがモーゼスだから決して翻されることはなかった。
ただ、水族館の構造物が相当疲弊していたことは事実だった。[*6] その一方でクリントン砦は、海上から砲撃を受けても耐えられるように厚さ八フィートの砂岩でできていた。ヨーロッパからの移民がニューヨークの湾内に入ってきて目にした砦に特別の思いを抱く市民は多数いて、保全の声があがった。

この砦の歴史は古い。一八一一年に完成したこの要塞は、マンハッタン島南の沖合につくられた人工の島に置かれていた。その後埋め立てが進んでマンハッタンと地つづきになりバッテリー公園の一部となった。ここは、別名ウエスト・バッテリーとも呼ばれ、ガバナーズ島のイースト・バッテリーと対になって英国軍の攻撃を防御する目的で築かれたが、この砲台が実際に火を噴くことはなかった。一八一五年に当時の市長だったクリントンの名前がつけられキャスル・クリントンとも呼ばれた。合衆国陸軍省は、一八二一年に要塞としての利用に終止符を打ち、一八二四年、市は砦を利用して円形の大型娯楽施設キャッスル・ガーデンをオープンする。オペラハウス、レストラン、バー、劇場などが訪れる人びとを楽しませた。時は移ろい一八五五年から一八九〇年まで、移民局のオフィスとして使われた。ここで受け入れ手続きを済ませた移民の数は一〇〇〇万人を超えたともいわれる。一八九六年からは円形の砦を利用してなかに水族館が設けられ家族連れを喜ばせた。

モーゼスは、このバッテリー公園、クリントン砦、水族館に歴史的建造物としての価値はないと公言した。そして水族館の移設、砦の打ち壊しは、公園局長たる自分の完全管轄下にあると主張して憚らなかった。彼自身が作案した公園関係の法律だったから、法律上は誰が見てもそのとおりだった。反対の声を尻目に、モーゼスは強引に打ち壊しを始め、水族館は結局コニーアイランドに土地を確保して新館を建てた。

一方、風前の灯に近かったクリントン砦の運命に関しては、第二次世界大戦が大きな影響をあたえた。モーゼスは一九四二年の秋までには周囲六〇〇フィート、直径二〇〇フィートの円形砦の水族館を覆っていた薄鋼板をとりはずしたが、その後の工事は労働者不足、資材不足で遅々として進まず、周囲に高い工事用の塀を建てただけで停止に追い込まれた。トンネル工事もまた戦時中は中断され、五年間にわたり閉鎖された。

この間に、砦を保全したいと願う市民は、合衆国歴史登録財として認定を受けようと努力をつづけた。伝統保守主義を掲げる良識派のジョージ・マカネニー（市議会議長を務め、市会計監査官の地位にもあった）たちはDC詣でを頻繁に繰り返し、一九四六年には法案が提出されたが、モーゼスは砦はとうに除去済みだと言い張った。*7 だが、航空写真で健在であることが証明され、ついに歴史的建造物は連邦公園局の管轄下に移されめでたく保全された。とはいえ、水族館なしでは観光客も寄りつかず、バッテリー公園は昔日の面影を失ってしまった。

この頃から、モーゼスをヒトラーになぞらえる改革派市民もいて、彼の専制に対する警戒の声は大きくなってきた。「キャビアなしでは満足しない輩《やから》もいるが、権力さえあれば、ハムサンドで十分なのがモーゼスだ」とアル・スミスの友人はあきれ顔だった。

だが、モーゼスにとってこの闘いはまだ終わっていなかった。というのも、市長と交わした覚え書きでは、三四〇〇万ドル拠出の交換条件としてトライボロー・ブリッジ公社によるトンネル公社の併合を州議会に勧告してくれるはずであったが、市長は全く動く気配を見せていなかったからだ。

トンネル公社は、上下線二本のブルックリン・バッテリー・トンネル工事のほかにスタテン・アイランドとブルックリンを結ぶベラザノ海峡横断事業も請け負っていた。それに、バッテリー公園に七階建ての大規模駐車場も計画していて、これだけの公共工事が完了した暁には採算割れ懸念などは吹き飛んでしまうはずであった。そうなれば、トンネル公社をモーゼスにゆだねる必要もなくなる。ラガーディアとしては、そうなることを祈願していた。

第二次世界大戦が始まり、米国は一気に戦闘ムードにつつまれ、トンネル公社の事業も止まってしまった。モーゼスはこの機を利用して反撃に出る。まず、彼はブルックリン・バッテリー・トンネルのライニングに使用される鋼材を、戦争協力と称して軍に供出することを勧告した。このライニングは、鋼材ではなくて鋳造品だったから軍用には適さない代物だったが、モーゼスはおかまいなしに強弁した。その上、「(事業中断した)トンネル公社は財政逼迫で今にも破綻する、トライボロー・ブリッジ公社がトンネル公社を吸収して救済するべきだ」と言い募った。トンネル工事に関しては世界一を自認するノルウェー人技師オーレ・シングスタッドにとって全くいわれなき非難であり、戦時中の工事中断は誰からも咎められる筋合いはなかった。事実、資金の大口出し手であるPWAは元利金の返済猶予措置をとってくれていた。

にもかかわらず、モーゼスは飽くなき攻撃を執拗につづけ、オーレに対する個人攻撃、中傷を繰り返し、辞任に追い込んでしまう。さらには、トンネル公社の理事に空席ができたのを機にすばやく手を打って自分の子飼いを送り込み、最終的には自らも理事に入り込んだ。こうして、彼はクイーンズ・ミッドタウン・トンネルとブルックリン・バッテリー・トンネルの二事業からの上がりを手中に収めてしまった。

この結果、市内で料金を徴収する交通路はすべてモーゼスが独占する結果となった。モーゼスの立場からすれば、出資の前提である交換条件を市長が遵守しないなら、力ずくでも奪取するのは当然の権利だった。

非情にも、オーレは一九四〇年一一月のクイーンズ・ミッドタウン・トンネルの開通式には招待もされず、配布されたパンフレットに設計技師として彼の名はなかった。以来、彼は世界中でトンネルや道路建設に携わったが、ニューヨークに近づくことはなかった。

ブルックリン・バッテリー・トンネルは一九五〇年五月二五日に開通し、当初の予想を大幅に上回る一五〇〇万台の車両がこのトンネルを通過した。トンネル事業は大成功だった。そして、その成果はいまやすべてモーゼスのものとなった。全収入そして交通ネットワークに関する全権力が、彼の掌中にあった。

ラガーディア市長の死、腐敗政治の復活

一九四七年九月一六日、ラガーディアは意識不明に陥り、二〇日死去した。腹痛を訴えて長かったが病因は膵臓がん。六四歳で迎えた死だった。彼は三期一二年にわたり市長を務め、四

期目の再選は極めて困難な予想であった。盟友のＦＤＲもすでに死去していてホワイトハウスからの支援も期待できなかったし、対抗馬はタマニー出身の民主党候補ウィリアム・オドワイヤーで手ごわい相手だった。ラガーディアは自ら潮時を悟り出馬をあきらめた。死はその二年後のことだった。

彼は清貧を貫き、後に遺したのはリバーデールの抵当権付きの小さな持ち家と、戦時国債八〇〇〇ドルだけだった。腐敗政治を極端に嫌ったリトルフラワーの潔い人生だったといえよう。『ニューヨーク・タイムズ』は「瓦礫を玉に変えたとまでは言わないが、彼は市政への信頼を回復してくれ、政治色なき専門家を登用して公園や遊技場を拡げ、診療所、公営市場、住宅供給事業、空港を充足した。賛否両論かしましいなか、これらをやり遂げた」と最大級の賛辞を載せた。[*8]

オドワイヤーは、市長選挙中にいち早くモーゼスを引きつづき重用すると発表したばかりでなく、緊急住宅委員会の全権も彼にゆだねると約束した。市民の支持が高いモーゼスを抱き込み、集票につなげようと考えたオドワイヤーの選挙戦略の結果、ラガーディア市長が絶対にモーゼスにあたえようとしなかった住宅供給事業の全権が、いともたやすく手に入ったのだ。

長年にわたり、タマニー嫌いを標榜してきたモーゼスの変身は驚きをもって迎えられたが「オドワイヤーの下でモーゼスが我慢できるのはせいぜい六週間だろう」と『ヘラルド・トリビューン』紙は予想した。予想ははずれ、モーゼスはいったん握った権力を放すことはなかった。ロバート・カロにいわせれば、所詮モーゼスとはそういう人物、究極の現実主義者なのだそうだ。しかし、コロコロ変わる政治家に翻弄されたのでは、ニューヨークの公共インフラを確立するのが困難になるのは明らかで、仕事師モーゼスからすれば、新市長を籠絡することに何のためらいもなかったと思われる。

オドワイヤーは、一八九〇年にアイルランドで生まれた。貧しい学校教師の両親には一一人の子供がいた。スペインに行って、イエズス会の修道士修行を受けるが、断念してニューヨークに流れ、港湾荷役、工夫、川船の缶焚《かま》き、バーテンダーとあらゆる仕事を経験し警官の仕事にありついた。夜間の学校で法律を学び、三五歳でついに念願の弁護士資格を取得する。その後は、地区検事長、行政官、裁判所判事などをこなした苦労人だ。

だが、そんな反面、地区検事長時代、彼はジェイムス・モランを筆頭職員として重用した。モランはイタリア系マフィア組織マーダー・インコーポレイテッドのボス、アルバート・アナスタシアと親交がある問題児だった。アナスタシアは、ラッキー・ルチアーノ、フランク・コステロらとともに、マフィア全盛時代を築いた大物で、素手で殴り殺すのを好んだといわれる札つきだ。

そんなオドワイヤー新市長は、モーゼスにさらに大きな権力をあたえた。市の「建設コーディネーター」に彼を任命したのである。この新たに設けられた職は、市長の支配下にあり、市長の采配のもとで目的遂行のための業務執行を行うはずであったが、モーゼスは自ら法案を作成し、そのなかに得意の仕掛けを挿入する。その結果、この職は市の利害を代表し、州と連邦政府各部局との交渉を調整する重要な役目を果たすことになった。

戦後、市の公共事業に関しても、州政府、連邦政府の役割が大きくなっていた。その傾向は、低廉住宅供給の分野でも自動車道網の整備でも極めて顕著であった。一九四九年制定の連邦住宅法、別名「タイトル1」は、低廉住宅供給の範囲を越えて、その頃目新しかった都市再生、アーバンリニューアル事業に、連邦政府が真剣に取り組む姿勢を打ち出した。また、一九四四年制定の連邦ハイウェイ法は市内の幹線道路にも連邦や州が資金を出して関与することを可能とするものだったし、一九五六年のインターステート法は州をまたがって都市圏を結ぶ高速道路網の充実を狙うものであった。

この新しい潮流のなかで、州政府と連邦政府との交渉窓口を一手に握る建設コーディネーターの役目は極めて大きかった。州や連邦の意向は、モーゼスを窓口として市にもたらされ、逆もまた真なりだった。モーゼス以外の窓は開いていない状態だから、いわばただ一人の仲介人、「ブローカー」だった。この結果、連邦政府や州政府の担当者たちは、モーゼスの考え方を拝聴し、それに染まっていった。実際、担当者のなかには若い頃、公共事業のあり方について彼から講義を受けた者も少なくなかった。

州知事もまたモーゼスの前には無力だった。レーマン知事が一九四二年に任期を一か月残して合衆国政府国務省に転じた後、トマス・デューイが三期一二年、その後W・アヴェレル・ハリマンが四年間、州知事の職にあったが、このふたりのいずれもモーゼスに頭があがらなかった。当然、モーゼスは彼らを「知事」とは呼ばず、ファーストネームで呼んでいた。

デューイは、共和党候補として二度大統領選に出馬するも一九四四年にはFDRに、一九四八年にはハリー・トルーマンに敗北した。四八年の大統領選では、おおかたの予想では、デューイが絶対的に優勢だったが、合衆国史上最大の番狂わせと言われる敗北を味わった。とはいえ、共和党の大物政治家であったことは間違いなかった。

ハリマンは、ある件でモーゼスの意見に賛成しなかったところ、しばらくの間、黙殺された。パークウェイの開通式に招待もされず報道陣にも無能呼ばわりされる始末に、困り抜いたハリマンは、モーゼスが関与したセント・ローレンス流域ダムに「ロバート・モーゼス電力ダム」と名づけることで折り合いをつけ、以降は直立不動でモーゼスを迎えた。こうして見るとハリマンは凡庸無力な州知事に聞こえるが、実はユニオン・パシフィック鉄道とサザン・パシフィック鉄道を所有する鉄道王ハリマンの直系で、名門投資銀行ブラウン・ブラザース・ハリマンの前身W・A・ハリマン銀行の所有者でもあった。また、合衆国商務長官としてマーシャル・プランの責任者でもあった大物だった。連邦政府の部局者も州知事も、そして市長もこのていたらくだったからモーゼスは思うままに振る舞えた。

一二年間にわたるラガーディアの清潔な統治のもとで、タマニーホール出身の腐敗政治家たちは「飢えた虎」に喩えられた。タマニーのシンボルマークがタイガーだったからだ。だが、オドワイヤーの就任によってニューヨーク市は大きく変わってしまった。解き放された「飢えた虎」は収賄、汚職、斡旋、ありとあらゆる獲物に手を出し腹に収め、その影響は民主党だけでなく共和党の政治家にも及んだ。利権には党派を問わず群がったのである。ラガーディアは死の床にあって「旧態に戻そうとする強い企てが横行している。闘いは終わらない」という言葉を残した。[*9]

モーゼスは、市中の大規模公共工事のほとんどすべてと住宅供給事業の全権を握り、資金は潤沢に持っていた。市の住宅公社関係で一二億ドル超、州の公共事業部局関係で一〇億ドル超、スラム地区撤廃局関係で一〇億ドルと、あわせれば三五億ドル以上の資金が彼のコントロール下にあった。また、トライボロー・ブリッジ公社の業績は急増する自動車数に支えられ絶好調であった。ちなみに、トライボロー・ブリッジを通過した自動車の数は一九四一年に一一〇〇万台であったが、一九五〇年には二七〇〇万台に増加した。[*10]

公社の財務状況は、州や市の部局とは異なり全く非公開であった。しかも、会計監査も義務づけられていなかった。このため、政治家たちへのさまざまなかたちをした賄賂の支払いは痕跡が残らず、追跡される懸念はなかったから、モーゼスの周りに腐敗政治家が集まってきた。

「好物満載のクリスマス・バスケットが欲しいのは、誰だって同じだ」とは、腐敗政治家として後世に名を残すジョージ・W・プランキットの言葉だ。彼は公益事業にかこつけて自身も利益を得る行為は、「正当利得」であり、「不正利得」とは区別すべきだと居直った典型的なタマニー派だ。[*11] カロの著作によれば、モーゼスは個々の政治家の影響力の大小を格付けし、それに応じてコンサルタント手数料と称する実質的な賄賂の金額を調整した。とにかく潤沢な資金をばらまいておけば、いざという時に州議会などでモーゼスのプロジェクトに有利な投票をしてくれるだろうという間接的効果が期待されたからだ。

そのほかにも虎の飢えを満たす手段はあった。トライボロー公社が支払う巨大な額の損害保険料である。橋梁、トンネル、高速道路などの損害保険料は、当時年間五〇万ドルにのぼった。これを、特定政治家が懇意にするブローカーを通じて契約すれば、即座にブローカーの懐に一〇万ドルは入る計算だ。

トライボローをはじめとするモーゼス支配下にある公社の長期公社債の発行をどこの銀行に引き受けさせるか、これもまた銀行、政治家、弁護士連にとって大きな餌だった。筆頭引受銀行になれば、手数料はもちろんのこと、巨額な預金も期待できた。大銀行から中小銀行に至るまで、モーゼス詣では、引きも切らなかった。トライボロー公社債は、地方自治体政府発行の債券と同様、利子には課税されなかったから、利回りは民間の社債や国債に比べて極めて魅力的だった。橋やトンネルの通行料が元利返済の担保となる歳入債だから、常に最上位の格付けAAAを維持していて、安全性は市債、州債よりも格上だった。

チェース・マンハッタン銀行の頭取デイビッド・ロックフェラーも、モーゼスに対し最大級の賛辞を送っている。「市に対する貴兄の貢献に、言葉では言い尽くせない感謝の気持ちでいっぱい」。市だけでなく、ロックフェラー家が所有する銀行への、言葉では言い尽くせない多大な貢献もまたあった。

労働組合ともモーゼスは協調関係にあった。戦後の民主党のベースは労働組合員で、一〇〇万人を超えていた。彼は合衆国最強の労組AFL－CIOの重要人物とも信頼関係を築いていた。モーゼスの大規模事業はとてつもなく多くの労働者に雇用機会をあたえた。ベラザノ・ナロー・ブリッジの工事には、一日あたり一二〇〇人の工夫が五年間必要だった。だから労働組合としても、不況のなか、こんなに魅力的な工事はほかに見当たらなかった。だから労組はモーゼスを強力に支えた。

このような状況がつづき、モーゼスのトライボロー公社の持つ強権と潤沢な富、そしてずば抜けた工事遂行能力とが、公共工事における従来のシステムを大きく変えたとロバート・カロは指摘する。従来システムで、知事、市長、州議会議員、行政区の区長、さらにはそれを支える地区リーダー、地区キャプテンなどが持っていた市民の生活に直結する行政力、統治力、そしてその裏返しとしての集票能力が崩壊した。そしてその崩壊で生まれた真空に、モーゼスとモーゼスの公社が入り込み、市民生活に直結する都市インフラを整備していった。

カロは、この変化のなかで、市民の声を汲み上げる仕組みが失われたと糾弾している。高速道路のルート取りで、住宅地の静かな環境が破壊される場合でも、あるいは、にぎやかな商店街が日陰になり、やがて閑散としたシャッター通りとなってしまう場合でも、それに抵抗する市民の声は黙殺されてしまった。選挙で選ばれる必要のないモーゼスには、一般市民のご機嫌取りは不要だったからだと。

国連ビル誘致――モーゼスがいなければ国連本部はフィラデルフィアに

モーゼスは、国連本部のニューヨーク市への誘致にあたっても大活躍した。

第二次世界大戦を防ぐことができなかった国際連盟の反省をふまえて、米、英、露、中国など戦勝国を中心に一九四五年四月のサンフランシスコ会議で国連憲章が署名され、同年一〇月二四日に正式に発足したのが国際連合である。発足時の加盟国は五一か国であった。ちなみに、国連の設立に力を尽くしたFDRは、サンフランシスコ会議直前の一九四五年四月一二日に死去している。

初代国連事務総長はノルウェー出身のトリグブ・リーで、国連本部の恒久的設置場所を求めて委員会を発足させた。委員会は候補地を米国もしくはヨーロッパのいずれかに的を絞っていた。米国案に対しては、ヨーロッパからの距離が遠すぎてコスト的に無理だ、あるいはヨーロッパこそが民主主義の源だとして反対が多かった。だが、ジュネーブに本部があった国際連盟が失敗し、結果として第二次世界大戦が勃発、その忌まわしい記憶がいまだに強く残っていたため米国案が巻き返した。

当初、仮事務所はマンハッタンのハンター・カレッジ構内に置かれたが、不都合が多く一九四六年にモーゼスの勧めでニューヨークのフラッシング・メドウズ・コロナ公園の世界博跡の仮建物に移った。ちなみに、モーゼスは一九三九年の世界博覧会をこの地フラッシング・メドーズで開催するに際して土地の整備に尽力していたから思い入れが強かった。

だが、問題は国連本部の恒久的設置場所であった。米国内に置かれると決定されたものの、具体的な場所を巡りさまざまな案が検討され議論は百出した。この時すでに引退を決めていたラガーディア市長は、次の市長オドワイヤーとともに国連を訪れ、ニューヨークを強く推した。

ニューヨークが世界のセンター都市となるのを渇望していたふたりは、国連本部誘致委員会を設置させ、モーゼスを委員長に指名した。モーゼスが選んだ委員の顔ぶれのなかには、IBMのトマス・S・ワトソン、メトロポリタン保険のフレデリック・H・エッカー、それにロックフェラー一族のふたり、ネルソン・ロックフェラーとウインスロップ・オルドリッチなどがいた。ネルソンは当主ジョン・D・ロックフェラーの次男で、建築に関心を示しており、モーゼスは父親のような気持ちで接していた。

この招致委員会もまたフラッシング・メドウズの三五〇エーカーの土地を薦めた。この提案に対し所在地決定委員会に長らくかかわってきた世界的建築家ル・コルビュジエは、「ニューヨークは、ぞっとするほどおぞましい都会だ。フラッシング・メドウズは紛れもなくニューヨークの近郊に位置し、国連本部の所在地に向いていない。国連は、ニューヨークの属領であるべきではないし、その意味では米国に依存すべきでもない」とあらためて米国中心の国連運営に警戒心をあらわに猛反対した。

とはいえ、米国内に置くことはすでに衆目の一致するところで揺るぎはしなかった。しかし、サンフランシスコ、ボストン、フィラデルフィアが手をあげていて、なかでもフィラデルフィアは最有力候補だった。

トリグブ・リーはフラッシング・メドウズが、いまだに時折ゴミの臭気を放つことや近くに墓地があることを気にしていた。第二次世界大戦中の五年間、資金不足からこの地は放置されネズミが戻り樹木は枯れ、公園とは名ばかりになり果てていた。初代事務総長は、ニューヨーク市内ならマンハッタン区内限定かつ不動産税免除が条件だと主張した。加えて、国連本部建物以外に職員とその家族の住まいも確保することを要求していたから、そんな条件を満たす大規模な土地がマンハッタン内においそれと見つかるはずはなかった。[*12]

一九四六年の一二月六日金曜日、フィラデルフィアに内々にはほぼ確定し、翌週の水曜日に最終決定の運びとなった。フィラデルフィアはすでにこの状況下、土地の手当てを済ませていた。この日、土壇場に追い込まれたオドワイヤー市長宛てに一本の電話が入る。市内の有力不動産開発業者のウィリアム・ゼッケンドルフが電話口で言うには、マンハッタンの東側、イースト・リバー沿いの四二丁目から四九丁目にかけて一七エーカーの土地をまとめて買うオプションを持っているが、使途がないので売却を希望しているのだそうだ。

このあたりはタートル・ベイと呼称され、古くは食肉処理場、家畜檻などがあった荒廃地であった。マンハッタンのなかで、これほどの広い土地が売りに出ることはめったになかった。トリグブ・リーに問い合わせたところ、「タートル・ベイなら、まだゆり戻せるかもしれない」との回答をえた。ゼッケンドルフの売値は八五〇〇万ドルだった。その週末にこの金の工面ができない場合は、国連誘致はあきらめなければならない。

またとない朗報に喜びつつも資金の手当てで苦難に直面したオドワイヤーは、ロックフェラー一族に寄付を持ちかけることを思いつき、モーゼスにその交渉を一任する。ロックフェラー一族は、国際連盟にも資金拠出した実績があったし、過去の経緯から当主のジョン・D・ロックフェラーはモーゼスに好意を抱いていたからだ。

モーゼスは、誘致委員でもあったロックフェラーの次男ネルソンを通じて交渉し、土日をはさんで月曜日には快諾をえた。最終決定まで九六時間しかかからなかったという迅速な決定であった。ジョン・D・ロックフェラーは国連への献金を承諾する書状に「もしも、世界中の人びとの信頼の証である国連がその責務を果たすのに、この土地がお役に立つのなら、わたし自身と家族にとってこの上ない幸せである」と書いた。

この知らせが届いた時、ゼッケンドルフは市内の高級レストランで友人の誕生祝いの宴席にいたが、さぞかし上機嫌であったことだろう。決定を受けて国連側はその三日後、フィラデルフィア案を反古にして、賛成四六、反対七の圧倒的多数でニューヨーク案を承認した。職員の家族寮などの手当ても、誘致委員のひとり、フレデリック・H・エッカーが会長を務めるメトロポリタン保険会社が新たに開発するピーター・クーパー・ビレッジや、ニューヨーク保険会社がゴルフ場を開発したフレッシュ・メドウズ住宅などを充てることで解決した。

事後的に、この決定を受けた市財政評価委員会の委員のなかには、国連にかくも寛容な優遇措置をあたえることに猛反対する者もいたが、市長がうまく対応して承認を取得した。土地建物とイースト・リバー・ドライブ地下トンネル掘削費用、さらには不動産税の逸失利益などを加えると三〇〇〇万ドルを超す負担が市に生じた。

トリグブ・リー事務総長はモーゼスの一連の貢献に対し深い感謝の意を表し、モーゼスを「この時代、もっとも傑出した人物」と誉めたたえ、ジョン・D・ロックフェラーは「(モーゼスに)深い感謝をささげる」とメッセージを送った。*13

一九四七年一月一四日、市長オドワイヤーは、モーゼスに国連本部関連の工事一切の取り仕切りを委託した。増殖する一方のモーゼスの権力をそれまでは多少なりとも市長としての権限で、制約をかけてきたつもりではあったが、この国連誘致劇をもって、ふたりの間の力関係は決定的となった。もはやモーゼスにたがをはめられる人間は誰もいなかった（モーゼスは、こうした権力強化を経て、ついに一九四九年連邦住宅法にもとづくアーバンリニューアル事業の責任者となる。これについては第七章で記述する）。

国連本部建物の設計には加盟国の政府が推薦する一〇名ほどの著名な設計家がかかわったが、「船頭多くして船山に登る」の喩えのとおり混乱迷走を極めた。気位の高いル・コルビュジエは途中でこのチームから脱退し、以降国連本部の設計から絶縁した。

建築総コストは、六五〇〇万ドルを要した。国連本部は、国際復興開発銀行（ＩＢＲＤ）をはじめとする公的金融機関からの融資をあてにしていたが拒絶されてしまう。切羽詰まった国連は、合衆国連邦政府に頼み込み、紆余曲折の末、期間三一年の無利息融資を引き出すことに成功した。トルーマン大統領の英断だった。

ゼッケンドルフ[*14]は、その後一九六五年に不動産開発の手を広げすぎて破綻したが、息子のゼッケンドルフ・ジュニアが奮起して家名を立て直した。だが、当初の成功に気を良くして過大なリスクを負った結果、彼の事業も一九九〇年代の不動産不況を乗り切ることができず、父親と同じ運命をたどり引退する。彼の最初の妻は、グリ・リーで、初代国連事務総長トリグブ・リーの娘だった。

フラッシング・メドウズは一九五九年に至って再び世界博の候補地として脚光を浴びた。一九六四年にこの地で催された世界博でモーゼスは会長として陣頭指揮を執ることになる。

第六章

マンハッタン都心部の青写真

ミッド・マンハッタン・エクスプレスウェイのイメージパース

マンハッタン横断自動車道

ニューヨーク市の五つの行政区を縦糸横糸に結びつける自動車道の敷設にあらゆる努力を重ねてきたモーゼスだが、彼にも実現できなかった夢のひとつが、クロス・マンハッタン・エクスプレスウェイ（マンハッタン横断自動車道）だ。

マンハッタン島にトンネル経由、あるいは橋を渡って進入してきた車や、島の周囲を巡る自動車道の出口を降りた車は、島内横断自動車道がないために、いきなり大都会の交通混雑に巻き込まれてしまう。渋滞による時間的な損失は、トラックドライバーだけでなく経済商業活動に大きな負担をかけていた。この問題を解決するために、一九二九年に地域計画協会（ＲＰＡ）が発表した高速交通網の基本案には東西ルートが七本提案されていて、そのうちの五本はマンハッタン島を横断するものだった。だが、市や州政府の役人はこの提案をただ黙認していただけで、年月を経た後、当時の提案をとりあげ実現に向けて邁進したのは、ただ一人モーゼスだけだった。

モーゼスは五本のルート案のうち、マンハッタン島最北端を走るトランス・マンハッタン・エクスプレスウェイの延伸を実現した。この延伸部分はクロス・ブロンクス・エクスプレスウェイと呼ばれ、ブロンクスの人口密集地域を切り裂いて一九六三年に完成した。この道路の完成によって、ジョージ・ワシントン・ブリッジ経由でニュージャージー州から進入した車はブロンクス区内まで障害なしに円滑な走行が可能となった。しかし、市民を暴力的に退去させ人権を蹂躙した事例として、モーゼスの悪名を揺るぎなきものにした事業でもあったとロバート・カロは述べている。

とはいえ、このルートはマンハッタン島の最北端をかすめる程度のもので、渋滞が著しいニューヨークの心臓部を横切るにはもっと南の市街地を通す必要があった。

モーゼスは三本の市中横断道路を考えていた。一二五丁目あたりを走る「アッパー・マンハッタン・エクスプレスウェイ」、三〇丁目もしくは三六丁目沿いの「ミッド・マンハッタン・エクスプレスウェイ」、ハドソン川をくぐるホーランド・トンネルとイースト・リバーを渡るウィリアムスバーグ&マンハッタン・ブリッジを結ぶブルームストリート沿いに横断する「ローワー・マンハッタン・エクスプレスウェイ（ローメックス）」の三本だ。なかでもミッド・マンハッタンとローワー・マンハッタンの二本を優先し、一九四四年にはニューヨーク州議会の承認もえた。しかし、この時点では資金源がまだ確定していなかった。

ラガーディア市長の跡を継いだオドワイヤーは就任直後モーゼスを建設コーディネーターに任命し、ワシントンの連邦政府、オルバニーの州政府との専任窓口にしたばかりか、緊急住宅委員会の委員長にも任命した。住宅事業だけは決してモーゼスに任せなかったラガーディアは切歯扼腕し、こんなことを許せばモーゼスは市長を超える存在になって統御不能になると嘆いた。だが、その蜜月も長くなく、モーゼスと新市長の仲は微妙なものとなっていく。

オドワイヤーは滑らかな笑顔の裏に秘められた強さを持っていた。彼は市民の声を自ら聞こうと努力しシチズンズ・ユニオン（一八九七年設立のジェファーソン以来の「善き政府」運動の推進団

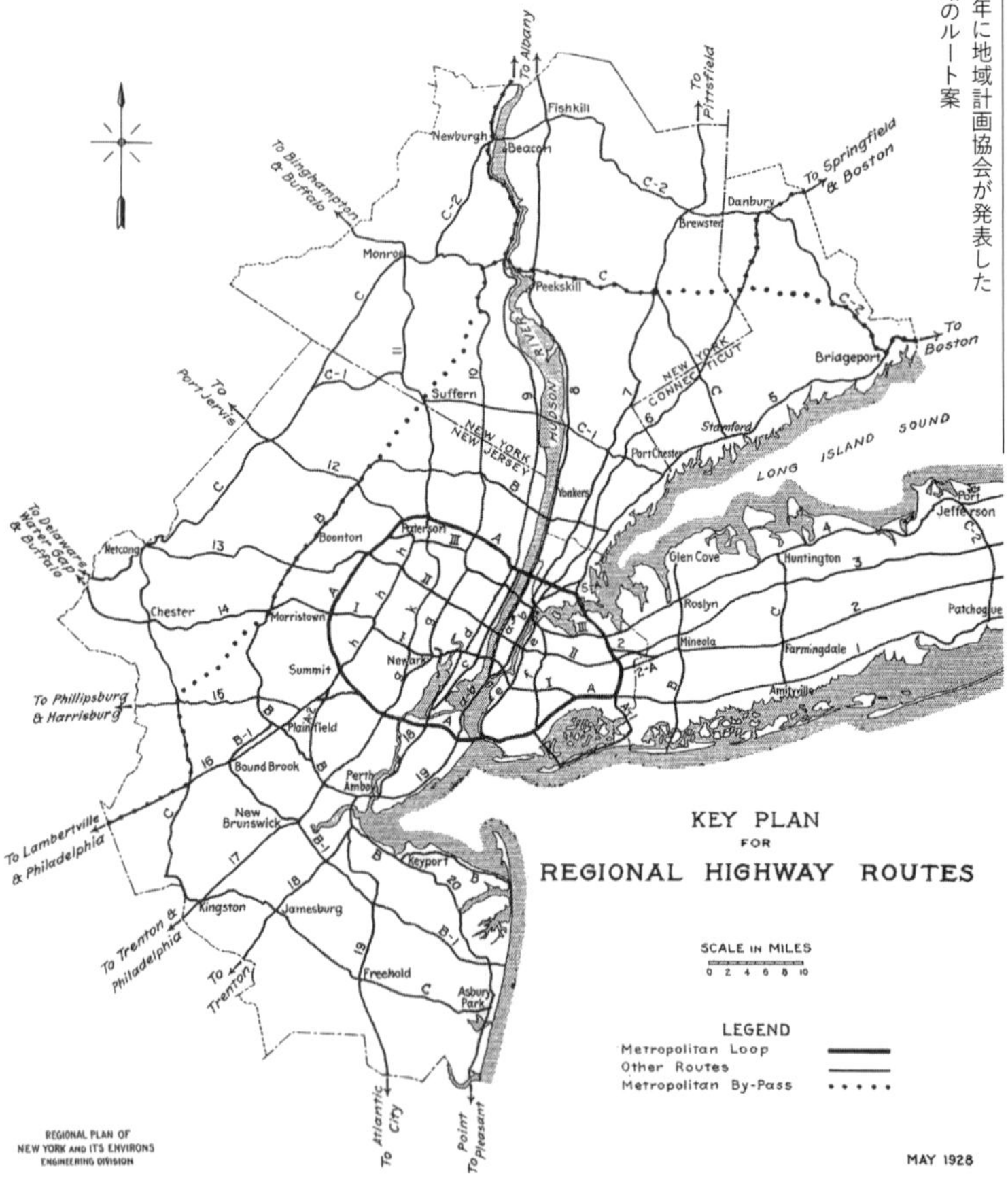

一九二九年に地域計画協会が発表した高速道路のルート案

体）やシティクラブ（一八九二年設立）のおもだった人たちと意見交換し、モーゼスのあまりにも強引な専制的姿勢に疑いを持ちはじめた。モーゼスの強行策が市民を苦しめているのではないか。だとすれば市長としてオドワイヤーのするべきことはモーゼスの専制を阻止することにあるのではないか。

その頃、市中では、スラムクリアランスと都市再生事業に伴う強制的な住民立ち退きに反対するデモが大声をあげていた。バッテリー公園のクリントン砦取り壊しでもモーゼスは世間を騒がせていた。さらに、モーゼスに説得されたオドワイヤーが市長権限でアイドルワイルド空港（現JFK空港）管理業務を港湾公社から新たに設立した空港公社に移譲したところ、財政再建を理由にモーゼスは空港施設使用料を旧来の六倍にあげる暴挙に出た。驚愕したオドワイヤーは、管理を港湾公社に戻してしまった。モーゼスの力の衰えの始まりかと思われた事件だった。

だが、市の財政はひどく、市長は再選をかけて運動する資金にもこと欠いていた。一九四六年の秋口からモーゼスの反撃が始まり、彼の豊富な資金力に市長も手を握らざるをえなかった。とはいえ、一度心の離れたふたりの間がしっくりいくはずもなく、クロス・マンハッタン・エクスプレスウェイを巡ってもふたりの意地の張り合い、小競り合いがつづいた。

モーゼスは、一九四六年一〇月、市長への事前説明もなく「ローワー・マンハッタン・エクスプレスウェイ」のルート取りが決定したと発表した。しかも、よりによって、オドワイヤーの政敵であったマンハッタン区長を共同発表者とした。オドワイヤーは、それまでのモーゼスの説明で、優先順位はミッド・マンハッタン・エクスプレスウェイにあると理解していて、これを次回選挙の公約事業として有権者にアピールする心算だった。モーゼスは公然とオドワイヤーを罠にはめたのだった。

そんな確執があったあげくに、オドワイヤーは、マフィアとの関係を暴露され検察の追及をかわすべく突如辞任した。後任市長は、モーゼスを重用したインペリテリ、さらに一九五四年の一月一日から、ロバート・F・ワーグナー・ジュニアの市政となる。

一九五八年の九月、トライボロー公社は「ニューヨーク市動脈道路計画」を発表した。アイゼンハワー大統領が主導したインターステート・ハイウェイ法案が一九五六年に成立してから二年後のことで、この法案成立によって州を跨ぐ横断自動車道のコストはその九割が連邦資金、一割は州の資金で賄われることが確定した。

「インターステート・ハイウェイ・プログラムは、長い間計画倒れのまま手がつけられていなかったクロス・マンハッタン・エクスプレスウェイを実現可能にしてくれます。このふたつのルートの実現が遅延すればするほど、困難の度合いが増し、経費もまた高騰するのです。ただちに着手しない限り事業の遂行は不可能となるでありましょう。このレポートを公表するタイミングで、マンハッタン島に初めて導入される高架自動車道、〝ローメックス〟の最終的位置取りが決定される見通しとなりました。さらには（もう一本）三〇丁目沿いに敷設され、郵便局とペン・ステイションとを結ぶ〝ミッド・マンハッタン・エクスプレスウェイ計画案〟が、これから財政評価委員会宛てに回され、市政府各部局からの意見が聴取される予定であります」[*1]。当時の提案書のスケッチには、高層ビルがブルームストリート沿いに連なり、建物内の低層階を車が疾走するいかにも斬新なマンハッタン横断自動車道が描き出されている。

このレポートが出された時点では、モーゼスはマンハッタン島を横断する二本の高速道路建設の実現について自信を持っていたが、それから一年半しても市政府は態度を二転三転させ、煮え切らない態度のまま計画は宙づり状態にあった。その間にも、八〇〇〇万ドルあたりと見込まれていた建設コストは、四割増の一億一〇〇〇万ドルに膨れ上がっていた。あげくに、一九六二年も終わろうとする一二月に財政評価委員会は唐突にも路線候補地の取得を否認すると通告した。

市長ワーグナーが財政評価委員会の否認理由としてあげたのは、次のような諸点であった。

1、ローワー・マンハッタンの交通事情がいまや格段に改善されたこと。それは、ジョージ・ワシントン・ブリッジの上部デッキの完成、ベラザノ・ナロー、スロッグス・ネックの二本の橋梁の完成、あるいは、まもなく完成するクロス・ブロンクス・エクスプレスウェイなど道路網充実の結果である。さらに青果市場のハンツ・ポイント（ブロンクス）への転出、フルトン魚市場や、酪農品市場の移転計画、マンハッタンの六五丁目南に予定する電気軌道車計画などにより、今後も大幅な混雑緩和が期待されること、

2、高架高速道路建設により、直下の街並みが経済的に負の影響を受け荒廃し、周辺不動産税収の低下を招くおそれがあること。

3、それらの事情を勘案すれば、一億ドルもの巨額投資をした上で、二〇〇〇所帯の住居と一万人を雇用する八〇〇か所の商工業拠点を撤去移転させる必要のある、クロス・マンハッタン・エクスプレスウェイの敷設は合理性を見いだせない。

一九五九年から一九六二年まで、財政評価委員会と都市計画委員会が何度も公聴会を開いて市民の声を聞いてきた。反対派は、モーゼスへの個人的攻撃も含め、報道陣、政治家たちを総動員して都心横断道路計画の抹殺を試みたのだった。モーゼスは、名誉毀損されたあげくエクスプレスウェイ計画を否認され深く傷ついた。

州議会議員ルイ・デサルビオは「ひとりの年寄りを除けば、まともな技術者でこのエクスプレスウェイなるものを、本気で擁護する人にはお目にかかったことがない……わたしならびにニューヨーク市民は、この頑迷固陋の人物の技術者としての夢が、いまや市にとって悪夢と化していることに目覚める時がきたと考えている……二〇年も前にやった彼の愚かしい事業が、腐り、悪臭を放っている。彼が、このどうしようもない都市計画の馬鹿げた愚行をすぐさまきっぱりと止めない限り、偉大なる都市ニューヨークにはこの悪臭が将来永きにわたって漂うことになることを心に留めるべきだ」と財政評価委員会の公聴会で述べた。[*2]

ジェイン・ジェイコブズはこの反対運動の先頭に立っていた。モーゼスは彼の著書のなかでジェインに触れることはなかったが、彼女の煽動には手を焼いていたに違いない。ジェインの『アメリカ大都市の死と生』は一九六一年一一月に刊行されたが、もっとも革新的な側面はダウンタウンの再開発や住宅、公園、近隣地域を成功させるには都市計画は全く役に立たないということ、そして都市や都市の近隣はそれ自体、自然発生的構造を持っていて、机上では決してつくり出せないという論点にあった。本のなかでも彼女はモーゼスの事業の数々を痛烈に批判した。

モーゼスは公的にコメントを出すことはなかったが、彼女の著書を送ってくれた発行元のランダムハウスの共同創立者ベネット・サーフ宛てに手紙を書いた。

親愛なるベネット、貴兄よりご送付いただいた書籍を返送いたします。途方もない暴論で、杜撰なばかりでなく、中傷的でもあります……このガラクタは誰かほかに売り払ってください。*3

敬具

ロバート・モーゼス

デサルビオ議員を担ぎだしたのもジェインであった。彼は恰幅が良く、髪が薄く禿げかかっており、太い黒ぶち眼鏡をかけ、ちょっと見にはトルーマン・カポーティ風のこわもてだった。以前グリニッジビレッジの都市再生（アーバンリニューアル）反対運動にもジェインの求めに応じ行動を起こした、反モーゼス政治家の急先鋒であった。彼はそもそも一九四九年に、モーゼスがマンハッタンの南端にあるバッテリー公園のクリントン砦を撤去すると宣言した時、クリントン砦を連邦政府管轄にして、歴史的建造物を保存するべく反対運動を起こした経緯があっ

ローワー・マンハッタン・エクスプレスウェイ計画に対して抗議をするジェイン・ジェイコブズ（左から二人め、一九六二年）

た。

モーゼスはクロス・マンハッタン・エクスプレスウェイ推進派とともに「都市は交通によって、交通のためにつくられる」と従来の主張を粘り強く繰り返し、交通が整備されなければ都市はゴーストタウン化すると警鐘を鳴らした。社会活動家たちはさらにいきり立って「都市は住民のため」であり、「住民のもの」だと反論しつづけた。特に、ローメックスについては、ルートがブルームストリートの趣を一変させてしまうことにも批判が向けられた。

双方ともに譲らず、こう着状態のなか、ワーグナーは再び態度を翻し、財政評価委員会を招集、ローワー・マンハッタン・エクスプレスウェイ事業の再検討を命じた。市長は、この事業をどう判断すべきか混乱していた。先延ばし、一時中断している間にも連邦資金はほかに向けられてしまい、ニューヨークの交通事情は悪化の一途をたどっていたからだ。

一九六五年の六月、ついに市長はルート上の土地収用を認めた。だが、この時点ですでに、市長選挙が二か月後に迫っていて、レイムダックとなったワーグナーのこの決定は、あまり意味がないことは誰の目にも明らかで、事業の行方は、次の市長にゆだねられた。当選した人物は、選挙運動中にもこのプロジェクトに反対を表明していたジョン・V・リンゼイだった。

だが、リンゼイは当選後、さまざまな経済団体、労働組合などから突き上げられ、優柔不断のまま右往左往して年月がすぎ、結局ローワー・マンハッタン・エクスプレスウェイにとどめを刺したのは、州知事ネルソン・ロックフェラーだった。一九七一年のことだ。

マスタープラン騒動

ラガーディアが一九三四年に市長に就任した当時、ニューヨーク市の憲章は一八九七年に制定された時代遅れの代物であった。新市長はすぐさま改憲委員会を設け、その二年後には新憲章を成立させた。一連の改革の一環として都市計画委員会が新設され、ここで市のマスタープランが作成されることとなった。マスタープラン以外にも、この委員会はニューヨーク市の地図管理、ゾーニングなどを司るほか、設備投資予算取りとその管理などに従事した。委員会の決定は財政評価委員会の四分の三以上の反対がなければ、覆されることはなく委員会は強大な権力を有していた。

ラガーディアは、当初、モーゼスを委員長に推したが、モーゼスは熟慮を重ねた結果、受諾しなかった。この委員会は彼の頭のなかにある事業の遂行を強力に推し進めるエンジンたりえない。むしろブレーキをかけられてしまう懸念が強かったからだ。

さらにラガーディアの思惑も絡んでいたから、この委員会の先行きは混沌としていた。ラガーディアは、ニューヨークの将来図作成に自身の関与、影響力を強めるためか、委員会メンバーの任命を期限日の直前まで遅らせ、あげくの果てに都市計画とは無縁に近い弁護士のアドルフ・A・バール・ジュニアを委員長代行に据えた。バールは当たり障りなく、短期のつなぎ使命を終え、ほどなく正式な委員長としてレックスフォード・ガイ・タグウェルが任命された。

就任にあたりタグウェルは、この委員会の使命は「ニューヨークについて思考する」ことにあると宣告し、ニューヨーク都市計画のマスタープラン作成を最優先事項に置いた。モーゼスから見るとこの考えは、明らかに実践的な事業推進とはかけ離れたものに思えた。そもそも街づくりには総合的なマスタープランが欠かせないと主張し、それなしでは「断片的計画」の集合でしかありえないという考えは、すでに公園創設、高速道路敷設で多大の実績を持つモーゼスからみれば、机上の空論にすぎなかった。

その上、ラガーディアは委員会の人的予算を極端に絞った。そのため慢性的に人員が不足していた。さらには戦時中のことだったから、資源不足は顕著で、仮にプランができたとしても、それに沿った公共事業の遂行は夢物語と思われた。誰もが当時、戦争終結後の米国経済は低迷し大混乱になると考えていた。

タグウェルは大学教授であったが、決して象牙の塔にこもるタイプではなく、ある意味でモーゼスとは似た者同士であった。タフで自分の考えを曲げない自信家で、時に傲慢。ペンシルバニア大学ウォートンスクールを卒業後、コロンビア大学で博士号を取得してワシントン大学、コロンビア大学などで教鞭を執った後、ニューディール政策のアドバイザー・チーム、いわゆる選ばれし「ブレイン・トラスト」の一員となった。フランクリン・D・ルーズベルト（FDR）大統領就任の一年後、一九三四年のことだ。

FDRのもとで、彼は地方の失業者に対する再定住政策を展開し、疲弊した農業の再生を画したが、一九三六年にはFDRと袂を分かち、一九三八年にニューヨーク都市計画委員会の委員長となった。ニューディール政策は、基本的に大不況下にあった合衆国の経済再生、特に失業者たちに職をあたえる点が強調されていて、彼が本来やりたかった都市計画立案とは噛み合わなかった。ニューヨークに新設された都市計画委員会でなら、マスタープラン樹立を始め、彼の腕が発揮できると考えたのであった。

タグウェル委員長の「土地利用のマスタープラン」案は人手不足のなか、大急ぎで作成され、委員会委員の理解、あるいは同意を待たずに拙速な公聴会が開かれた。これに対し、モーゼスは手厳しく批判した。「(この案は)社会主義的計画経済を思わせるもので、市の経済的、政治的システムをはじめ、いわば市全体の仕組みを変えようとするものである……いかなる所得層に属そうと……都市生活を誇りに思い、近隣を愛する人びとは、このような動きに抗い、立ち上がるであろう。こんな政策が連立政権の〝善き政府〟のやることだと言おうものなら、彼らは(腐敗に満ちた)タマニーの時代に戻ったほうがまだましだと考えるだろう。(共産主義の)赤い計画の手に落ちるのはまっぴらなのだから」[*4]。タグウェルが大学時代、左翼的な思想に染まっていた事実を、モーゼスは調査済みだった。

こうまで言われてはタグウェルもお手上げとなり、結局、委員長職を辞し、プエルトリコの知事として赴任してしまった。[*5] タグウェルの後任は畑違いのニューヨーク大学病院院長エドウィン・アシュリー・サーモンが委員長に就任した。一九四二年二月一一日、タグウェルの「土地利用のマスタープラン」は、正式にお蔵入りとなった。

「タグウェル博士は、〝第四権力〟と称する一握りの都市計画権威者たちが……我々の将来を計画すべきだと考えている。この点でわたしとは全く相容れる余地がない」とモーゼスはずっと後になった一九四七年三月六日、プリンストン大学での講演で自説を披露した。ジェイン・ジェイコブズが聞いたなら、手を叩いて喜んだかもしれない。

だが、マンフォードをはじめとするモーゼス批判家たちは、マスタープランの欠如が後々ニューヨークの街づくりに悪影響をもたらしパッチワーク的になってしまったとモーゼスを攻撃した。[6] ロバート・カロも同様な立場をとっているが、この時のマスタープランは乏しい予算枠内で、少人数の担当者によって短期間に作成されたので、内容的に満足いくものではなかったから、ひとりモーゼスが悪役とされるのはお門違いだと擁護する声もあった。[7]

その後、一九五〇年代に至っても当初目論まれたニューヨーク市の大規模マスタープランは完成されなかった。しかしながら、より小規模な地域のマスタープランはいくつか作成された。たとえば、ブルックリンのシビックセンターとダウンタウンのマスタープランは、ブルックリン区内の包括計画として完成した。モーゼスは最初の頃こそ、マスタープランの非現実性に落胆して無関心であったが、このシビックセンター計画には興味を示し、マンハッタン、クイーンズ、ブロンクス、そしてリッチモンドの同様な計画を支援した。

後に市長になるロバート・F・ワーグナー・ジュニアは、この委員会の委員長を二年間務めたが、任期中、全市を六六に分割して小区画近隣計画を策定した。しかし、結局これも日の目を見ることはなかった。オランダ人入植に次ぐ英国人入植、以来さまざまな民族がマンハッタンを舞台に紡いできた歴史、文化のつながりは強固であり、行政主導の小区分地域分けはもちろんのこと、マスタープラン作成には課題が多すぎた。

一九四九年になってオドワイヤー市長は再選され、その時の選挙参謀を務めたジェリー・フィンケルスタインを、都市計画委員会の委員長に指名した。彼はそれまで都市計画とは無縁だったが、論功行賞でこの地位にありついた。若く野心的なフィンケルスタインは、次々に新企画を打ち出しメディアの受けもよかった。

タグウェルのマスタープランに着目した彼は、お蔵入りしていたプランを甦らせこれの精緻化を図るべきだと主張した。オドワイヤーは再選に貢献があったフィンケルスタインを重用し、この作業に必要な人員の増強を約束した。

モーゼスは反対したが多勢に無勢だった。数多くの市民団体もまた、フィンケルスタインを応援した。この頃にはモーゼスの事業にはマスタープランが欠如しているという指摘があちこちであがっていて、それも後押しとなって人員補強は実現した。大都市ニューヨークは、本格的、包括的マスタープランを初めて手にするかに見えた。

しかしオドワイヤーが任期途中で辞任した結果、フィンケルスタインは委員長に再任されることはなく、後任はモーゼスの盟友ジョン・J・ベネット大佐になった。ベネット大佐はオドワイヤー市長の第一期目に彼の右腕として副市長職にあり、モーゼスのよき理解者、協力者であったから、モーゼスにとってこの上なく力強い味方だった。フィンケルスタインの失墜とともにマスタープラン作成の推進力は失われた。

そのようなわけで、総合的マスタープランがニューヨークに導入されることはなかった。モーゼスの頭のなかにあるプランこそ、それに代わるものだったと言って過言ではないだろう。

第七章

住宅供給事業

タイトル1事業によるモーニングサイド・ガーデンズ（1951年）

スラム撤去とアーバンリニューアル

マンハッタン島の最南端に最初の入植者が上陸して以来、ニューヨーク市は深刻な住宅問題を抱え込んできた。通りの裏側のスラムには、「賃借長屋」がひしめいていて、室内にはトイレもなく不潔極まりない状態にあった。疫病が蔓延するリスクは常に存在し、浮浪者が群れて犯罪の温床となっていた。そんな状態は二〇世紀初めまでつづき、見かねた州政府は一八七九年と一九〇一年に、新法を設けた。

一八七九年の法律は、長屋の各部屋に新鮮な空気が入る窓が少なくともひとつはあることを要求していた。このため一八七九年以降の建物の平面図を見ると、表と裏の間口が広く、中央部分が隣家との隙間をつくるためにへこみが設けられダンベル状になっていたことから「ダンベル長屋」と呼ばれていた。こうすることで、隣家との間に窓が確保されたのだ。ダンベル長屋のアイデアは、デザインコンテストの結果選ばれたもので続々押し寄せる移民の群れに、とにかく住めるだけのスペースと新鮮な外気をあたえる目的だった。この法律以前にも一八六七年の法律が存在していたが、形式的な窓を設けることだけを要求していたから、新鮮な外気も日の光も全く入らない建物が多かった。

だが結局、この一八七九年法にもとづくダンベル長屋もうまくいかなかった。というのも、建物のなかでひしめきあう借家人家族は隣家との隙間にゴミ屑、生ゴミ、汚水を投げ捨て、害虫、疫病が発生し、不衛生な状態はかえって悪化したからだ。天然痘、疫痢、コレラ、肺病の蔓延は、市民の恐怖をかき立てたばかりでなく健康な労働力を削ぐことにもつながった。

そこで導入されたのが、一九〇一年新法だった。新法は、新鮮な外気の確保とゴミ処理のために中庭をしつらえることを義務化して、それによるオーナーの経済的負担を軽減するため区画をまたがり大規模でより高い建物を許容した。装飾デザインも、近代的な香りのするいわばパリの市街地にある建物に似て威風堂々としていた。現代でも、ロワー・イーストサイドや、ワシントンハイツを散策すれば、旧法以前の建物、旧法建物、新法建物と三種の異なる建物景観を見ることができる。

一九〇一年新法導入当時、ニューヨーク市には一八六七年法標準の旧法賃借住宅が八万二〇〇〇戸存在していて、三〇〇〇万人の人びとが住んでいた。一九三六年になっても、六万五〇〇〇戸が残っていて、一七〇〇万人が最悪の状態を耐えていた。[*1] この調子だと、旧法住宅が自然消滅するには、あと一一九年待つ必要があった。

このように厳しい都会生活を耐え忍ばなければならなかったニューヨーク市民たちの窮状を救うべく、自らも極貧地区で育った州知事アル・スミスは、「再生委員会」を新設し、そこで幅広く市民生活の向上を目指した。なかでも、住生活の改善は最優先事項であった。この委員会にモーゼスは深く関与していたから、住宅問題に関する彼の関心は深かった。

一九三四年には、ニューディールの一環として連邦住宅法が制定され、公共事業庁（PWA）が設立された。また連邦住宅庁が新たに設けられ、連邦政府は住宅建設資金の低利融資に乗り出した。この連邦の動きに呼応したラガーディア市長の肝いりで、市はいち早く市住宅公社を設立し、スラムの撤去、そしてその跡地に低廉住宅を建設する事業を推進し、連邦資金の活用を図った。

市住宅公社の目的は「過密地域にある不衛生で危険な住宅状況を除去し、市民の健康と安全を確保する」ことにあった。この趣旨は現代に至るまで一貫して合衆国の住宅政策の根幹をなしているが、一九三五年には、マンハッタンのローワー・イーストサイドに最初の事業として、ファースト・ハウゼスと呼ばれる低廉住宅が完成した。アスター家の所有していた土地に建物八棟、一二二戸のセントラルヒーティング付きアパートが供給されたのである。家賃は月六ドルで、子供たちには建物内に遊戯室や遊び場が備わっていた。当時住宅公社総裁の座にあったラングドン・ポストは「思いがけずコストは嵩んだが、この事業はやる価値があった。何はともあれ、公営住宅を机上の空論でなく現実のものとしたのだから」と述べた。

この事業を手始めにラガーディアはブルックリンのレッドフック&キングスボロー・ハウゼス、マンハッタンのヴラデック&イースト・リバー・ハウゼス、クイーンズのクイーンズボロー&サウスジャマイカ・ハウゼス、さらにブロンクスのクラーソン・ポイント・ガーデンズ、スタテン・アイランドのエドウィン・マーカム・ハウゼスと続々、低中所得層への低廉住宅の供給に努めた。

住宅関連事業に関して、ラガーディアはモーゼスに主導的な権限を決してあたえなかった。それが証拠に一九三八年の二月に市長はスラム撤去と住宅供給委員会を発足させたが、その委員長には市の法律顧問ポール・ウィンデルを据え、モーゼスは平委員のひとりでしかなかった。

この委員会の成果が、一九三九年の一月一日付けで立法化された州法第一八条だった。

この第一八条は、低所得者への住宅供給、スラムの撤廃、ならびに関連するレクリエーション施設の設立に関するもので、特にレクリエーション施設についてはモーゼスの専業だった公園、遊技場などの必要性が強調された。また、この州法は民間業者の事業参加を奨励し、土地収用への政府援助や二五年間の租税控除の特典も認めた。ただ、市の財政への負担は大きく、それが障害となってラガーディアさえもこの事業にややおよび腰だったと伝えられている。[*2] しかしながら、ラガーディアの低廉住宅事業への熱意は冷めることを知らず、法改正も毎年のように繰り返され改良されたこともあって、民間業者の事業参加を促す動きが活発となった。

この頃、ラガーディアの指揮下のもと、モーゼス主導で生命保険会社を中核にスラム撤去、再開発を始めたのが、後述するスタイブサント・タウンであった。この事業は一九四二年あたりから計画され一九四七年には最初の住民が転入している。

この後、一九四九年の連邦住宅法が法制化され、スラム地区における住宅整備の本格的体制が整えられた。それまで、遅々として進まなかったニューヨーク市の住宅問題解決は、この法律の成立で急展開を見せる。

タイトル1として広く知られるこの法律は、地方自治体がスラム地区を収用した後、民間資本が再開発を担う事業を、連邦政府が支援することを規定していて、具体的には、

1、自治体がスラム地区を特定。
2、強制土地収用権を適用して地区を購入。

3、事業主体である民間業者を選定し、用地を払い下げ、スラム撤去と再開発を行わせる。
4、用地払い下げにあたっては、価格切り下げを認め、生ずる損失は三分の二を連邦政府が、残りを地方自治体が負担する。
5、再開発は必ずしも低所得者用住宅である必要はなく、住宅以外の複合施設の開発も可能とした。

実はモーゼスは一九四八年、イェール大学の同級生だったロバート・A・タフト上院議員から、彼がこれから議会に提案する連邦資金支援事業「アーバンリニューアル（都市再生）」計画について詳細を聞いていた。タフトの法案はいち早くモーゼスによってラガーディアの後任市長オドワイヤーに伝えられ、市長主導の「スラム撤去委員会」が発足した。今なら、インサイダー行為として摘発ものだろうが、これによってニューヨーク市が競合他市を出し抜いて、「一九四九年連邦住宅法」にもとづくメリットを最大限享受することができた。

オドワイヤー市長は当然のごとく、この委員会の委員長にモーゼスを指名した。建設コーディネーターとして連邦、州との調整役で勢威を振るうモーゼスがもうひとつ、それもとびきり大きな権限をオドワイヤーからやすやすと手に入れたのだ。一九四九年一二月一七日のことである。国連本部誘致に大きな貢献をしたモーゼスにオドワイヤーは頭があがらず、週に数度は朝食を市長公邸でとりながらモーゼスの指南を受けていた。

権限を手にしたモーゼスはすばやく動き、委員会が実働する前に彼が作成した包括的計画書を市長宛てに提出した。同時に、ワシントンＤＣの連邦政府に対しても、ニューヨーク市のスラム撤去スキームを提出した。この時点では法案は未成立状態であったにもかかわらずの早業だった。

とはいえ、民間の投資家や不動産業者、金融機関などがこの事業に魅力を感じ、市長やモーゼスの期待どおりに資金を注ぎ込んだかといえば答えは「否」だった。彼らからみれば、この連邦政府絡みの住宅事業は初めての試みであり、リスクに見合う報酬が見込めるのかどうか、定かではなかった。成功すれば多額の報酬が見込めることは規模の大きさから予想できたとしても、リスクもまた極めて高く思われた。[*3]

だが、怯まずモーゼスは前に進む。一九五一年の一月には七カ所の地域が候補対象地域としてあげられ、さらに七カ所が加えられて合計一四カ所が撤去候補地となった。これらの各地区再生事業は、上空から空撮され、設計図ならびに技術的詳細説明書までついた美麗なパンフレットとなって関係各所に配布された。タイトル1に則れば、市政府は土地を強制収用することも含めて確保することができた。その上で、この土地を民間に払い下げ、民間業者がそこに居住する住民を退去させ、スラムの建物にブルドーザーを乗り入れることが可能となったのだ。

予想されたことだったが、すぐさま、さまざまな団体、組織からの批判、反対の声が大きくわき起こった。すべての市民に対する民主主義の適用を通じて「善き政府」の確立をサポートする誇り高きシチズンズ・ユニオン、あるいは市民住宅計画評議会をはじめとする怨嗟《えんさ》の声は高くなり、当該地域の住民の抵抗は頂点に達した。

最大の争点は、貧しい借家人たちをどこに移すのかにあった。この点がニューヨーク市の住宅問題解決に、常に阻害要因として立ちはだかってきた。ひとり住宅問題だけではなく、学校、高速道路、その他の都市生活向上のためのインフラ事業がすべて、この阻害要因に悩まされてきた。だが、なんといってもスラムの解消というタイトル1関連事業は、直接的に住居にかかわる問題だけにより深刻だった。市の住宅公社は、スラムの借家人たちを移転させる先をほかに確保して、その上で、スラムの撤去を執行しなければならなかった。さもなければ、貧困に苛《さいな》まされているスラムの居住者は追い立てられて住居を失い、より悲惨な目に遭うこととなるのである。だが、そんなにうまくお膳立てができるほど、現実は甘くなかった。

問題はそれだけではなかった。撤去跡地に計画される建物の高さについての批判、密集度の高さについての批判、あるいはマスタープランがないことへの批判、隣接する地域との環境調和の欠如など、格別目新しくないものも含めて批判が渦巻いた。

オドワイヤー市長の選挙戦に貢献して、都市計画委員会の委員長職を論功人事で手にしたフィンケルスタインは、お蔵入りしたマスタープランに日の目をあて、モーゼスの独断専行を責めた。さらに、マンフォードは、皮肉を込めて、この新規事業を「スーパースラム」事業と呼んだ。市住宅公社の理事を務め、後に連邦住宅公社の総裁となったネイサン・ストラウスは、この事業に対する反対意見を次のように総括した。「(タイトル1の事業は)ニューヨーク市の住生活の現状を改善できるのだろうか。低所得所帯にとって、これは善をなすのか、それとも悪をなすのか。街の通りの混雑や、通行を妨げる障害物が減るのだろうか。これら個別の事業は、ニューヨークの将来を定義する包括計画と整合が取れているのだろうか*4」。

いずれにせよ、住民の移転を伴うスラム撤去そしてアーバンリニューアル（都市再生）事業の社会的インパクトは非常に大きかった。ロングアイランドの公園用地の確保や、パークウェイの路線確保のための土地収用などとは比較にならないほど多くの人間の人生を変えてしまう事業だったからだ。

政治家にとっても、この事業はさまざまな意味合いにおいて、極めて重要だった。事業の開始、完了の祝賀儀式に出席する写真が新聞に掲載され、プレスの称賛を受ける。これが政治家にとってどれだけの票をもたらすのか……。計算高いオドワイヤーでなくても、抗しがたい魅力であった。その上、建築業者からのリベートも期待できた。市長選で支援してくれる業者への恩返しもこの事業を通じて可能であった。

こうして民衆の支持をえて再選を果たしたオドワイヤーだったが、闇社会とのつながりが露呈し、まもなく任期半ば一九五〇年八月三一日をもって引退という事態に至った。彼は、トルーマン大統領の配慮によって、メキシコ大使として慌ただしく合衆国を離れた。連邦と州の捜査の手が彼の身に迫っていたからだ。仮にも、おおやけの場で証言せざるをえなくなったりしたら、彼の身の安全どころか、極めて多くの関係者が不都合な状況におかれることを慮った措置だった。

かかる状況で市長が突如不在になった場合の後任は、市議会の長が据えられると法律が決めてあった。このため、現職の市議会議長ヴィンセント・インペリテリ（通称インピー）が市長代行に就任することとなり、オドワイヤーの辞任に驚いた世間は再び驚くことになった。

というのも、彼は「誰も誰だか知らない」人物だったからだ。その年の一一月に行われた特別市長選挙でタマニーのボスたちは、この無名のイタリア人を民主党公認候補とするのを拒み、州最高裁判事のフェルディナンド・ペコラを公認した。インペリテリは、独立の新党「エクスペリエンス党」の旗を掲げて運動を展開し、「金にも、しがらみにも縛られぬ」をモットーとして、ついに市長選に勝利する。彼は、ロバート・モーゼスとの連携を保ち、モーゼスもまたインペリテリを支持した。インペリテリは、当選した暁にはオドワイヤーが厚遇したフィンケルスタインを、都市計画委員会には再選しないとモーゼスに約束した。

インペリテリは、毒にも薬にもならない無能男との評判だった。だが、彼はブルーのスーツを着こなし、襟元のボタン穴に挿し花を添え、銀髪、紳士的な物腰だったから、選挙運動中に市民はこの男を分別、品格のある人物と思い込んで、近代的な市長にピッタリだと考えた。とはいえ、無能で間違いはなかったらしい。就任後まもなく、市の職員たちは、それを思い知ることになる。ある日、難しい事案について、マンハッタンの五行政区の区長と討議する必要が生じ、招集をかけることを部下が新市長に提案したところ反応は、「(招集をかけるのは)良い考えだ。ただ、みんなは本当に来てくれるのかね」であった。

市長として本来持っている絶大な権限さえも理解できていなかった彼は、自分の意見を持ち合わせず、財政評価委員会の会議でも、自身が主導権を握っているにもかかわらず、ほとんどの場合で「この件はお手上げだ。誰か良い案はないかな」としかいえなかった。[*5]

こんなことだったから、モーゼスは、あらゆることに意見を求められ、ほとんど毎朝九時から九時半の間に市長公邸グレイシー・マンションに現れて、ふたりだけの打ち合わせを行った。扉は閉められ、密談中は、なんびとといえども邪魔することは許されなかった。市政府の上級職の人事も含め、モーゼスは思いどおりに振る舞った。ランドールズ島にあるトライボロー公社のオフィスが市長の全権限を握っているといわれるほどであった。市長が無能であればあるほど、モーゼスにとっては好都合だった。

インペリテリ市長の在任は四〇か月間に及んだが、この間にモーゼスは高速道路関係のすべての権限と住宅関連事業の権限を手にしていた。その頃、市住宅公社は二二カ所で大規模事業を展開していたが、公社の総裁も上級職員もすべてモーゼスの息のかかった人物で固められていて、彼の許可なしには誰も指図はできなかった。

結局、インペリテリ市長は一九五三年の市長予備選で、ロバート・F・ワーグナー・ジュニアに大敗を喫し、民主党の推薦をえることができなかった（モーゼスのあまりにも強引なスラム撤去や高速道路建設事業が、インペリテリの再選を妨げたともいわれている）。一九〇〇年にシシリーに生まれ、その翌年両親とともに米国に移住して、第一〇一代ニューヨーク市長を務めた彼は、四年間の任期を終えて一九五三年から刑事裁判所の判事に転じ、一九六五年に引退。その後、パーキンソン病に苦しみ一九八七年に死去した。

ニューヨーク市のスラム撤去委員会は一九六〇年に終焉した。その事業は、新規に設けられた住宅再開発局に引き継がれたが、以降タイトル1適用の新規事業は皆無で、すべて過去にスラム撤去委員会が発案した事業の継続案件に限定されていた。事実上、ニューヨーク市におけるタイトル1は死に絶えた。

以下に、州法に即したスタイブサント・タウン&ピーター・クーパー・ビレッジと、一九四九年連邦住宅法タイトル1によるふたつの典型的事業例として、マンハッタンタウンとリンカーンセンターを紹介したい。

スタイブサント・タウン&ピーター・クーパー・ビレッジ

ラガーディアの任期中、市長とモーゼスは住宅事業を巡り激しい火花を飛ばした。ラガーディアの最初の妻は若くして結核を患って病死、子供もまた早世した。ラガーディアは、結核は彼女が幼少の時育った劣悪な住環境のせいだと信じており、市長として貧困者に対し健康的な住環境を提供する義務があると、強い個人的思いを友人に打ち明けていた。

一方、当時のモーゼスは州と市の公園事業、高速道路、橋梁建設に主導権を握り、誰も神聖を冒すことのできないトライボロー公社の総裁として勢威を振るっていた。そればかりか、トライボローの潤沢な資金と引き換えにトンネル公社の主導権も手に入れていて、黄金期にあった。彼は、これからの公共事業のメインストリームは住宅供給にあるとにらんでいて、低金利かつ多額の連邦資金を獲得するためにも主導権を住宅事業に拡げたいと狙っていた。

そのモーゼスの野心を嫌というほど理解していただけに、ラガーディアは住宅事業については決して主導権を渡そうとせず、すべての指揮を住宅供給委員会のウィンデル委員長を通してあたえ、かつ連邦住宅公社の委員長ネイサン・ストラウスとの調整、交渉にあたっても他人任せにせず直接、出向いていた。そして一九四一年頃までには、一三の住宅プロジェクトを完成させ一万七〇〇〇戸のアパートを供給した。これはアメリカ合衆国内のいかなる大都市も及ばない功績だった。

このような状況下、主導権を握るべくモーゼスは企みを巡らせた。市長には内緒で、ニューヨークの公営住宅計画を作成し、住宅公社の組織替えを提案するとともに、影響力を確実にする人事案を盛り込んだ。その上で、主要な不動産業団体との共催で、アメリカ自然史博物館に知識人や不動産業者たちを招いて講演会を開いた。モーゼスのそれまでのキャリアである公園事業との関連を強調し、演題は「住宅とレクリエーション」として、住宅供給委員会のウィンデルや市長の側近などから怪しまれ警戒されるのを避けた隠密行動だった。当日会場で配布されたカラーのパンフレットには、彼が選択した一〇カ所の事業候補地が記されていた。驚きはそれだけではなかった。彼はラジオ局WNYCに彼の講演を放送させる手はずを整えていた。

この謀反劇ともいうべきモーゼスの動きを直前に察知したラガーディアはすぐさま手を打つ。彼は秘密裡にラジオ局に放送中止を命令した。自分の講演がオンエアーだと信じ微塵も疑わなかったモーゼスは、実際には会場にいた二〇〇人ほどの聴衆に向かって発信したにすぎなかった。狐と狸の化かしあい、泥仕合だったが、「ギニー野郎（イタリア系に対する蔑称）」に担がれたモーゼスの怒りは凄まじかった。市長派の住宅供給委員会委員長ウィンデルは、「だがね、こういうことになるとラガーディアという男は頑固なうえに、頭も回るのだよ。やらなきゃな

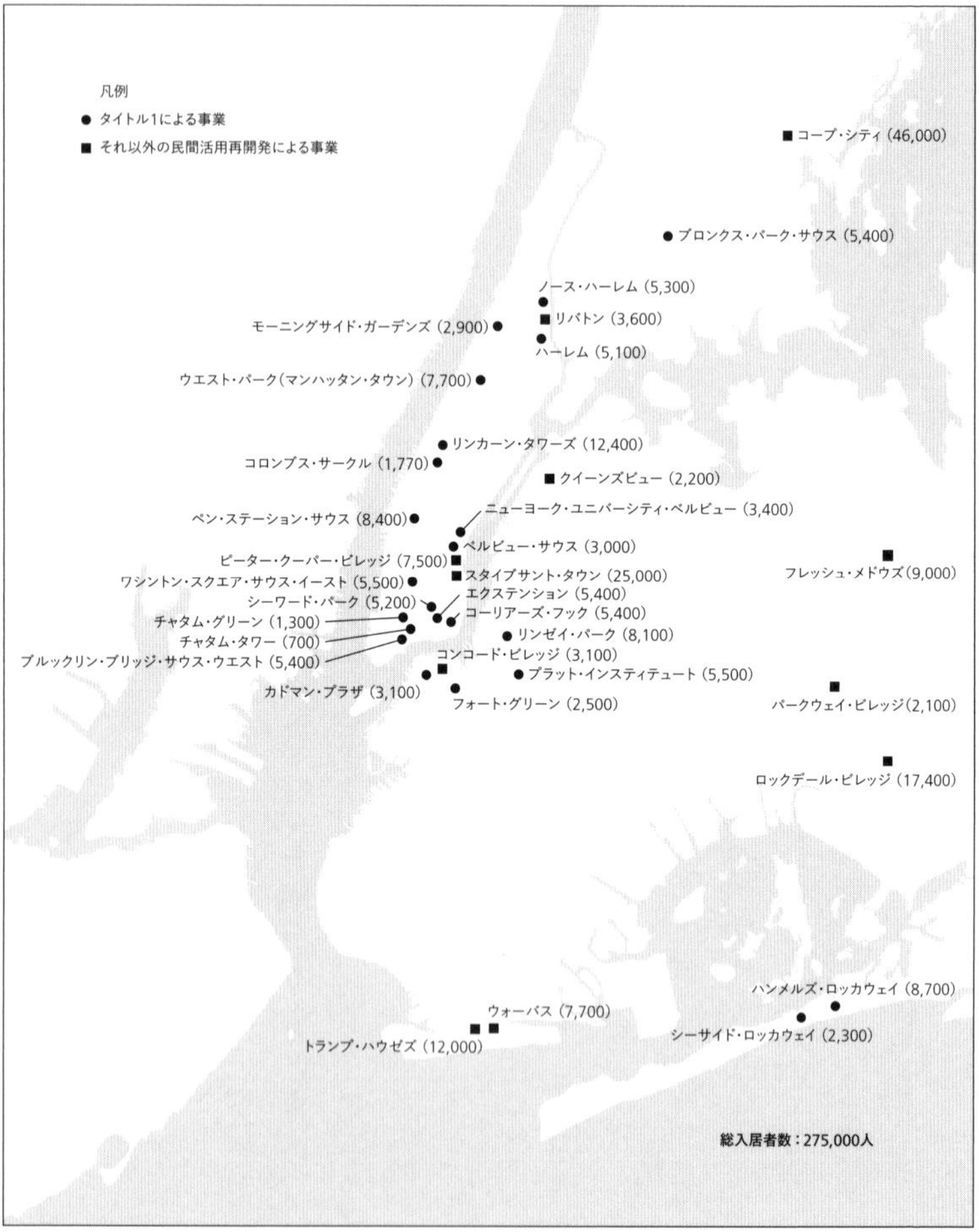

モーゼスが関与した住宅プロジェクト
(　)内は当時の入居者数を示す

らないことは何でもやるのが彼の流儀さ」と評している。*6

そんな似た者同士の確執はあったにせよ、州法第一八条とそれにつづく法改正は民間資金の導入の流れを否が応でも強くしていった。その成果が見えるかたちとなったのが、スタイブサント・タウンであった。そして、この頃までには、モーゼスは新市長オドワイヤーによって、住宅供給事業の全権もあたえられていた。

マンハッタンのイースト・リバーに面したスタイブサントと、別途、後に再開発された隣接セクションのピーター・クーパー・ビレッジは、その規模が極めて大きく、モーゼスの住宅供給事業の典型的なものである。イースト・リバー・ドライブとCアベニューの間に広がり一四丁目から二〇丁目までを占めているスタイブサントには、一二～一三階建ての建物八九棟に約一万二〇〇〇人が移り住んだ。姉妹タウンピーター・クーパーは、二〇丁目から二三丁目までの土地につくられ、このふたつを合わせると一一〇棟で二万五〇〇〇人が入居した。

このあたりは、その昔ガス会社の貯蔵タンクが多数設置されてあった地域で「ガスハウス地区」と呼ばれ、約八〇エーカーの広がりを持つ極貧地域に、ガスハウス・ギャングと称される望ましくない連中が跋扈するスラムだった。ネズミが走り回り不衛生極まりないゲットーを撤去した跡地に、息を呑むほどの規模を持つ小都市が出現したのである。以前は、この土地の八～九割が荒れ放題の建物で埋まっていたのだが、再開発後は土地の二割五分が高層建物、残余の七割五分は空き地となり、日照と風通しが確保された。

公民連携事業（PPP＝Public Private Partnership）事業のはしりとなったこのプロジェクトへ、民間企業からはメトロポリタン生命保険が事業参加した。モーゼスと長年知己のあった会長フレデリック・H・エッカーの英断だった。スタイブサント・タウンへの入居希望者は一〇万人を超え事業としては大成功を収めた。中流層がこぞって郊外に流出し、都会が荒廃するなか、その流れを阻止する壮大なプロジェクトだと称賛を浴びた。

モーゼスは『パブリック・ワークス（Robert Moses, *Public Works: A Dangerous Trade*, McGraw Hill, 1970）』のなかで、以前からこの地区に部屋を賃借していた既存住民たちは、再開発後の住居に優先的に入居できたから、大きな恩典を受けたと誇らしげに書いている。この地域に最初に住んだのはアイルランド系移民、その後は、ドイツ系、ユダヤ系、そしてさらにはスロバキアをはじめとする東欧系が混住していた。それらの極貧層が、大都会の真ん中で日の燦々とあたる緑の芝地に囲まれたエレベーターつきの高層住宅に住むことが可能となったのだ。

ところが、ふたを開けてみるとメトロポリタンの住民選定基準が明らかに白人優先であったため、社会問題が巻き起こった。エッカーは、「黒人と白人は混じることはない」と臆せず広言していたが、[*7]入居を拒絶された三人の黒人退役軍人応募者がメトロポリタン生命保険を相手に裁判を起こした。加えて、全米ユダヤ人会議の副議長からも、人種差別が顕著な事業に投資減税恩典をあたえるのは違憲だとする提訴がなされた。だが、一九四九年の上級裁は、「民間業者が、その賃借人の選定にあたっては、自由な選択を制限するものではない」と判決を下し、州最高裁もまた控訴を棄却した。モーゼスは「とはいえ、この論争のおかげで、公的援助付きの事業における人種差別が禁止された」と述べており、彼自身の人種差別意識はないように見受けられる。

ここの住人のひとりにリチャード・ムーアという若い弁護士がいた。彼の父親は州の副知事であった。正義感に駆られた息子に煽られた副知事から、メトロポリタン生命の黒人差別について苦情を受けたモーゼスの返答書簡は、「エッカーに直接苦言を呈することをお勧めする。かの老人は、極めて有能で、経験豊富、抜け目ない上に現実的、そして、たいそうオーソドックスだ……それに対しお粗末極まりないのが彼のアドバイザーたち……とりわけジョージ・ゴーブ副社長に至っては、どうにもならない代物だ……スタイブサントとクーパーで黒人入居者の受け入れを増やし、もっと血も涙もある副社長を雇ってはどうかと（エッカーに）提言すべきだとわたしは考える」であった。[*8]

もちろん、この書状があることをもって、モーゼスが人種差別意識を持っていなかったとは断定できないが、「黒人受け入れを、提言してはどうか」と書いていることだけは、彼のために指摘しておきたい。メトロポリタン生命が、白人と黒人を混住させることで不動産価値が損なわれると考えたのは、一九五〇年代当時の米国の一般的風潮からであった。

改革進歩派で市民からの信頼が厚かった市議会議員のスタンレー・アイザックは、一九四〇年代、そして五〇年代に、モーゼスの住宅事業を支持してきたひとりだったが、スタイブサントにおける旧住民の強制退去や、再開発された建物への入居者選定における人種差別には、極めて否定的で、一九五七年には態度を変え、リンカーン・スクエアのタイトル1事業には反対を公式に表明した。

二〇一八年現在、このスタイブサント・タウンとピーター・クーパー・ビレッジは健在で、緑に囲まれた心地良い小都市を形成している。二〇一六年のEU離脱騒ぎで、英国人がこのあたりにも住居を確保しているなどとも報じられている。実は、このタウンは二〇〇六年にティッシュマン・スパイヤー・プロパティーズに五四億ドルという巨額の金額で売却された。その後不動産史上最大と形容されるティッシュマンの破綻によって再び売りに出され、ブラックストーン投資グループとアイヴァンフォー・ケンブリッジの手に渡っている。[*9]

モーゼスの強い勧誘で、どちらかといえばおよび腰だったメトロポリタン生命が、公民連携事業（PPP）のはしりとして乗り出した低廉住宅供給事業が、今日いまだに健在でしかも五〇億ドルを上回る高額不動産価値を維持していることを見ると、モーゼスの将来を見据える力をあらためて感じさせられる。

このタウンが完成された当時、メトロポリタン生命の従業員たちが入り口に金属銘版を取りつけたが、そこにはエッカーへの賛辞が刻んであった。「（彼は）、この事業に参加を要請され、その後も同様の事業に乗り出すことで、並みの暮らしぶりの市民に、広場の緑に囲まれた健康的で快適な、そして品格のある生活をもたらした。また、民間企業がその高い生産性をもって公共事業に対して貢献する範ともなった」と。[*10]

モーゼスは、この後も民間業者の参入を奨励し、メトロポリタン生命保険は、スタイブサント以降も多くのスラム撤去・再開発事業に参加、ハーレムのプロジェクトでは、一二五〇戸、四九〇〇人規模の小都市を完成させた。また、ニューヨーク生命保険は、クイーンズのフレッシュ・メドウズ・ゴルフクラブ跡の一七〇エーカーで三〇〇〇所帯を収容し、なかにショッピングセンターを備えた再開発事業を行った。

モーゼス主導の再開発はまだまだつづく。コンコード・ビレッジ、国連職員家族のためのパークウェイ・ビレッジ、コロニアル・ビレッジなど続々と再開発されていき、これらの開発には民間事業主体として貯蓄銀行も参加し、一時の流行ともなった。

第二次世界大戦後は大都市、とりわけてもニューヨークの住居不足はますます顕著となり、スラム撤去、再開発事業の重要性はますます大きくなった。住環境の改善を早急に図らなければ、手のつけられない暴動発生さえも懸念された。さらには、オドワイヤー市長が、一九四八年一二月一七日に、モーゼスをスラム撤去委員会委員長に任命して、住宅事業でも中心人物としておいたため、さらに大きな責任が彼の双肩に課せられたのであった（スタイブサント・タウンの名称はニューアムステルダムと呼ばれていた頃のマンハッタン島の最後のオランダ総提督ピーター・スタイブサントからとられた。彼の農場があったのがこの地区だったからだ。また、姉妹タウンのピーター・クーパー・ビレッジは一九世紀の発明家、実業家、そして慈善活動家のピーター・クーパーの名前を冠したものだ）。

タイトル1事業・その一
――マンハッタンタウン／パークウエスト・ビレッジ事業スキャンダル

タイトル1にみられるいくつかの基本的性格（行政による対象スラム地区の指定、強制収用、取得コストを下回る民間への払い下げ値段、再開発の用途の柔軟性など）は、当然のことながら汚職、腐敗を呼び寄せることとなる。

セントラルパークの西側のマンハッタンタウン／パーク・ウエスト事業の例が顕著にそれを物語っている。

一九五四年の一〇月一日、合衆国上院の銀行通貨委員会は、マンハッタンタウンの会計書類を詳細に調査した結果にもとづいた査問公聴会をニューヨークで開催した。そこには、モーゼスと深い親交のあったサミュエル・カスパートが、払い下げを受けたマンハッタンタウンの数々の疑惑について糾《ただ》され、「記憶にない」を連発する姿があった。彼は、その二年前、当時の相場で一五〇〇万ドルはする大規模区画をわずか一〇〇万ドルで手にしていた。

この区画はマンハッタンのセントラルパーク西とコロンブス・アベニューに囲まれた九八丁目から九九丁目にかけて位置し、歴史的には一九〇四年、黒人不動産開発業者として著名なフィリップ・ペイトンが黒人専用街として開発したもので、「黒人が懐の許す限り、どこにでも自由に住める地域」を目指したのであった（ペイトンは「ハーレムの父」と呼ばれている）。そこでは、多くの黒人芸術家、歌手、音楽家などが生まれ、育ち、つつましくも善良な近隣が築かれていて決してスラムではなかった。当時の写真やフィルムを見ると、穏やかなコミュニティに囲まれた、幸福な黒人家族の生活を覗くことができる。結婚を祝う近所の人びととの集まり。子供の入学祝い。友達を招いての誕生日。

一九世紀末から二〇世紀初頭に活躍したバイオリニスト、ウィル・マリオン・クックもここの住人だったが、彼には逸話が残っている。ベルリンの音楽学校から帰国した際、評論家から「黒人バイオリニストとしては世界一」と評されたことに腹を立て、バイオリンを粉々に打ち砕き「黒人バイオリニスト世界一ではない、わたしは正真正銘、世界一のバイオリニストだ」と叫んだ。歌手のビリー・ホリディも、この地に住んだことがあった。

だが、アーバンリニューアルは、非情にもこの地域をスラム地区だと認定した。住民の驚き、悲しみは想像を絶するものであった。しかも、払い下げを受けたカスパートはなかなか取り壊し作業にかからず、それどころか建物をそのままにして、住民から賃料収入をえていたことが発覚した。投資額はわずか一〇〇万ドルだったから、投資利回りはとてつもなく高く、カスパートの周りには、多くの人間が不当利得のおこぼれに与るべくたむろした。上院銀行通貨委員会の査問公聴会は、このあたりの疑惑を詳らかに解明していき記録は公開された。

しかし、この公聴会記録は当時あまり注目されず、メディアにも看過された。衆目を集めたのはそれから二年もした一九五六年で、『ニューヨーク・ワールド＝テレグラム・アンド・サン（*New York World-Telegram and Sun*）』紙のふたりの記者、ジーン・グリーソンとフレッド・クックが書いた暴露記事だった。このふたりはその頃から流行となった追及調査型報道記者のはしりで、「水面下にはとてつもなく多くのものがあるに違いない」と狙いをモーゼスのタイトル1にあてていた。[*11] スラム撤去そして再生事業の旨い汁を、身近の知己に振り分ける「不正利得汚職」醜聞事件としてとりあげたのである。

モーゼスと親しい関係にあったサミュエル・カスパートに超安値で払い下げ、カスパートはなんの事業も始めないまま居住者から賃料を吸い上げる。そしてこの不正利得を親族、友人、パートナーたちにさまざまなかたちで、ある場合は運営手数料として、あるいは会計監査手数料として分けあたえ、カスパート自身もたっぷりと懐に入れた、その醜聞の一部始終を明るみに出した。しかも同様なタイトル1事業は同時進行中のものが一〇件もあり、そのうちの一件では、またもやカスパートが事業主となっていた。

その後、この醜聞まみれのマンハッタンタウン事業は、ゼッケンドルフの手に渡り、事業はつづけられた。ゼッケンドルフが、負債の全額を引き継いだ結果、カスパートの不正利得は不問に付されてしまった。さらには、カスパートのパートナーたちの何人かが、ゼッケンドルフに移行後の当該事業に参加するという極秘裏の取り決めがあったことが市庁関係者から漏れ、裏契約が取り消されるなどタイトル1は御難つづきであった。

多くの報道がなされるなか、モーゼスの名前は一回たりとも報道されなかった。各社の調査報道記者が血眼になってモーゼスの関与を調べあげたが、全くその形跡はなかったらしい。カロもその後になって、多くの関係者と面会、あるいは資料を精査したが、期待に反して何も出てこなかった。モーゼスの神話が崩れることはなかった。

モーゼスは、その著『パブリック・ワークス』のなかで、この事業はルーズベルト議員の選挙区内にあり、また法的手続きはすべてルーズベルトの法律事務所が責任をもって扱ったと述べている。そして、ルーズベルトからの感謝の意を伝える書状のコピーを添えた。そこには、「我々の都市生活改善に資する重要な一歩」がモーゼスの強い指導力によって行われたと書いてある。*12

またモーゼスは、事業主（カスパート）が事業を速やかに開始できなかったのは、ふたつの原因によると説明している。ひとつは、当時の州法による規定をタイトル1対応にするために州法の改正が必要だったこと。そしてもうひとつの理由は、連邦住宅庁の抵当融資の事務遅滞にあると。

その上で、かかる事業に付きものの些細な不正が行われたにしても、それは社会経済的に重要な意味を持つタイトル1事業そのものとは無関係であり、それが悪いイメージをもたらしたことは残念だ、といった趣旨を書き残している。意気込んだ追及調査型報道記者たちとの温度差は大きい。

なお、この話には余談がある。ふたりの調査報道記者グリーソンとクックはその後地方裁判所に告訴され、事実を歪曲し虚偽の話を捏造したと自白し、新聞社を懲戒解雇された。二人とも左翼系だったが、どこまでが虚偽捏造なのか、今では真相は闇のなかだ。

タイトル1事業・その二
――リンカーンセンター

トライボロー公社自体が事業主体となって、セントラルパークの西南端の入り口であるコロンブス・サークル周辺の五八丁目から六〇丁目にかけて、スラム撤去、そして大規模催事会場コロシアムの開発を行った。一九五六年に完成したコロシアムは、国際自動車展、米国写真展、国際慈善展の会場となった。それまで大規模なイベント会場を持たなかったマンハッタンに出現した展示会場として、その後長く人気を博した。国際都市ニューヨークにふさわしい大規模な施設が出現したのである（この展示会場は、紆余曲折を経て、一九九八年に競売でタイム・ワーナーに売却され、旧来の建物は撤去されて、現在はタイム・ワーナー・センターとして蘇生している。ドナルド・トランプの入札提示額はタイム・ワーナーのそれに勝っていたが、市行政は認めなかった経緯があった）。

モーゼスは、このコロシアムを手始めにウエスト・サイドの蘇生に手をつける。「進歩の大鎌は北に進む」とばかりに、さらに北上してセントラルパークの西側にタイトル1を適用した大規模事業を展開し、リンカーンセンターを誕生させた。[*13]

リンカーンセンターは、今でもニューヨークの文化的な拠点として世界にその名を轟かせている。コロシアム事業が完成してまもなく、三つの出来事があり、それが引き金となってモーゼスはここにアーバンリニューアルを思いついたのだった。最初は、フォーダム大学の学長から、「ミッドタウンにキャンパスをと考えているが、地価が高すぎて困っている」と再三聞かされたことであり、その次に、オペラ愛好家の富豪夫人たちから、オペラハウスが古くて言語道断と非難の声があがったこと。さらに、ニューヨーク市民の誇りでもあったニューヨークフィルが、それまで活動拠点としていたカーネギーホールから契約打ち切りを通達されたことであった。[*14]

もちまえの想像力と創造力に火がついたモーゼスは、コロンブス・サークルの北方一八ブロックの広域スラムを撤去して、その跡地に複合文化センターを計画した。フォーダム大学キャンパスはもちろんのこと、ニューヨーク・フィルハーモニック・ホール、メトロポリタン・オペラ・ハウス、さらには舞台芸術専門学校、図書館、舞台芸術博物館、ジュリアード音楽院、住宅四四〇〇戸、公立小学校、遊技場、地下駐車場、消防署、屋外公園場、米国赤十字社本部、ラガーディア記念高校、そしてニューヨーク・タイムズ本社まで入れ込んだ大構想だった。一九五五年から建設を始め六九年までかかったが、最初にオープンしたのはフィルハーモニック・ホールでこれは一九六二年のことだった。[*15]

この事業についても、礼賛者と批判者がいる。礼賛については、ここであらためて記すまでもなく、ニューヨーク市の文化的優位を世界に知らしめた堅塁としてのリンカーンセンターだ。一方、批判者の視点は、以前より存在していた低所得者用の七〇〇〇戸の住居と、彼らの日常必要品需要を満たす八〇〇の商店を跡形もなく撤去して、そこにつくられた住居は、以前からの住民にはとうてい手の届かない贅沢なアパートであった点に焦点をあてていた。四四〇〇戸のうち、低所得者向けは四〇〇戸にすぎなかった。タイトル1によるアーバンリニューアルは、スラム撤去跡地に開発される物件を、必ずしも低所得者向け住宅に限定せず、文化的娯楽的施設との複合も含めて許容されるため、このような矛盾とも思える結果がもたらされたのである。

さらには、醜聞めいた話も出てきた。提示額がより大きい業者もあったのに、最終的に選ばれたのは縁故ある業者だった。あるいは、ロバート・F・ケネディと彼の姉妹が保有していた建物を、とんでもなく高値で購入していたという話も表面化した。相場の十倍もの高値だった。

こういった批判を、以前からモーゼスとは因縁関係にあった連邦住宅金融庁のアルバート・コールは声高に叫んだ。モーゼスが息巻いて辞任をほのめかすとワーグナー市長も、報道陣も一斉にモーゼス擁護に回った。

『ヘラルド・トリビューン』紙は「タイトル1事業には、たしかに穏やかならぬ側面があるが……かかる欠陥は、物事の成就にあたって避けることのできない問題といえよう」となだめ、「ニューヨークは、この事業の成就をモーゼスに託したのだ。ワシントンの連邦政府は、我らがニューヨーク市は、水先案内人を見捨てることなど決してないことをしっかり認識すべきだ」と結んだ。さらに『ニューヨーク・タイムズ』は、「間違いをそここに見つけ出すことはあるだろう。だが、長い過去の成功の記録もまた見つめるべきだ。ベーブ・ルースが時に三振するからといってベンチにひっこませることは畢竟あるまい。ホームランの数や平均打率を考慮するのは至極当然のことではないか」と書いた。[*16]

モーゼス擁護の声はホワイトハウスにまで届いた。しかも、カトリックの有力聖職者、労働組合指導者、そしてなんとジョン・D・ロックフェラーに至るまで、ホワイトハウスへ電話攻勢をかけ、結局、連邦住宅金融庁の非難の声はかき消された。

「政治を越える男」モーゼスの栄光はいささかも傷つくことなく、輝きはさらに増していくかに見えた。

第八章

モーゼスの苦悩

「公園に自動車はいらない」――ジェイン・ジェイコブズが守りきった
ワシントン・スクエア・パーク。写真中央のリボンを持つ女の子はジェイコブズの娘

執拗な批判と追及

無傷であったとはいえ、モーゼスはタイトル1事業に大小さまざまな問題が発生し、それが暴かれ報道されるのに、嫌気がさしたかに見える。忍耐が必要とされる局面がモーゼスを襲う。マンハッタンタウンの事業主カスパートの醜聞、あるいはワシントン・スクエア・ビレッジで発覚したビンセント・ジガンテ雇用の問題（大物マフィアのフランク・コステロを狙撃したビンセント・ジガンテを、事業主体の孫請け業者が、夜警として雇っていたことが発覚）、リバーサイド・アムステルダム地域で事業主に選んだシドニー・ウンガーが、実は「悪徳スラム大家」であったとの暴露報道（結局、この事業は成就しなかった）、スラム認定に対する地域住民の反対、きりなく襲ってくるハイエナのような調査報道記者たち。

モーゼスへの批判は、最初は控えめでささやきの域を出なかったが、信頼していた部下の不正利得関与の事件もあって、防御の壁も危うさを増していた。

その頃、モーゼスの絶対権力に対し挑戦する一大勢力が現れた。ジェイン・ジェイコブズだ。彼女の住むハドソン・ストリートあたりのスラム撤去／都市再生で、モーゼスは彼女に完敗を喫した。また、ワシントン・スクエア・パークに車道を通して、マンハッタンのなかでももっとも華やかな目抜き通り五番街を一気にダウンタウンまで延伸する計画も、彼女のなりふり構わぬ抵抗に遭って一九五八年から五九年あたりで挫折した。「公園に自動車道はいらない」、彼女は、幼い子供たちをデモに立たせ報道写真に絶好のシャッターチャンスを提供したほか、タマニーの腐敗政治家の中心人物カルミネ・デサピオまで動員した。使えるものはどんなものでも利用するタイプの社会活動家だった。ジェインは、ローワー・マンハッタン・エクスプレスウェイについても反対運動を展開し、騒乱罪で投獄されるのも厭わなかった（ジェイコブズとモーゼスの闘いについては、アンソニー・フリント著『ジェイコブズ対モーゼス』に詳しいので省略する）。

そんななか、報道記者たちも代替わりして、かつてのモーゼスの輝かしい功績を知らない若者が増えてきた。都市生活者たちへ緑あふれる公園を創出したモーゼス、そこに家族連れで迅速に到達するための数々の高速道路、緑のリボンのパークウェイ、巨大橋梁などの建設に日夜尽力した私心なきモーゼス。このプラスの側面を知らずに、醜聞、住民無視、貧困層排除のスラム撤去、人種差別意識といったネガティブな側面ばかりを徹底的に深堀りし、悪事を暴露させることに熱心な二〇代から三〇代の若手報道陣が輩出した。

モーゼス批判派の多くは、毎日のように会合を開き地域住民との交流を図った。その輪のなかには、後にニューヨーク最高裁判事にまで上り詰めた黒人女性ホーテンス・ガベルもいた。彼女はワーグナー市長の信頼が厚く、賃借アパートの状態改善や、人種差別の撤廃促進などを担当する委員会の首席に任命された。女性の職位としては市政府のなかでも最高位だった。[*1]

さらに、この頃、良くない兆候が重なった。モーゼスがセントラルパーク内にある高級レストラン「タバーン・オン・グリーン」の駐車場拡張のために、子供たちの遊び場を縮小する計画を密かに進めていたことが発覚、これに猛烈な反対運動が起こった。公園周辺に住むインテリの母親たちが立ち上がり、報道陣も巻き込む大騒ぎとなった。高速道路建設のための住民犠牲ならば、一応の大義は認められよう。だが、セントラルパークにやってくる親子連れの楽しみを犠牲にして、園内にある高級レストランの来客用駐車場を拡大することになんの大義があるというのだという抗議に、さすがのモーゼスも降参せざるをえなかった。一九五六年のことだ。

さらには、タイトル1事業予定地としてすでに決定されていたブルックリンのフォート・グリーンでも厄介ごとが起きた。ブルックリン・ドジャースのオーナー、ウォルター・オマリーがこの地に目をつけ、スラム撤去した後に新球場と駐車場建設をと、強引に求めてきたのであるる。野球場建設はタイトル1の趣旨に沿わないとモーゼスは首を縦に振らず、あげくの果てにオマリーはロサンゼルスに新天地を求めると決めてしまった。一九五七年のシーズン後のことだった。ドジャースをニューヨークから追い払った男として、モーゼスは野球ファンから長い間糾弾された。

『ワールド・テレグラム』や『ニューヨーク・ポスト』紙は競争心にも駆られてか、タイトル1事業の数々の醜聞を次々に明るみに出していったが、配下の何人かがあぶりだされることはあってもモーゼスの直接の関与は証拠としてあがってくることはなかった。ワーグナー市長も、世間の疑問に対して、タイトル1事業は万事順調だと発表し、体面を保つのにきゅうきゅうとしている風情が窺われた。

『ニューヨーク・タイムズ』も、「ニューヨークはスラムクリアランスの実績で全米ナンバーワン」とモーゼスの功績を賞賛した。*2 記事は「九カ所の大規模タイトル1事業が民間企業の参画をえて始められる。なかでも婦人衣料従業員労働組合が組合資金を拠出するローワー・イーストサイドのコーリアーズ・フックは一六〇〇世帯を擁する大規模なものだ……このほかにも一一カ所が計画中」として、大事業の都市への貢献を評価した。

そしてこの間にも、不撓不屈のモーゼスは二本の高速道路、二本の橋梁（スロッグス・ネックとベラザノ）、カナダ国境に近い二カ所の水力発電ダムを含めて、一ダースにものぼる新規公共事業に精を出していた。ふたつの水力発電ダムは彼の名前が冠されていて完成式典にはエリザベス女王が参列した。多忙を極めるモーゼスは、タイトル1事業を部下任せにせざるをえない日々がつづき、その隙を狙うかのように、関係者たちによる不正、癒着が横行した。タイトル1の甘い汁に与ろうと群がる輩のなかには、闇の世界とのかかわりを持つ者もいて、事業のイメージは悪化の一途をたどった。

一九五九年の六月三〇日付けの『ポスト』紙は、ミッドハーレム再生に民間スポンサーとしてかかわったルイ・ポクラスなる男は、驚くなかれ、マフィアの親玉フランク・コステロ、マイヤー・ランスキー、ジョー・アドニスのビジネスパートナーだと報じた。スラムクリアランス委員会の副委員長だった銀行家トマス・シャナハンがポクラスの実像を知りながら、パートナーとして承認したことも判明した。この銀行家は、タイトル1を舞台に不当利得を手にしただけでなく、実質的な決定権を一手に収め、タイトル1事業のイメージを悪化させた元凶のひとりだった。モーゼス不在のなか、すべての差配はシャナハンが仕切っていて、ほかの委員は重要な決定に口をはさめなかった。

さらに、ロングアイランドのサウンド・ビュー事業では、スラムとはほど遠い眺望の一等地をスラムクリアランスの対象地域に指定し、事前に安く購入した人物に大儲けさせた。この人物が誰あろう、腐敗政治家の根城タマニーの法律顧問モンロー・ゴールドウォーターだった。副委員長や部下に任せっ放しにすることで、本来社会的に高い評価を受けるべきタイトル1の評価を失墜させてしまったモーゼスの監督責任は免れない。

それまで、モーゼスを高く評価してきたジャーナリストたちが、いまやモーゼスを貶めようと必死に証拠を集め、タイトル1事業における彼の側近たちが絡んだ金銭受理、不正利得を暴き立て、包囲の輪を縮めていった。醜聞が報道されるたびにジャーナリストの勢いはいや増すばかりであった。『ニューヨーク・タイムズ』さえも、それまでのモーゼス擁護の姿勢から変わりつつあった。もちろん、激しい気性のモーゼスは反撃に打って出て、記者、編集者、社長の頭越しに、社主のサルツバーガーに直接抗議した。だが、多少の効果はあったものの、時の移ろいとともに大きくなる流れを止めることはできなかった。彼は、その昔敬愛するアル・スミスが警告してくれた言葉をかみしめることになった。「毀誉褒貶は紙一重」、その薄い紙が危うくなっていた。

ワーグナー市長は、モーゼスの処遇について決断できなかった。父親の友人を切ることなど決してしない、それが彼の持論だった。それに、彼の管轄は市政に携わる部分のみだったから、スラム撤去、市立公園、建設コーディネーターの職を剝ぐことはできても、州政府管轄の五つの職に手をつけることはできなかった。トライボロー公社総裁の地位も一年前に向こう六年間の任期を更新済みであった。それだけではない、モーゼスを敵に回せば、彼の持つ強大な資金源を失い、公共投資の継続、拡大を望む建設労働者の組合からも総スカンを食うだろう。

ニューヨーク市政は、つまるところモーゼスが生み出す金の力に全面的に依存していた。そこから、公共事業投資が賄われ、雇用が生まれる。各区長にも、さまざまなかたちで金の恩恵が廻り回る。タイトル1で暴かれる醜聞当事者はモーゼスの知己であると同時に、ワーグナーの知己でもあった。ワーグナーだろうと誰であろうとニューヨーク市政を担うものはモーゼスと運命共同体だった。

大揺れに揺れた一九五九年の夏、モーゼスに恰好の花道が敷かれた。

一九六四年ニューヨーク世界博覧会

一九五九年当時、モーゼスは家庭内でも問題を抱えていた。妻のメアリーは動脈硬化の症状が進んでいたし、娘のジェインはがんに侵されていた。そしてジェインの娘（モーゼスの孫娘）キャロラインはオックスフォードに留学すると決めていた。孫息子のクリストファーも大学進学を控えていた。ジェインは離婚していたから、モーゼスの経済的負担は少なくなかった。

彼の主たる年収は公園局長職として二万五〇〇〇ドル、州立電力公社総裁職として一万ドルだったから、税引き後では二万二〇〇〇ドル程度にすぎなかった。ここから、妻や娘の医療費、孫の教育費、そして母親から引き継いだグレイシー・テラスの維持費、バビロンの夏の家の経費を差し引くと持ち出し状態だった。彼は生涯、公私混同を嫌う潔癖さを尊んだから、七一歳になった今、蓄えも乏しかった。[*3]

そんな折、またとないチャンスが舞い降りた。彼は自著『パブリック・ワークス』のなかで、一九五九年一〇月一〇日、アイゼンハワー大統領の指導のもとで世界博委員会が発足し、その会長に選任されたと書いている。

この地位に就けば、年間の報酬は一〇万ドルを超えると期待された。そしてなによりも魅力的だったのは、関連事業としてフラッシング・メドウズの再整備、周辺自動車道の敷設が計画できることだった。それもまっさらな用地、セントラルパークの約一・五倍もある一三四六エーカーの大規模空間をカンバスにして思いのままの絵を描くことができた。それだけではない、この公園は一九三九年の世界博覧会の用地として、彼がゴミ溜め状態だった荒れ地を整備した、ゆかりの土地だった。[*4]

第一回のニューヨーク世界博開催後一〇年を経た一九四九年五月二二日の『ヘラルド・トリビューン』紙にモーゼスは、そもそもこの地で世界博を開催すること自体、当時の公園局長であった彼にたまたま耳打ちする人物がいて決定したのだと披露した。[*5]初の世界博のために完璧を期して、灰燼を処理し、湖沼を二つつくり込み、係船用のドックを二カ所設置、さらに地下にはユーティリティ設備も埋設した。なのに、博覧会終了直後に始まった世界大戦のさなか放置されたこの公園は今ではネズミが跋扈し、樹木は枯れ、荒れ果てていた。ここを第二回ニューヨーク世界博覧会の用地として再び甦らせるのはモーゼスにとって本望だった。もはや先が見えない住宅事業よりも、世界博事業のほうに明らかに分があった。

市の倫理規定は厳しく適用された。世界博覧会の会長職に就くことで、彼が市政府関係の有給職を兼ねることは許されなかった。ただ、トライボロー公社の総裁職がそのままであったから、強大な権力は維持することができた。また、州政府関係の有給職には影響しなかったので、州立公園局長、ジョーンズ・ビーチ、ベスページ、州立公園評議会議長職、大きな権力で巨額の資金を動かすことのできる州立電力公社の総裁職も兼任することができた。

ほぼ四半世紀前の一九三九年に、この同じ場所で開催された世界博覧会は、ある意味でさんざんな結果だった。この時の会長グローバー・ウェイレンは、ラガーディア時代、市政府内で賓客接遇委員会の委員長だったが、世界博の運営には不適だった。

その上、第二次世界大戦勃発が近づいていて、多くの国が出展パビリオンを、開催中にも放棄するケースが続発した。日本からのパビリオンは日本庭園のなかにしつらえた数寄屋造りで、屋内では茶の湯が供され、一〇〇万ドルを費やしたと言われる真珠とダイヤモンドでできた、自由の鐘を模した平和の象徴もあった。壁面には「日米間の永遠の平和と友好のために」と彫られてあった。真珠湾攻撃が始まったのは、博覧会が終了してわずか一年の一二月八日だったから、これ以上の皮肉はなかった。

四五〇〇万人の来場者があったものの、興行収支的には大赤字であった。ウェイレンは、一年目の終わりに辞任し、銀行家のハービー・ギブソンに代わったが、結局総収入四八〇〇万ドルに対し総支出は六七〇〇万ドルに終わり、世界博運営会社は破綻宣告した。

ウェイレンの二の舞になるとは夢にも思わなかったモーゼスは、住宅事業の一切から手を引き、かつトライボローを除くすべての市の役職を規定どおり辞任する。かくかくたる戦果を手に勝利の花道を飾ったのだ（ただし、後継の公園局長ニューボールド・モリスは、モーゼスの傀儡だったから実権はモーゼスの手の内にあったといわれる）。

ワーグナー市長は、「四半世紀を超える市政への貢献そして、四〇年にも及ぶ州政府への貢献を通じ……貴殿は、史上稀に見るかけがいのない存在でした……市は長くその功績を讃えるでありましょう……コンクリートのハイウェイだけでなく市に喜びの昂りと、豊かな彩りをあたえてくれました。手厳しかった批評家たちも、時が経てば〝（彼は）頭痛の種だったが、退屈はさせられなかった〟というでありましょう」と賛辞を送った。

一九六〇年五月三日に催された彼の栄誉を讃える謝恩晩餐会は、コモドールホテルの大宴会場で行われ、ひとり一〇〇ドルのチケットは奪い合いになった。一〇四四名にのぼるニューヨークのあらゆる上流階級が出席し、モーゼスへの賛辞が会場にあふれた。[*6] 彼は壇上で、破綻をきたした一九三九年の世界博に学び、前車の轍は決して「踏まない」と誓った。

世界博覧会の主導権を握ったモーゼスは、タイトル1で失った彼の権力、大規模な資金の流れを差配する力を奪い戻した。気前よくばらまかれる金にまたもや周囲は色めき立った。「世界博相場」と呼ばれる料金、賃金が横行し「合理化」という言葉は禁句だった。労働組合は甘い契約に満足し、銀行は世界博が発行する債券の引き受け業務で潤い、建築家そして建設会社は大わらわだった。

それにしても、モーゼスは周囲の人事をイエスマンで固めてしまい、誰ひとりとして博覧会運営経験者はいなかった。また、彼自身も一〇〇年は耐えうる鉄とコンクリートの公共建造物には興味を持っていたものの、ほんの二年で撤去される博覧会用の仮設建造物には関心が薄かった。ランドスケープや、周辺交通網の整備には惜しみなく費消したが、博覧会用の建物は人任せだった。また、尊大で傲慢な態度は彼の配下には通用したものの、外国からの出展者や、米国他州の来訪者などには不評で、無用な敵意を惹起した。

パリにある世界博覧会事務局本部（BIE）が、面会に訪れたモーゼスの不遜な態度に怒って、ヨーロッパ主要国に参加放棄を勧めた結果、英国は英連邦も含めて不参加、ソビエト連邦、フランス、イタリアも抜け、スペインだけが参加を決めた。その他は小国が多く、おもだったのはインドネシア、エジプト、インド、日本、メキシコ、パキスタンそしてバチカン市国ぐらいの淋しさで、世界博とは名ばかりだった。ちなみにモーゼスは勧誘のためにバチカン、スペイン、ローマ、そして東京を訪れている。*7

一九二八年に創立されたBIEは、誇り高い組織で、開催国に対して諸々の規則の遵守を求めていた。争点のひとつは開催期間にあった。博覧会規則では、六か月限りであったが、ニューヨークは来場者七〇〇〇万人が採算ラインと考えていて、開催期間を二年とする例外措置を求めていた。また、収支改善のために出展料を課すことも、規則違反であった。さらに博覧会は同一国で、一〇年間に一度しか開催が許されなかったが、米国は一九六二年にシアトル世界博開催承認を取得していた。そんな横紙破りだらけのニューヨーク世界博は、モーゼスの尊大な交渉態度への嫌悪感も手伝って、ＢＩＥの公式承認をえられなかった。

　それでも、アメリカ史上最大規模を誇る「ビリオンダラー博覧会」とも称されたこの催しに、ゼネラルモーターズ、フォード、アメックス、ＩＢＭなど、米国を代表する多国籍企業が参加した。メインテーマは「相互理解を通じた平和」であった。ゼネラルモーターズのテーマは、一九三九年の世界博同様、自動車社会の成熟を賛美する「フーチュラマⅡ」であったし、フォードは若者に爆発的にアピールした「マスタング」のワールドプレミアを開幕初日に行った。前回の世界博から四半世紀を経たこの博覧会でも、主役は自動車だった。

　だが財政的には、三九年のそれと同様、成功したとは言いがたかった。七〇〇〇万人と見込んだ来場者は五〇〇〇万人ほどで大幅未達。銀行が引き受けた博覧会債の償還率は三割ちょっと。さらに悪いことに、せっかく取り戻したモーゼスへの評価は再び地に落ち、批判の声は日ごとに高まる一方だった。

　周囲を取り巻きたちで固めた結果、またもや彼らがさまざまな局面で職権を濫用したのであった。入札なしでレストラン契約を随意に締結したかと思えば、廃棄物処理業者の選定でも口利きが横行した。さらには高額の保険契約がタマニーの黒幕デ・サピオと深いつながりを持つ業者と結ばれた。モーゼス擁護を守りつづけた『ニューヨーク・タイムズ』の社主サルツバーガー夫妻は世代交代で、引き継いだ後進たちはモーゼスを好意的には扱わなかった。

　それでもモーゼスは、おおやけに選挙で選ばれた人間ではなかったから、世論の流れを気にする必要もなく、彼の頭のなかはすでにして博覧会後のフラッシング・メドウズをどう活用するのか、その周辺交通路の整備はどうするのかでいっぱいだった。彼は、この公園を「灰燼から生まれた景観の地」と位置づけ自讃した。「世界博をもって、この地に必要なすべての作業が完結するのではありません」が「最終的な目標に向けて、一歩一歩進めていけば、必ずや近い将来にそれを達成できるでありましょう……地理的、人口的にもニューヨークの中心にあって、悪評高かったかつての灰捨て場で催された二回の世界博が、全国でも有数の偉大な市立公園を市民にもたらしてくれたと言っても決して過言ではありません」[*8]。今でもフラッシング・メドウズはニューヨーク市民にだけでなく、世界的にも名を馳せている素晴らしいスペースだ。テニスの全米オープンの開催地でもあり、そこにはモーゼスが世界博の際に建立した巨大地球儀ユニスフィアーがモニュメントとして燦然と輝いている。また敷地内にあるクイーンズ美術館は、一九三九年世界博のために建てられた建物を使用している。

モーゼスの妻メアリー・シムスは生涯モーゼスへの敬愛を貫き通したが、一九五〇年代後半以降、夫への非難の声が高まるなか、報道陣への怒り、変わりゆく世論への嘆きが彼女の健康、精神を蝕み、一九六二年以降は関節炎が悪化して寝たきり状態に陥った。モーゼスはマンハッタンで寝泊まりし、メアリーはバビロンに引きこもった。

一九六六年九月五日、『ニューヨーク・タイムズ』は「五一年前に、進歩的革新家から主婦に転向して以来、一貫して、彼女は夫に仕える陰の存在として喜びを感じていた」と死亡記事を載せた。八一歳の死であった（彼女は、建築家フランク・ロイド・ライトの「またいとこ」にあたり、モーゼスとライトの書簡のやり取りは、「親愛なるいとこ、ボブ」「親愛なるいとこ、フランク」で始まっている。ライトはグッゲンハイム美術館のデザイン案が斬新すぎてなかなか行政の許可が下りないことでモーゼスの支援を求めたこともあった)。

その一か月後の一〇月三日に、七七歳のモーゼスは二八歳年下、四九歳の彼の秘書メアリー・グレイディと再婚した。彼女はトライボロー公社の同僚からは「メアリーⅡ」と呼ばれて久しかった。

第九章

潰えた夢

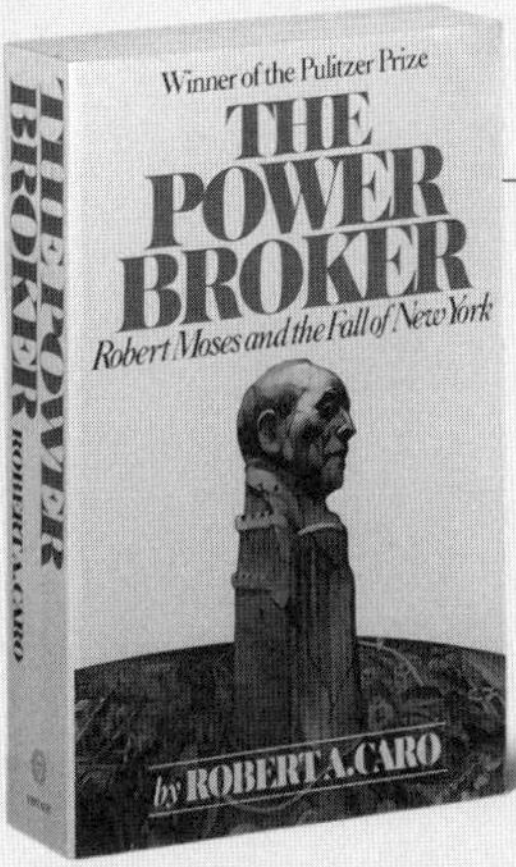

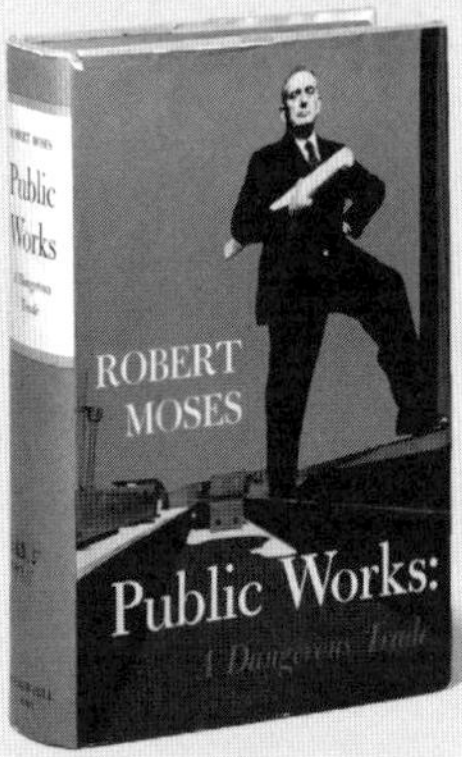

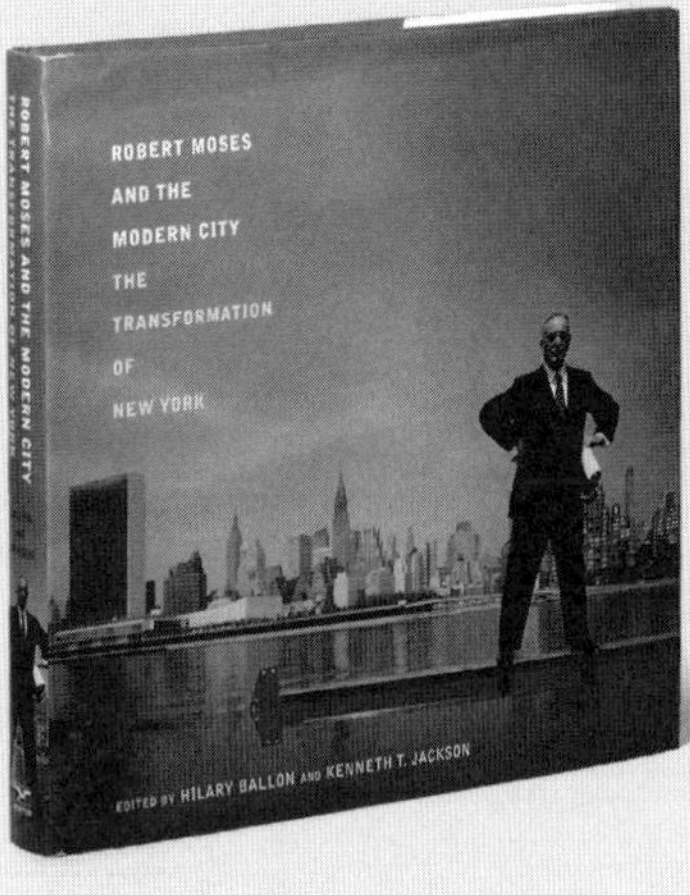

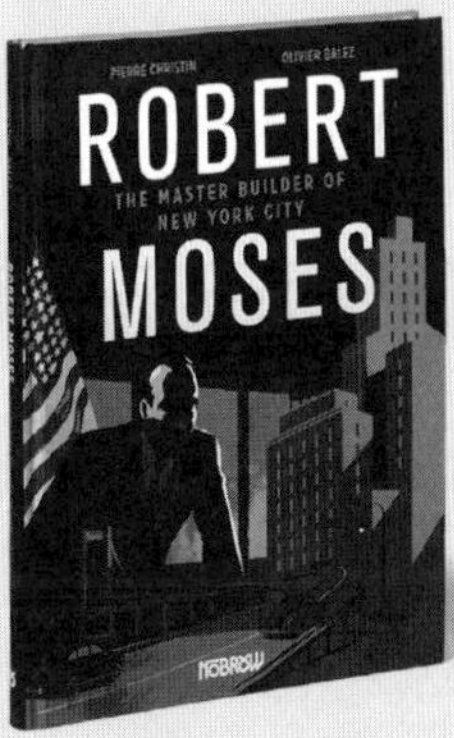

（左上から時計回りに）*The Power Broker*、*Public Works*、漫画*Robert Moses*
Robert Moses and The Modern City: The Transformation of New York

リンゼイ市長、そしてロックフェラー州知事

一九六五年、ワーグナー市長の後継候補者たちは、選挙運動中、誰ひとりモーゼスに支持を懇請しなかった。それどころか、モーゼスへの批判を掲げて選挙に臨んだ。過去の選挙戦とは大違いだった。なかでも当選したジョン・V・リンゼイは、本気で七七歳のモーゼス追放を公言していた人物だった。彼は、選挙運動中にヘリコプターで市中を眺め、緑のない殺風景な光景に落胆し、都市計画なしのパッチワークだと断じたが、潜在的可能性は大いにあるともコメントした。この上空からの視察は一時間半あまりで、建築家のフィリップ・ジョンソンらが同乗していた。[*1]

選挙運動中にリンゼイは、「白書」を出した。「市長になった暁には……ワーグナー市長が許可したローワー・マンハッタン・エクスプレスウェイの建設を白紙に戻すこととする。この一〇車線の高架構造物は、周辺一帯の近隣を荒廃させ、崩壊に導くものだ……三〇丁目沿いのミッドタウン・マンハッタン・エクスプレスウェイについても同様に却下する[*2]」。

リンゼイは一九二一年生まれで、父方はイングランド系移民、母方はオランダ系だった。父親は弁護士、投資銀行家として成功を収めた。彼自身はニューヨーク市に生まれ、プレップの名門セント・ポール校からイェール大学に進み、弁護士を経て一九五五年、司法長官行政補佐官を務めた後、一九五八年共和党下院議員に選出される。そして一九六六年一月一日より第一〇三代ニューヨーク市長に就任した。

ハンサムなリンゼイ市長との公式初会見に、モーゼスは相当な緊張感をもって臨んだ。というのも、すでにこの時点で、彼は多くの市政府職位を失っており、残るトライボローの総裁職さえも奪われるのではないかと警戒していたからだ。事実、当選直後から市長を取り巻く青年将校たちが、モーゼス放逐の具体策を練り、彼の処遇について検討しているとちらほら報道されていた。

モーゼスの不安は、今までと違って彼のほうから市長のグレイシー・マンションに訪れたことにも表れていた。しかし、会見後、モーゼスはリンゼイが口ほどの器ではないと見切ってしまい、「二枚目俳優を市長に選べば、市政はミュージカルコメディとなる」と余裕たっぷりに側近に漏らした。[*3]

事実、モーゼスのトライボロー総裁職の任期は一九七〇年六月三〇日まで確保されていて、リンゼイ市長の任期はその一八か月も前に満了するのであった。とはいえ、リンゼイは自信満々で市長としてラガーディアを超えると自負していたばかりか、ラガーディアが果たせなかった大統領就任の夢を自分は成し遂げるのだと信じ込んでいた。そのためには、ニューヨークの公共投資を自身の手で掌握し、世界一の大都市に仕立て上げる功績をあげなければならない。老いぼれ馬モーゼスにどうしても引導を渡す必要があった。

彼は就任二週間後に、交通運輸局と運輸交通評議会を設立し、その長に弁護士で、元投資銀行家だったアーサー・パーマーを指名した。パーマーは、翌年の一九六六年二月一二日、モーゼスと昼食をともにして、「釣り合い上、辞任してくれ」とモーゼスに迫った。[*4]

リンゼイ市長は、トライボローのこれからも増えつづける潤沢な蓄えを、マス・トランジットに回すべきだと考えていた。彼は、モーゼス放逐を目論むと同時に、トライボロー公社とトランジット公社の合併を目指して、一九六六年一月一三日、法案をオルバニーの州議会に送付すると発表した。

だが、予想に反して、三月一〇、一一日の両日行われた州議会の公聴会はこの合併を認めなかった。モーゼスが長年培ってきた人間関係がものをいい、大差でこの法案は破棄された。「党利党略法案」あるいは、トライボロー総裁職の「権利剝奪」を狙う謀略だとして、前市長や前州知事までがこの法案を非難した。そのうえ、モーゼスはトライボローの債券引受銀行との契約条項のなかで、資金をトライボロー公社の本来の事業以外の目的に充てないと誓約されていると強調、合併などとんでもない話だと一笑に付した。

チェース・マンハッタン銀行の頭取デイビッド・ロックフェラーは、市長の法案が通るような事態には、三億七九〇〇万ドルにのぼるトライボロー債券の受託銀行として訴訟を考えざるをえない、とモーゼス擁護に回った。リンゼイ市長の敗北は明らかだった。

だが、性急なリンゼイとは違い、リンゼイの市長就任以前から長い時間をかけてモーゼスを追い詰める強力な力をもつ人物がいた。第四九代ニューヨーク州知事ネルソン・A・ロックフェラーだ。彼は前任のハリマン知事を引き継いで、一九五九年の一月一日から一九七三年の一二月一八日まで州知事として君臨した。大富豪ロックフェラー一族の次男として一九〇八年に生まれ、一九三〇年に名門ダートマス大学を卒業。その後、一族の事業に携わり、ベネズエラの石油開発やマンハッタンのロックフェラー・センター開発事業に従事した。戦時中にはフランクリン・D・ルーズベルト（FDR）政権のもとで、ラテンアメリカ担当の国務次官補となり、以降トルーマン、アイゼンハワー両大統領に仕えたが、一九五六年には連邦政府を離れた。ニューヨーク州知事選に出馬して、現職のハリマンを破り、四期にわたり州知事を務めた（知事在任中、三度、共和党の大統領候補指名獲得を狙うもいずれも成功せず、結局一九七四年一二月から一九七七年一月までフォード大統領政権下、副大統領職に収まった）。

ネルソン・ロックフェラーの一族の富は計りしれなく強大だった。ベネズエラに保有する牧場の規模はニューヨーク全市の五倍に匹敵した。ニューヨーク郊外のポカンティコ・ヒルズは、モナコ公国の六倍もある広大な地所に七〇にものぼる建物が散在し、一族の公的、私的使用に供されていた。

前知事のハリマンも鉄道王ハリマンと呼ばれる富豪の出であったが、ロックフェラーのそれには比べようもなかった。ハリマン家も長年、共和党へ莫大な献金を行ってきたが、ロックフェラー一族は共和党そのものといって言いすぎではなかった。共和党の最終的な運営赤字は、ロックフェラーの金で賄われていた。ロックフェラー財団や、ロックフェラー大学の赤字が一族の資金で賄われているのと同じだった。[*5] 当時世界最強の銀行チェース・マンハッタン銀行も、電力エネルギー会社のコンソリディテッド・エディソンも支配株主はロックフェラー一族だった。

ネルソンは、ロックフェラー・センターの開発にあたって社長を務めた経験から、建築関係に興味を持ち、この分野に才能があると信じ込んでいて、熱意はモーゼスのそれと比べても遜色ないほど強かった。生まれつきの傲慢さもモーゼスに負けず劣らず、欲しいと願ったものはすべて手に入れるタイプの人物であった。彼の場合、銀のスプーンを口にして生まれてきたから、それらの特性は誰からも非難を受けなかった。その点モーゼスの特性は、極めて裕福な家庭で育ったとはいえ、キャリア上の競争、衝突、交渉、妥協のなかから研ぎすまされていったものであった。

実はモーゼスは、ネルソンに対し父親的な好意をもってそれまで接してきた。ネルソンの依頼で、ベネズエラの不動産開発事業のコンサルタント役をしたこともあった。それに、彼の父ジョン・D・ロックフェラーとは、極めて友好的な関係を築いていた。だから、ネルソンもまた、そんなモーゼスに対して少なくとも悪意は持たないだろうと信じて疑わなかった。

一九五七年来、ネルソンにおもねっていたひとりの人物がいた。元ニューヨーク大学の教授ウィリアム・J・ロナンだ。彼は、トライボローなど公社の持つ権限が肥大するとして、これを潜在リスクと捉え、権限に歯止めをかける法案をネルソンに提案した。無論、この時モーゼスはロナンを不快には思ったが、あまり気に留めることもなかった。それほど、当時のモーゼスは揺るぎがなかった。だが、ネルソンが知事に就任した直後、ロナンは州立公園評議会を廃止し、その機能を環境保全局に担わせる案を打ち出した。

これを契機にネルソンとモーゼスの関係には緊張が走った。州政府組織再編の委員に任命されたロナンが、この案をネルソンの指示のもとに作成したのは明らかだった。というのも、もともとロックフェラー一族は公園に対して深い理解を示していて、あちこちで彼らの所有地を公園用地、または自然保護区として州や市に供してきた歴史があったから、公園づくりはロックフェラー一族の世代を超えた伝統にほかならないとの思いが強かった。特に、一族の三男でネルソンの弟ローレンスは一九五八年、自然保護団体アメリカン・コンザベーション・アソシエーションを設立、自然保護運動を促進した。ネルソンは、モーゼスの後継に、ローレンスを任命することを考えていた。

マス・トランジットに関しても、知事とモーゼスの見解は反目していた。知事は都心の交通渋滞を解決する唯一の解決法として、マス・トランジットに市の予算を振り向けたいと考えていたから、モーゼスの自動車道整備一辺倒の考えに批判的であった。潤沢な資金をマス・トランジットに配分するには、トライボローの総裁職をモーゼスから奪う以外、方策がなかった。

ネルソンはロナンを使って、モーゼスを追いつめる。最初の狙いは州関係の役職剝奪だ。州政府職員の定年は六五歳であったが、モーゼスはハリマン知事時代から定年延長の優遇対象となっていた。モーゼスの誕生日は一二月一八日だったから、それ以前に十分な日にちの余裕を持って、しかも複数年の延長が知事から告知されていたが、ネルソンが知事に就任して様変わりとなった。伝達役は知事ではなくロナンとなり、告知は誕生日当日のギリギリの時刻に行われ、しかも延長は複数年でなく一年ごとだった。事前に気配を探ることもままならない状態で、モーゼスの苛立ちは極限に達した。この頃、彼は難聴に苦しんでいて、苛立ちはいや増すばかりであった。ネルソンとロナンのモーゼス追いつめ作戦は徐々に効果を現しつつあった。

一九六二年、モーゼスの誕生日を目前に控え、両者の緊張はいやがうえにも高まった。モーゼスは期限まで待ちきれず、一一月二七日に西五丁目二二番地のネルソンのオフィスを訪ねた。そこで、ネルソンは、州立公園評議会議長の座を弟ローレンスに譲るなら、ほかの州政府ポストの延長に応ずるとモーゼスに迫った。怒髪天をついたモーゼスは、追いすがる知事の手を振り切り街路に飛び出したという。[*6]

おさまらないモーゼスは、一二月一四日、ネルソンに書状を送った。後になって考えれば、怒りのために書いてしまった取り返し不能の書状であった。そのなかで、彼は「公園評議会議長を辞めるぐらいなら、電力公社の総裁職も含めて全部の州政府職を辞任する」と最後通牒を出してしまった。果たせるかな、ネルソンはこれを辞任届けと認めあっさり受諾した。イェール在学当時、水泳チームのキャプテンとのやり取りで、チームを辞めざるをえなくなった経緯と酷似していた。ある意味で、モーゼスはあの苦い経験から何も学んでいなかった。ラガーディアや、その後につづく歴代の市長や知事に対して効果があった彼の脅迫じみた辞任のほのめかしは、ネルソンには通じなかった。

州知事の一撃で、モーゼスは一瞬にして州政府職のすべてを失った。残されたのは、独立法人トライボロー・ブリッジ&トンネル公社の総裁職と、世界博覧会会長職だけだった。一二月四日の『ニューヨーク・タイムズ』は、「民主党党首、知事のモーゼス処遇は不当」と第一面に見出しを載せ、ニューヨーク市民に公園、高速道路、発電所など多くの面でメリットをあたえたモーゼスからすべての州政府職を奪うのはいかにも苛酷な扱いだと断じ、しかも知事の弟ローレンスを公園関係の後釜とするのは、いささか納得がいかないとする民主党党首のコメントを引用している。その上で、モーゼスが失うのは、電力公社総裁職、州立公園評議会議長職、ロングアイランド州立公園局長、ジョーンズ・ビーチ州立公園局長、ジョーンズ・ビーチ・パークウェイ公社総裁職、ベスページ公園公社総裁職だと詳細を報じた。総じてモーゼスに同情的な記事ではあったが、三年前には、「ベーブ・ルースをベンチ入りさせることはあるまい」とモーゼスを強く擁護した『ニューヨーク・タイムズ』だけに、世代交代の流れを感ぜずにはいられない内容であった。ほかの政治家たちからは、ワーグナー前市長も含めて、さしたる反応はなかった。現職知事ネルソン・ロックフェラーに逆らうことは誰にとっても憚られることだったに違いない。

その後に開かれた公園評議会は、二カ所の州立公園、カナダとの国境に位置するマッセナそしてファイアー・アイランドの名称を「ロバート・モーゼス州立公園」とする決議を下した。もちろんこの評議会にはモーゼスは出席してはいない。議長席に彼の姿が見えない評議会は実に三八年ぶりだった。

モーゼスは、感情を抑制していたが、自身が「生み育てた子」ともいえる公園、とりわけてもロングアイランドの公園から引き裂かれた淋しさは拭えず、親しい取り巻きは痛ましく思っていた。それでも、放逐された二週間後の一九六三年一月一五日に行われたイースト・リバーに架かるアレクサンダー・ハミルトン・ブリッジの開通式に出席したモーゼスと知事は、互いの肩に手を回して親しさを演出した。[*7]

だがここで手を緩めるような甘い州知事ではなかった。彼の究極の狙いは、トライボローからモーゼスを追放し、ロナンが支配するメトロポリタン・コミューター・トランスポーテーション公社（MCTA）傘下の赤字事業、ペンシルバニア鉄道、ロングアイランド鉄道、地下鉄、バス事業などへ、トライボローの潤沢な資金を回すことにあった。こうする以外、州にも市にも資金に全く余裕がなかった。選挙が気になる政治家としては、増税や運賃値上げなどはできれば避けたかったし、連邦政府資金を投入するにしても、地方自治体としての負担は必須だったから、どうしてもトライボローの資金を掌中に収めたかった。モーゼスの排除はネルソンにとっていまや最優先事項であった。

事後的に、かつ客観的に両者の攻防を見ると明らかにモーゼスはネルソン＝ロナンの策略に翻弄され騙されたとわかる。モーゼスは、この間の経緯をどのように理解していたのだろうか。

彼は『パブリック・ワークス』で次のように述べている。「ロックフェラー知事の都市圏交通運輸組織の再編は、一九六七年州法七一七条にもとづき、ニューヨーク市のトランジット公社、トライボロー・ブリッジ&トンネル公社、メトロポリタン・コミューター・トランスポーテーション公社を一元化し包括的に運営することを目論んでいた。この結果、一九六八年三月一日以降、MCTAは、メトロポリタン・トランスポーテーション公社（MTA）と改称され、傘下に収めた各独立公社の運営を掌握した。役員の数は九名に増員されたが、旧トライボローの役員ノーマン・ウィンストン、アーサー・パーマー、そしてわたし自身の三人は、MTAから除外された。新組織におけるわたしの役割に関しては、少なからず混乱がみられた。当初、知事の説明では、わたしはMTAの役員に任命され、MTAの指揮下に入るトライボローの社長もしくはそれに類したポストに就くはずであった。しかし、ロナンがこれに難色を示し、結局わたしは今後の事業進展、特に（ロングアイランドの）ベイビルから（コネティカットの）ライを結ぶロングアイランド海峡横断道路橋計画（二二六頁参照）の進展を待ちつつ、暫定ポストとしてMTAのコンサルタント職に就くことで折り合いをつけた」[*8]。

そもそも、この統一にモーゼスは反対してきた。その拠りどころはトライボロー・ブリッジ&トンネル公社が発行した公社債が全額償還されるまでは、資金の使途はトライボローの建設する自動車道、橋梁、トンネルなどに契約上制限されていたことだった。赤字の地下鉄事業、鉄道などへの流用は契約違反であり、以前、リンゼイ市長が合併を仕掛けた際に、チェース・マンハッタン銀行は社債の受託銀行として訴訟を起こすとまで主張し、断念させた経緯があった。にもかかわらず、今回はネルソンとチェース・マンハッタン銀行の頭取デイビッドが水面下で会談して、今後一切の異議を申し立てることはないと判事の前で合意宣告してしまった。一九六八年の二月九日のことだ。

ずっと後の一九七四年一〇月一〇日の『ニューヨーク・タイムズ』は、ふたりは兄弟同士であり内容非公開の合意は違法性が問われるべきだったと報じている[*9]。合意書の作成者はネルソンに忠誠を誓ったロナンであり、彼は、ネルソンから五〇万ドルを個人的に贈与されていることが判明している。この記事はロバート・カロの『パワーブローカー』も引用されている。カロは、「ネルソンはモーゼスにＭＴＡでの高いポストを約束したほか、海峡横断道路橋事業についても期待を抱かせる約束」をしたのだと断じている。そしてそれは空約束に終わる。罠にはめるつもりだったのだから、正確にいえば、もともと約束などと呼べるものではなく欺瞞の撒き餌にすぎなかった。

だが、その後もネルソンはモーゼスと面会する機会があるたびに、約束を繰り返してモーゼスを翻弄する。結局、新組織が発足する一九六八年三月一日の直前二月二九日に、知事でなくロナンからモーゼスの処遇について最終提示があった。「トライボローのコンサルタント、年俸二万五〇〇〇ドル、秘書、運転手付き」という条件で、現在進行中の二事業とロングアイランド海峡横断道路橋の担当とされた。

これ以上の詳細は一切不明で、無論ＭＴＡの役員名簿に彼の名前はなかった。その上、モーゼスの長年の部下たちは、ＭＴＡに直接報告を求められ、モーゼスとの会話さえも憚られる状況におかれた。進行中の二事業とは、クロスベイ・ブリッジの小規模修復と、ベラザノ・ブリッジの上層デッキ増設工事だったが、すべて予定どおりに進んでいてモーゼスが新たに取り組む課題などなかった。残る人生のすべてをかけて完成させる大仕事だと自負していたロングアイランド海峡横断道路橋については知事からもロナンからも全く音沙汰なしで、計画は宙づり状態にあった。

ロナンはいまや首都圏交通のすべてを統治する首領として君臨する。しかもバックにはネルソン・ロックフェラーが控えていた。モーゼスは、謀られたと知っても、いつか、もしかしたらやってくる海峡横断道路橋工事開始を期待して、ロナンに対しても、知事に対しても感情を露わにすることはできなかった。

ロナンとはどんな人物だったのか。一九一二年にニューヨーク州バッファローで生まれた彼は、一九三四年にシラキュウス大学を優等で卒業、その後ニューヨーク大学で教鞭を執るかたわら政治学で博士号を取得した。一九四七年には同大学の教授に昇格。ネルソン・ロックフェラーとのつながりで、ネルソンが州知事に当選すると彼は州知事秘書官の任命を受け、実質上知事の右腕となった。以降は既述のとおり、モーゼスの反対を押し切って、知事と二人三脚でニューヨークの交通運輸行政の改革に取り組んだ。資金力が強大だったトライボロー公社を傘下に収めてMTAを創設、ついにすべての交通機関の総帥として君臨した。

巷間では、「モーゼスの裏をかいた男」「大ロナン帝王」として知れ渡ったが、その一方で、『ニューヨーク・タイムズ』は、彼を「交通運輸職乞食」とも呼んでいる。一九七四年にMTAを辞して後、ニューヨーク＝ニュージャージー港湾公社の総裁に就任したことで、終始交通運輸に的を絞って猟官運動を行ってきたと揶揄されたのだ。

彼は二〇一四年、一〇一歳で死去した。両親は熱心な民主党支持者だったが、彼は、自分は「ロックフェラー共和党員」だと公言し、ネルソンに生涯忠誠を誓ったことを誇りにしていた。ネルソンに媚を売り、さしたる功績も専門知識もないまま、この道四〇年のモーゼスの座を奪ったこの人物に対しては、報道陣も、そしてさすがのロバート・カロも好意的ではない。*10

ただ、客観的にみれば、この年一九六六年、モーゼスは八〇歳だ。追放されたの、謀られたのという年齢でもない。むしろ、とうの昔に「マスタービルダー」の誉れとともに幸せな引退生活を享受すべきタイミングだったと思えるのだが。

ロングアイランド海峡横断道路橋

ネルソン・ロックフェラーとウィリアム・ロナンに愚弄されていると知ってか知らずか、モーゼスはひたすらロングアイランド海峡横断道路橋事業の開始をロナンに勧めた。ルートの選定、連邦政府資金の導入により州の負担を極小化する具体的な資金調達策も含めて、自身の考えを伝えた。それに対して、ネルソンもロナンも返事をせず、モーゼスと会おうともしなかった。

この海峡横断道路橋計画は、ロングアイランドのオイスターベイあるいはベイビルあたりから、海峡を越えてウエストチェスター郡のライまでを結ぶ予定で、モーゼスが長い間抱いてきた夢だった。これによって、さらにウエストチェスターを横断してタッパン・ジー・ブリッジを渡ればハドソン川の対岸につながる。また、ロングアイランド側では、オイスターベイ、ベイビルから南下してジョーンズ・ビーチまで一直線で到達する。実現すれば、ロングアイランドとウエストチェスター北部が直結され、わざわざ混雑するトライボロー・ブリッジや、ホワイトストーン・ブリッジを通過する必要もなくなる。市中の交通渋滞は大幅に緩和されるのだ。

彼は、一九六八年の一一月七日、一二日、一二月三日と立てつづけにロナンに宛て長々とした書状を送った。なぜ横断道路橋が必要なのかに始まり、最適なルート取りは、オイスターベイとライ以外に考えられないこと、両地域で公聴会を開くべきこと、その場合の手順など諸々を熱く語った書状だった。一二月二日付けで、ロナンは返事を出した。たった二行の素っ気ない回答だった。[*11]

親愛なるボブ、
一一月一二日付けの貴翰、拝受。知事とバーク・マクモラン（かつてのモーゼス配下）に宛て、ベイビル＝ライ横断道路橋にかかわる公聴会を可及的速やかに開始すべきとの貴見、伝え済みです。
敬具

あきらめない男モーゼスは、『ニューズデイ』紙に彼の見解を載せた。一九六八年の一二月二三日付けと一九六九年の一月四日付けだ。それによれば、すでにルート取りは決定されていて、公社債を発行することで資金調達面にも不安はなく、事業の開始が待たれると強調されていた。

このバイパスの完成で、市中の交通事情は大幅好転するだけでなく、市民にとってのレクリエーション・システムの巨大な輪が完成する。実にロングアイランドのジョーンズ・ビーチから北上し海峡を横断して、一九一三年に開園されたベアー・マウンテン州立公園までリンクするのであるとモーゼスは力説している。

彼の得意な市民の娯楽促進のための公園網、パークウェイ、渋滞解消のための幹線自動車道整備に海峡横断道路橋を絡ませた議論だった。この考えに立てば、ロングアイランド海峡横断道路橋計画は極めて合理的な交通緩和策であり、公園網充実策の一環でもあった。

だが、なんの動きもないまま年月がすぎていった。ネルソン・ロックフェラーは断固としてモーゼスには何もさせないという強硬な姿勢を貫いた。ロナンはもともとこの分野で実績を持っていた人物ではなかったから、資金不足も手伝って、そのほかの新規公共投資も行われなかった。モーゼスは表立って敵対的姿勢はとらなかったが、周囲では、大都市ニューヨーク市を支えるインフラが無能なロナンに牛耳られ、停滞してしまったことに危惧を抱く声もあがった。雇用の衰退を案ずる労働組合にとっても死活問題だったのに、新組織ＭＴＡに動きは見られなかった。

モーゼスは、この頃頭脳の冴えはいささかも衰えなかったが、難聴は激しくなっていた。そして、ようやく彼にもネルソンとロナンのもっともらしい口車に乗せられたことがわかってきた。いささかならず、その懸念は抱いていたものの、彼は長い間、ネルソンは本気で海峡横断道路橋の実現を望んでいたのだと誤解していた。

八一歳になった時、『デイリーニューズ』紙の記者のインタビューで彼は、「誕生日というのは厄介で迷惑な代物でね」「そんなものは思い出したくもない」とコメントし、ドゴールやアデナウアーは彼よりずっと高齢だと、語気を強めた。*12『デイリーニューズ』の記事には「彼は、偉丈夫だ。背丈も体重もそれほどではないのだが、八一歳の誕生日前夜でも、部屋に入ってくるなり皆の注目を集めるほどの活力を持っていた。なぜ人が〝モーゼスは大立て者だ〟と言ったのか、今でも容易に腑に落ちる」と書いてあった。

一九七〇年、彼はマグロウヒル社から『パブリック・ワークス』を発刊した。彼の手がけた公共投資プロジェクトについての解説、あるいは州知事、市長、その他との書簡を収録した九五二頁の集大成であった。ロバート・カロは、これは本ではない、資料の寄せ集めにすぎないと評しているが、モーゼスが関連したほぼすべての事業を網羅している貴重な資料だ。たどれば、ニューヨークの公共投資の歴史が理解できる。しかも、各プロジェクトが、それぞれの時代背景においてどのような考えのもとに進められたのかを知ることが可能なのだ。いわばリアルタイムの「生」の資料だ。

ネルソンとロナン以外にも、高齢となったモーゼスを批判しつづけた人物がリンゼイだった。彼は「モーゼス流の、ブルドーザーで住民のすみかをなぎ倒すやり方は、今後ニューヨークでは許されない。近隣との協調によるより小規模の事業でより多くの実をあげるのだ」と遠吠えしたが、かといって彼自身の住宅事業での成果は見るべきものはなく、モーゼスの住宅事業業績には遠く及ばなかった。格別有能でもなかった市長は、四〇年にわたり積み重ねてきたモーゼスの功を傷つけることに躍起だった。

トライボロー公社でも屈辱の日々はつづく。トライボローの便箋、封筒の使用は禁止された。なにかの折に彼の講演を依頼にきた人たちも減る一方で、新聞に連載していたコラムも閉じられ、政治生命はか細くなっていった。

この頃、『デイリーニューズ』紙からの依頼で、系列テレビ局の新シリーズ、「ニューヨーク・クローズアップ」の司会者となったが、これがまた大誤算だった。モーゼスは補聴器を着けずに司会席に座り、ゲストの声が耳に届かなかった。というよりも、彼はもともとゲストの返事などには興味がなく、自分の主張のみ繰り返し、ひんしゅくを買い、この役目も長くつづくことはなかった。[*13]

一九六九年五月二二日、リンカーンセンターのグッゲンハイム・バンド・シェル野外ステージを擁するダムロッシュ公園の落成式に参加したモーゼスは来賓としての扱いを受けなかった。この小規模公園はモーゼスが周囲の反対を押し切ってまでリンカーンセンター内につくり込んだ都心には稀な貴重な空間だったにもかかわらず。

一九七〇年の七月三日、リンカーンセンターにあるフォーダム大学の広場でモーゼスのレリーフの除幕式が開かれた。そこには、「ロバート・モーゼス、マスタービルダー、フォーダムの友」と銘が入っていた。ネルソン・ロックフェラーが挨拶で、モーゼスを「名声を築いた男」として紹介、大学総長はこの広場を「モーゼス広場」と命名すると発表した。モーゼスの目が潤んだ。そんな感傷的な光景であったが、ネルソンはここでも嫌みを言うのを忘れなかった。「とはいえ、ニューヨーク市内に、彼の名がついた公共建造物は皆無だ」と挨拶に挿入したのだ。たしかに、モーゼスの名のついた建造物は市内にはないが、二カ所の州立公園（ひとつは北のセント・ローレンス郡マッセナ、サウザンドアイランド所在、そしてもうひとつはロングアイランド)、二カ所の水力発電ダム、そして高速道路も二カ所(ロングアイランドのコーズウェイと、ナイアガラのステート・ハイウェイ)、そのほかにもバビロンの中学校などいくつか存在する。公選政治家でもなく、市長でもなく、知事でもなく、ましてや大統領でもなかった人物がかかる栄光を授かるのは、むしろ稀と言っていい。かつてラガーディアは、モーゼスがユダヤ系であることを理由に市内のパークウェイに彼の名をつけることを許さなかったことは、第四章に書いたとおりだ。

一九七三年、決定的な瞬間が訪れた。六月二〇日、ネルソンは海峡横断道路橋計画を断念すると公式に発表した。「ロングアイランドと本土を結び、ロングアイランドの商工業を強化することは長い間の計画でした。しかしながら、最近になって人びとは徐々に環境保護という価値を重視し、それを手に入れるためにはある種の経済的有利性を犠牲にする思いを持っていることが明らかになってきました。ライ＝オイスターベイ・ブリッジはこの展開において攻撃の矢面に立たされています……人びとは、いまや国土を変貌させるような決定に対してより慎重な態度で臨む必要があると考えているのです[*14]」。モーゼスの夢はついに日の目を見ることなく潰《つい》え去った。

知事は、海峡横断道路橋計画に全く興味を抱いていなかったのではなかった。事実、一九七二年に彼は、新設されたMTAに環境アセスメントの結果を公表させ、支持を表明し、この全長六・五マイル、総工費二億五八〇〇万ドル〜二億七四〇〇万ドルの海峡横断道路橋計画は、連邦高速道路庁によって承認された。

ところが、住民訴訟が巻き起こり公聴会は延期され、あげくに一九七三年の三月一六日には連邦政府内務省から停止命令が出てしまった。

かつての部下もひとり、ふたりと去っていった。スロッグス・ネック・ブリッジ、ベラザノ・ナロー・ブリッジ、さらにはニューヨーク・コロシアムの建造にモーゼスと苦楽をともにしたトライボローの幹部ジョージ・スパーゴ（一九八七年八四歳没）さえも姿を見せなくなったなか、最後まで忠誠を尽くしたのはシドニー・シャピロだった。彼はロングアイランド州立公園局の主任技師だったから、バビロンの住人となったモーゼスの面倒は毎日のようにみることができた。シドは一九二四年にシティ・カレッジを卒業、職探しのさなかに公園設立に没頭していたモーゼスに手紙を書いた。返事は「速やかに来られたし」だった。以来、半世紀にわたりモーゼスに忠誠を尽くし、周囲の堪えがたいモーゼス排除、非難の声に無言の抵抗を試みてきたが、彼もまたがんに侵されていた。引退は一九七四年四月一二日だった。『ニューヨーク・タイムズ』はこの主任技師に最大限の賛辞を送った。

モーゼスをどん底にまで突き落とす事件が発生した。彼は息子には恵まれなかったが、孫息子が三人いた。長女バーバラの長男はモーゼスにちなみロバートと名づけたが、知的障害者だった。次男はプリンストン大学に進み、銀行家となった。次女ジェインの長女カロラインは背が高くオックスフォード大学を優等で卒業した。だが、長男のクリストファーは学問が苦手なタイプだった。モーゼスはこのハンサムな孫息子を可愛がった。どこにでも連れ出し、釣りやボートの操縦を教え込んだ。クリスがアイビーリーグの大学に行かずノースカロライナ大学のチャペルヒルに行くと知って母親のジェインは驚愕したが、モーゼスは「好きにさせればいい」と寛容だった。彼の成績が「オールC」だった時も、「まあ、筋は通っているではないか」と目を細めた。[*15] クリスは、その後心を入れ替え「オールA」を取るまでになった。だが、この目のなかに入れても痛くない孫息子は、一九六八年一二月一一日、スタンフォード大学の友人とカリフォルニアからの帰途、車が車線から飛び出し、コンクリートに激突して死亡した。まだ二一歳だった。大切なものがまたひとつモーゼスの手をすり抜けた。

第一〇章

モーゼス再評価の動き

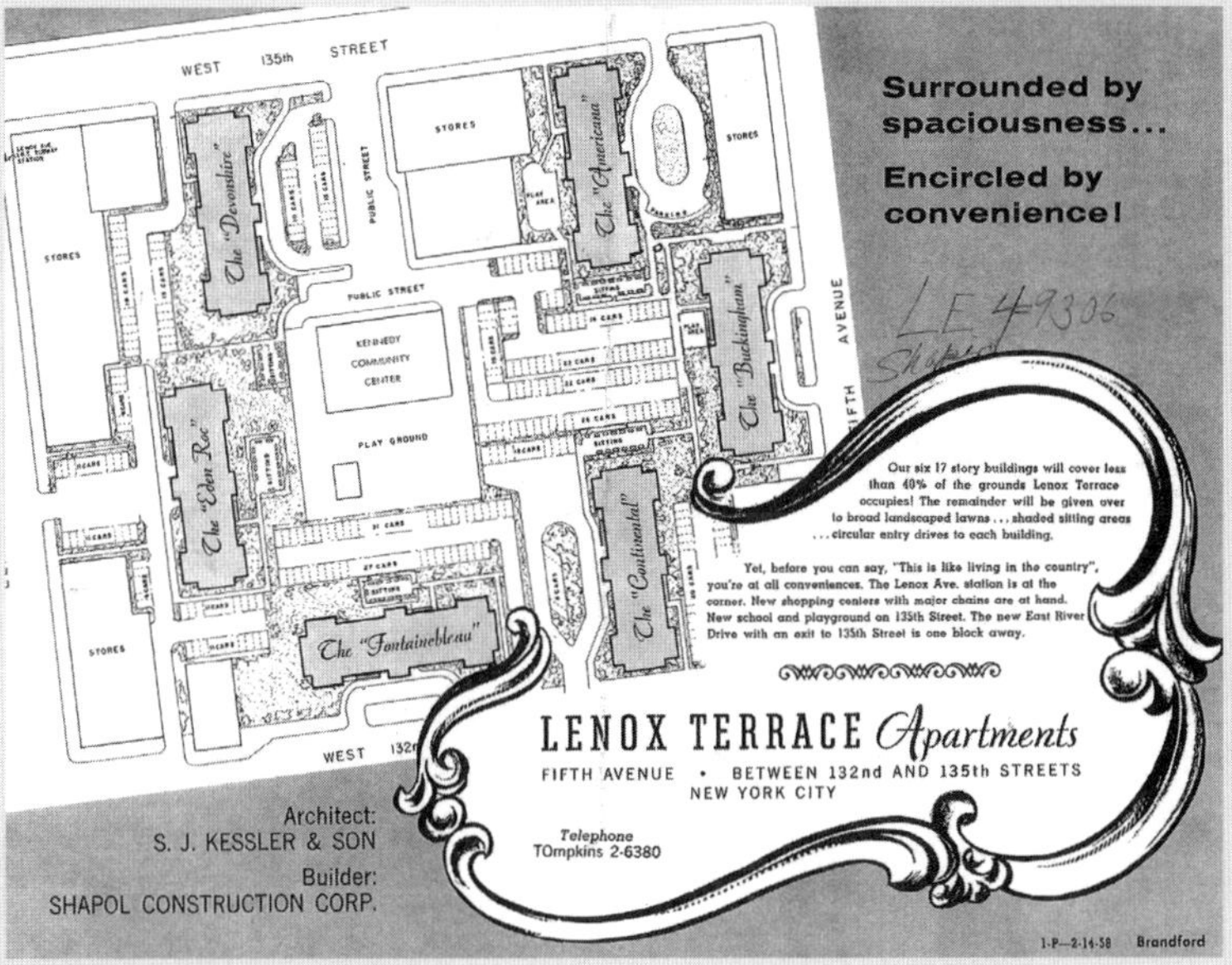

タイトル1事業「レノックス・テラス」のパンフレット（1958年）

ロバート・カロ『パワーブローカー——ロバート・モーゼスとニューヨークの衰退』

一九六八年にロックフェラー州知事の手でトライボローの総裁職を追われたモーゼスは、さらに一九七四年に発刊されたロバート・カロの著作『パワーブローカー』で追い討ちをかけられた。一三〇〇頁にも及ぶ力作のなかで、カロはモーゼスを非民主主義、権力濫用による腐敗をもたらし、冷酷無比、執念深く裏取引に長けた、しかも人種差別者だと描いていて、副題「ロバート・モーゼスとニューヨークの衰退」は、あたかもモーゼスの独裁がニューヨークの凋落をもたらしたかの印象を世間に強くあたえた。

また、ジェイン・ジェイコブズら社会活動家は、行政が考える都市計画は、そこに住む市民の生活実態に配慮していない、とりわけモーゼスの強権専制は、自動車道整備やスラム撤去にかこつけて住民を路頭に迷わせたとして非難を浴びせた。彼女の『アメリカ大都市の死と生』は、世界的なベストセラーとなり、以降の街づくりは彼女の主張を範とするものが多い。

最近になっても、おおかたの批評家はモーゼスに対して手厳しい。「ロバート・モーゼスがニューヨーク市を荒廃に？」と題した歴史評論家ジョーン・マランス・ディィムの小論は、二番街の地下鉄敷設が遅れたのは、モーゼスが地下鉄を自動車道路の競争相手とみなすあまり反対し、トライボロー公社の潤沢な資金を配分しなかったからだと決めつけている。[*1] この手の非難の多くは、カロの著作に大きな影響を受けていることが見てとれる。

だが、必ずしもそのような批判に同調しない声もまたあった。「カロはモーゼスに過度に厳しい。(モーゼスの手がけた)我々のビーチをアトランティック・シティやケープコッドの有り様と比べてみれば、彼の名誉は回復されてしかるべきだ」とロングアイランドの西部ナッソウ郡に位置するホフストラ大学のロングアイランド研究家バーバラ・ケリー博士はそう述べて、カロの著作には歴史的見地が欠如していると指摘した。

『ニューズデイ』紙時代のカロの同僚で、同じくピュリツァー賞受賞記者のロバート・F・グリーンはカロの本はモーゼスの特徴をよく捉えてはいるが、「たまさか、落ち度はあったにせよ、モーゼスは極めて傑出した都市計画者だ。長期的な目でみれば、市への貢献は誰よりも大きいとわたしは思っている。カロは否定的な評価を下しているが、それはあくまで個人の判断にすぎない」として、モーゼスの業績を前向きに評価している。*2

ロバート・カロは、一九三五年にユダヤ系の両親のもとニューヨークで生まれ、プリンストン大学に進学し学内紙『ザ・デイリー・プリンストニアン』の編集主幹を務めた(全米でももっとも古い部類に入るこの学内紙は、一八七六年に創刊され一八九二年以降は日刊紙となった)。ニュージャージー州の新聞社でキャリアをスタートさせた後、ロングアイランドのタブロイド判地方紙『ニューズデイ』で調査報道記者として六年間勤務した。この間に彼はモーゼスが提案するライとオイスターベイを結ぶロングアイランド海峡横断道路橋について調査し、それがロバート・モーゼスへの関心に発展したのだそうだ。彼は『パワーブローカー――ロバート・モーゼスとニューヨークの衰退』の完成に七年を費やし、この大作は一九七五年のピュリツァー賞を受賞したほか、ランダムハウス社主宰の「二〇世紀、モダンライブラリー・ノンフィクション部門一〇〇選」にも選ばれた。

カロは著作にあたり五〇〇人以上と面談し情報収集したほか、モーゼスと直接インタビューの機会を七回にわたり持った。最後となった七回目は大荒れだった。その日、インタビューの約束の時間に大幅に遅れたカロが、ブロンクスからロングアイランドまでの橋や、エクスプレスウェイの大渋滞が遅刻の原因だと説明したところ、モーゼスは「渋滞だと？　ロングアイランド・エクスプレスウェイで、この時間にか？」と、手をテーブルにたたきつけて「馬鹿げている」と一喝、インタビューはそこで終わった。

この場面を最後にモーゼスは一切カロを受け入れようとはしなかった。自身の自叙伝をカロが描くことに最初は否定的であったが最終的には同意し、それまで毎回、朝の九時半から夜遅くまでつづく六回のインタビューに快く臨み、資料なども提供して執筆に協力していたにもかかわらずだ。

「三〇年も昔のことなのに、その場面を語るカロの顔は紅潮し、まるで昨日の話をしているようだった」と、カロを取材した『ニューヨーク・タイムズ』の記者は一九九九年一〇月三一日付けで報道している。[*3]カロ本人が、大幅に遅れたと言っているのだから、相当な遅れだったに違いない。その日のインタビューはオークビーチのコテッジで行われた。そして、そこに至る高速道の交通状況をモーゼスは熟知していたから、彼の怒りもまんざら理解できないではない。

なんせ、この道はモーゼスが手がけ、生涯誇りに思っていた道だった。遅刻せずに、七回目のインタビューも友好裡に終えたなら、カロの本はいささか違う内容になったのではなかろうか。というのも、精読すると、時に明白に、時に行間にモーゼスを高く評価している描写が窺えるからだ。

ここで、カロが一三〇〇頁に及ぶその著作のなかであげているロバート・モーゼスと彼の公共事業に対する批判点を大雑把にまとめておきたい。

批判は、「大都会の一般市民へ娯楽の機会をあたえるために奮闘したモーゼスが堕落して、後には大規模公共事業、とりわけ高速道路、スラム撤去と都市再生事業などを専制的態度で推し進めた結果、逆に市民から生活を奪う悪役になった」とする筋書きだ。

1、ロングアイランドのパークウェイやエクスプレスウェイのルート取りで、彼は大富豪の抵抗に屈して、ルートを曲げ、か弱い農民の土地を収用した。

2、パークウェイの立体交差橋の橋桁の高さを意図的に低くして、バス、トラックの類いの商業車を閉め出し、極貧層の有色人種が乗り合いバスで公園に来るのを困難にした。

3、大規模水泳プールの水温を低くして、黒人を閉め出そうとした。

4、自動車道の新設、拡幅に資源を集中して、鉄道、マス・トランジットの発展を妨げた。このため、自動車道の混雑は解決されるどころか、増幅された。張り巡らされた高速道路は、人口の郊外流出を加速し、都心の衰退を招いた。

5、自動車道ルート取りでは、豊かな自然を犠牲にすることを厭わなかった。
6、都市計画のマスタープランを排撃した。
7、州と市の公共事業のおもだった権力を独占して握り、知事も市長も抗うことができないほどだった。
8、住宅事業では、連邦資金をうまく取り入れ、民間資本の参加を仰いで今日のPPP事業の先駆けとなるも、巨額の資金の流れを巧みに利用して、腐敗政治を助長、不正利得の温床となった。
9、転居させた人数は、自動車道関連で二五万人、住宅改善事業で同じく二五万。合計五〇万人が強制的に転居させられた。
10、タイトル1のスラム撤去と都市再生事業では、新規に開発された高層住宅は、住民目線に立ったものではなく近隣は荒れ果て、都市犯罪を助長した。
11、しかも、新規住宅はミドルクラス向けが多く、極貧層や黒人層の入居は容易ではなかった。極貧層の多くは路頭に迷い、ゲットーからゲットーへと渡り歩く悲劇を招いた。
12、個人的な側面では、兄ポールへのひどい仕打ち、最初の妻メアリー・シムスへの裏切り、など。

年齢のせいもあったのだろう、モーゼスは予想に反してこの本にさしたる反論を行っていない。少なくとも、おおやけには。ただ、一九七四年八月二六日付けで二三頁の反証を出している。[*4] これは『ニューヨーカー』誌がその一か月前に全四回の連載でカロの『パワーブローカー』の要約を掲載した際に出された。[*5]

モーゼスはそのなかで、カロの記述は根も葉もない事実の捏造、歪曲が多く、下等な個人攻撃にみちみちていると切り捨て、特に私生活や、人種差別に関しての根拠なき非難には、名誉毀損での告訴も可能だと不快感を露わにしている。

その一方で、公共事業に関してのカロの批判に対してはまともに取り合ってはいない。「現代の虚構と言うべきものは、屋台売り、批評家、酒場の常連、知ったかぶりの家庭の主婦だろうが誰だろうが、我こそは、一〇〇年の長きにわたる大都市動脈道路複合施設の細かな計画を立てる権利があると錯覚させてしまう。公共事業に携わっていれば、とかく専制だの黒幕だのと、無責任な評価の標的にされるのだ」と暗にジェイコブズやカロの批判をアマチュアの無責任な攻撃として退け、「住民を移転させずにゲットーを撤去できる建築家がいたら、それに乾杯しよう。卵を割らずにオムレツをつくる料理人に万歳をいうのと同じことだ」といった余裕のある表現でモーゼスの豊富な経験、揺るぎなき実績と自信からえた皮膚感覚を披露している。

さらにモーゼスは以下のように述べている。「『ニューヨーカー』誌の要約版は、素晴らしいカロの言葉で終わっている。〝もしも、ロバート・モーゼスがやらなかったら、ニューヨークが今より良い都市になったなどとは言えない。言えるのは、今とは違ったものになったであろうということだけだ〟。ニューヨーク市が、どのようなやり方であったにせよ、カロの言葉どおり大がかりの変化を遂げてきたとするならば、それなしのニューヨークはどのような都市になっていただろうか。権力も不在、そして取りまとめ屋のブローカーもいない、混乱と仮死状態のまま都市が放置されることなど決してありはしないのだ」。都市が「死に体」になるのを防ぎ、衰退から救ったのは、ほかならぬ自分だという確信に満ちたコメントだった。

この反証文はいかにもモーゼスらしく、聖書や詩文などからの隠喩、引用を存分に駆使し、彼独特の皮肉がちりばめられている。興味を惹くのは英国の桂冠詩人サー・ウィリアム・ワトソンの詩で、時の英国首相夫人を「あの毒の蛇の舌をもつ女性」と描いた部分を引用していることだ。おそらく、ルーズベルト大統領夫人エレノアを暗示しているものと思われる。また、最後の一行は「（カロは）次にフィオレロ・ラガーディアの伝記を書くと言っているが、マリー夫人にはよほど気をつけろと警告しておこう」と、結ばれている。

最初に本格的にモーゼスを擁護し、カロの本を批判したのはハーバート・カウフマンで、一九七五年の『ポリティカル・サイエンス・クオータリー』誌上であった[*6]（当時カウフマンは、ブルッキングス・インスティチュートのシニア・フェロー）。彼はカロのモーゼス描写は、あまりにも誇張しすぎてよくも悪くも等身大以上に仕立て上げていると指摘し、「モーゼスが自動車道路網の整備を図ったことで、自動車が溢れ、渋滞がよりひどくなった」との批判には根拠がないとしている。実際にはモーゼスも時代の申し子であり、彼の存在がなかったにせよ、自動車は大量生産され、自動車道や橋梁の整備は歴史の過程のなかで推進されたと断じる。

事実、連邦政府内に公道局が設けられたのは、一八九四年のことであり、ブルックリン・ブリッジはモーゼスがこの世に生を享ける前に開通していた。イースト・リバーやハーレム・リバーの架橋もモーゼス以前のことだった。パークウェイのはしりはブロンクス・リバー・パークウェイで、計画は第一次世界大戦前に練られ、一九二五年には完成されている。ホーランド・トンネルは一九二七年、クイーンズ・ミッドランド・トンネルも、ジョージ・ワシントン・ブリッジもモーゼスの関与以前の建造物だ。

モーゼスを喩えるなら、この時代の大きな波のうねりを誰よりもうまく乗りこなしたサーファーと表現するのが穏当で、決して波自体を彼が起こしたのではないとする、ある意味で当然といえる反論だった。たしかに、ニューヨークとその近郊の高速道路ルート案は、地域計画協会によって一九二九年に発表された都市計画図に明示されていて、モーゼスが思いつくまま線引きしたものでは決してない。

人種差別についても、カロはあたかもモーゼスが飛び抜けた差別観を有していたかに書いているが、これも当時の風潮を反映したものにすぎず、取り立てて非難するのは不当だとしている。そのような観点からして、カロの著作は調和のとれた評論とはいえない、むしろ後の時代の価値観で批判したあとづけの告発本だと批判する。

ただ、カウフマンはこうも言っている。この『パワーブローカー』の発刊を契機に、これに対する反論が生まれ、今後もカリスマ行政官モーゼスの功績に関しては議論が止むことはないだろうと。

モーゼスの死後六年経過した一九八七年の五月、生前はモーゼスの天敵とも思われたムニシパル・アート・ソサイエティー主催のバスツアーが組まれた。[*7] テーマは「ロバート・モーゼス再評価の旅」だった。冷酷無比と非難を浴びた「卵を割らずにオムレツはつくれない」というモーゼスのコメントを、「実際、最悪のスラムを除去するのに住民を転居させるのは当然ではないか」と擁護し正論を展開したのはモーゼスと半世紀以上にもわたって一緒に仕事をした建築技師、ランドスケープ設計家のアーノルド・ボルマーで、彼がツアーの引率役を務めた。

バスは、スタイブサント、国連、トライボロー・ブリッジ、ランドールズ島、グランドセントラル・パークウェイ、フラッシング・メドウズ、ホワイトストーン・ブリッジ、リンカーンセンター、ニューヨーク・コロシアムを巡り、モーゼスの偉業を讃えた。「彼が貧者を顧みなかったという カロの批判はとんでもないたわごとだ」「ビーチに遊ぶ人を見たらよい。リバーサイド・パークを散策している人は? 公営住宅の住民は誰だというのだ?」。

この頃までには、土地利用審議や環境アセスメントなどにあまりにも多くの時間と労力がかかりすぎ、公共事業が中止に追い込まれるケースが多発し、都市計画家や建築家などの間で欲求不満が高まりつつあった。

そんな世間の風潮の変化を反映してか、二一世紀に入ってまもない二〇〇六年に、建築評論家ニコライ・オローソフが、「ジェイン・ジェイコブズと、彼女流儀のニューヨークを超えてその先へ」[*8] と題したエッセイで、モーゼスのブルドーザーを阻止し、ニューヨーク都心の貴重な近隣を守ったジェイコブズの死を悼みつつも(その一週間前の四月二五日に彼女は八九歳で死去した)、「現代都市のいかなる剣難な問題に対しても彼女が常に解答を用意してくれるという過度の思い込みを捨て、前進すべき良い機会だ」と主張した。

オローソフは、今日、世論の振り子がジェイコブズびいきに振れすぎた結果、都市計画の概念が歪んでしまったと警告する。ジェイコブズ流のきめ細かい並木通りの街区などにこだわるあまり、街を機能させる重要事物がないがしろにされたと指摘したのである。

また、モーゼスの高速道路が街を分断し、善き近隣を破壊したことは事実だが、その一方で「近隣ジェントリフィケーション」という課題に対して、ジェイコブズは答えを持っていなかったとしている。たしかに、ダウンタウンの今をみれば、もはやジェインの愛した当時の面影など感じられない。ましてや「通りを見守る眼」などは気配さえもない。ジェインが守った近隣は不動産の急激な値上がりで、家賃が高騰し、当時の住民たちはことごとく姿を消してしまった。

彼は、モーゼスの見解はたとえ欠陥だらけだったにせよ、「健全な政府が、道路、公園、橋梁といった社会インフラを整えてくれ、それが我々をひとつの国にまとめげるのだと確信していた当時のアメリカを象徴していたのだ。一方のジェイコブズ夫人は、我々をコミュニティに結びつける、より繊細な絆を守るために闘ったのである。都市が生きつづけ、繁栄するためには、この双方の見方が必要だ」と結んでいる。*9

ロバート・モーゼスと近代都市——ニューヨークの変貌

二〇〇七年の一月、「ロバート・モーゼスと近代都市——ニューヨークの変貌[*10]（Robert Moses and the Modern City: The Transformation of New York）」をテーマに三カ所で展覧会が開かれた。ニューヨーク市立美術館で「都心再構築」、クイーンズ美術館で「レクリエーションへの道」、コロンビア大学のミリアム＆アイラ・D・ワラック・アートギャラリーで「スラムクリアランスとスーパーブロック解決」の三部作シリーズで、各々の分野でモーゼスの業績を新しい視点をもって評価した包括的かつ緻密な研究の成果を展開する展覧会だった。その折、同じタイトルで彼の業績の集大成ともいうべき本が刊行された。内容は都市史研究の第一人者七人がモーゼスの業績をさまざまな切り口で評論しているのに加え、数々の貴重な初見の写真や、各分野のプロジェクト詳細を実に丹念に網羅している。

この素晴らしい出来映えの本と、展覧会三部作を主導したのは、コロンビア大学の建築史家のヒラリー・バロン教授とケネス・ジャクソン教授で、この企画にあたり主任学芸員として総指揮を執った。ふたりは、モーゼスは幅広い都市インフラを整備して、悲惨な状態にあった当時の都市と都市生活の質的向上を極大化させた人物だと高く評価している。

歴史上、ニューヨークにおける大規模都市インフラ整備のなかで際立った事業としてあげられるのは、「一八一一年の委員会計画」の「グリッド型街路網」整備、一八四二年に完成した「クロトン導水路」による飲料水確保、一八八三年開通の「ブルックリン・ブリッジ」、フレデリック・オルムステッドの「公園造園」、とくに一八七三年開園の「セントラルパーク」、一九〇四年の「地下鉄開通」などだ。これらの事業と比較しても、モーゼスの業績は群を抜いている。

手がけた公共事業の数、短い工事期間、高い品質（彼の構造物は今でも、立派に現役として機能しているものが多い）、広範なジャンル（公園、ビーチ、遊技場、ゴルフコース、大規模橋梁、パークウェイ、エクスプレスウェイ、大規模高層ガレージ、コンベンションセンター、スラム撤去と都市再生事業）、いずれをとっても、比類を見ない。半世紀を経た今でも、彼の作品なしにはニューヨークは語れないし、国際都市として世界一の存在を維持できるのも彼の公共事業の数々がニューヨークを変貌させてきたおかげである。にもかかわらず、今日、わずかな人しかそのことに思いを馳せない。モーゼスこそニューヨークをどん底から救った、しかも連邦政府資金や民間資金を活用することで自治体負担を軽くして救い出した傑出した人物なのだと述べている。

モーゼスは、都市インフラの近代化、公共領域の拡大（市民のレクリエーションを重視）、荒廃居住区の排除などを通じて、一般的な市民にとって暮らしやすい都市の創造を目指した都市再生の英雄だったと再評価したのである。

さらに彼らは強調する。「モーゼス亡き後、二一世紀に入ってニューヨークの都市インフラは疲弊してしまい、放置されたままの状態にあるものが多数あるではないか。行政の役人たちを意に添わせ、反対派を押さえ込む豪腕な人物の出現が待たれる所以だ」と。さらに二〇〇一年、九・一一テロの後、モーゼスが健在であったなら、その機を捉えてローワー・マンハッタンの再生が実現しただろうとも書いている。

そして、彼の進めた幅広い分野の事業は、連邦政府にとっても極めて優先度が高かった。だからこそプロジェクトには多額の連邦資金が注入されている。インターステート・ハイウェイにせよ、スラム撤去と都市再生事業にせよ、合衆国の当時の発展段階における国家的要請だった。国家的な、そして時代の要請という文脈でみれば、モーゼスは「都市を衰退に導いた」のではなく、「都市を衰退から救い出した」人物として高く評価すべきだと結ばれている。

ここではテーマごとに彼の業績の再評価を見てみたい。

公園建設とパークウェイ、巨大橋梁、トンネルを含めた高速道路網整備

モーゼスのキャリアは公園建設から始まった。公共＝パブリックという概念そのものが希薄[*11]な当時のアメリカで、彼を突き動かしたのは、都市生活者たちに、緑と光のあたる公園をあたえるという、極めて純粋で高貴なスピリットだ。そしてその資金は州債発行で賄った。同時に彼は、パークウェイを建設して、都心から公園へのアクセスを確保した。

大恐慌を経て、ニューディール資金が出現する。彼は一九三三年に、州緊急公共事業局を任され、公園整備目的の調達資金に加え、連邦政府の経済復興資金を彼の事業に充てることができた。

それでも大構想を賄うには不足するとみて、独立行政公社による資金調達を目論んだ。なかでも、最大の稼ぎ手はトライボロー・ブリッジ公社だった。同じフォーマットで、橋梁、パークウェイ、高速道の建設が続々と続く。ヘンリー・ハドソン・ブリッジとそれにつながるハドソン川周辺開発もこの一例だ。そしてついには、トンネル公社もトライボロー公社が吸収し、主要な交通インフラはマス・トランジットを除いて全部、彼の支配下に収めた。

その後タイミングよく、インターステート・ハイウェイ法が登場する。冷戦たけなわだった当時、兵力の移動をより円滑にするために、アイゼンハワー大統領がお墨付きをあたえたこの法律は、モーゼスの総合的交通インフラ網整備事業に豊富な資金を提供し、追い風となった。高速道路網を州間で結ぶことで、建設資金の九割が連邦の大金庫から差し出されるのだ。

彼はすばやく動いて、ニュージャージー州の高速道路を所管する港湾公社と手を結ぶ。港湾局管理のジョージ・ワシントン・ブリッジをモーゼス管理のヘンリー・ハドソンとつなぐ、あるいはクロス・ブロンクスやメジャー・ディーガン・エクスプレスウェイと結ぶことで州を跨ぐ高速道路ネットワークが出現する。かくして巨額の連邦資金をニューヨーク大都市圏に呼び寄せた。彼の群を抜く資金調達力は歴史上でも他の追随を許さない。

あの時代に、高速道路網の整備を図っていなかったら、後世の行政官が同等の成果をあげるのはおよそ不可能に近い。二〇世紀半ば頃までには私権がより強くなり、かつ人口の集中は郊外も含めた拡大ニューヨーク大都市圏にまで及んでいたから、支払わねばならないコストや犠牲も、比較にならぬほど大きいものになっていたことだろう。モーゼスの出現は最後のチャン

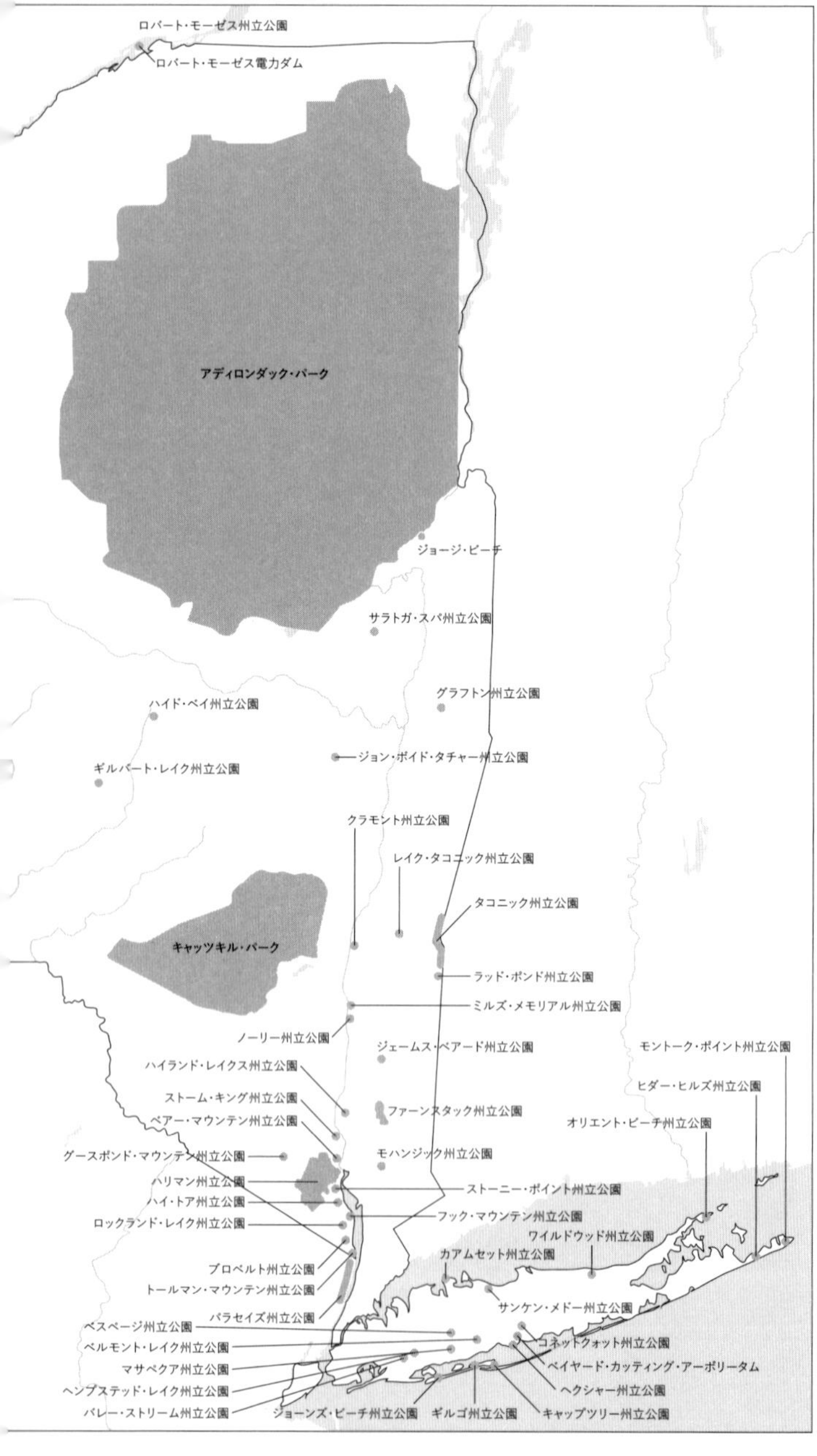

モーゼスが携わったニューヨーク州の州立公園
（公園の名称は当時のもの）

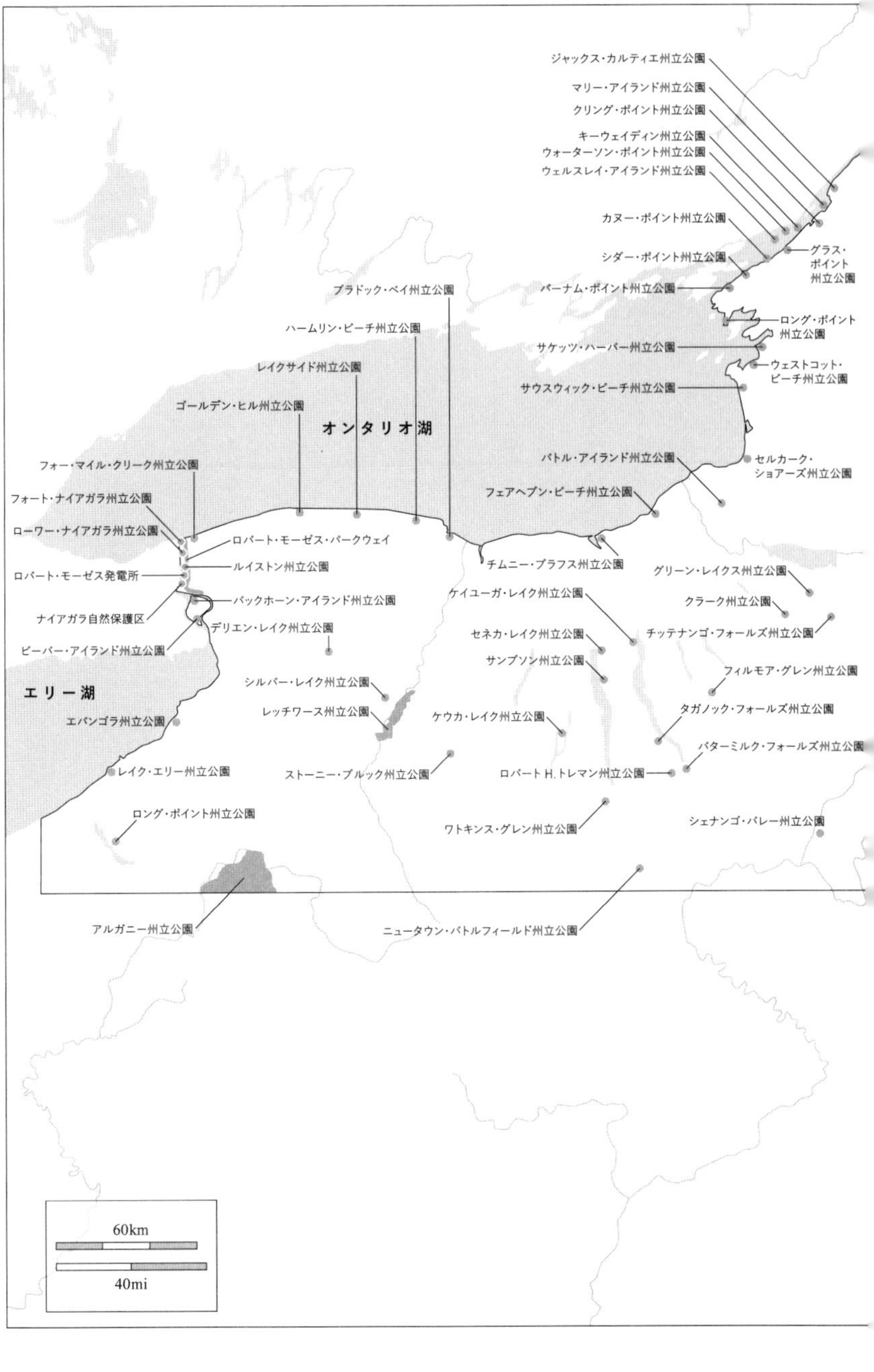

ジャックス・カルティエ州立公園
マリー・アイランド州立公園
クリング・ポイント州立公園
キーウェイディン州立公園
ウォーターソン・ポイント州立公園
ウェルスレイ・アイランド州立公園
カヌー・ポイント州立公園
グラス・ポイント州立公園
シダー・ポイント州立公園
バーナム・ポイント州立公園
ブラドック・ベイ州立公園
ロング・ポイント州立公園
ハームリン・ビーチ州立公園
サケッツ・ハーバー州立公園
ウェストコット・ビーチ州立公園
レイクサイド州立公園
サウスウィック・ビーチ州立公園
ゴールデン・ヒル州立公園
オンタリオ湖
フォー・マイル・クリーク州立公園
バトル・アイランド州立公園
セルカーク・ショアーズ州立公園
フォート・ナイアガラ州立公園
フェアヘブン・ビーチ州立公園
ローワー・ナイアガラ州立公園
ロバート・モーゼス・パークウェイ
ルイストン州立公園
チムニー・ブラフス州立公園
ロバート・モーゼス発電所
グリーン・レイクス州立公園
バックホーン・アイランド州立公園
ケイユーガ・レイク州立公園
クラーク州立公園
ナイアガラ自然保護区
デリエン・レイク州立公園
セネカ・レイク州立公園
チッテナンゴ・フォールズ州立公園
ビーバー・アイランド州立公園
サンプソン州立公園
フィルモア・グレン州立公園
エリー湖
シルバー・レイク州立公園
レッチワース州立公園
タガノック・フォールズ州立公園
エバンゴラ州立公園
ケウカ・レイク州立公園
バターミルク・フォールズ州立公園
レイク・エリー州立公園
ストーニー・ブルック州立公園
ロバート H. トレマン州立公園
ロング・ポイント州立公園
ワトキンス・グレン州立公園
シェナンゴ・バレー州立公園
アルガニー州立公園
ニュータウン・バトルフィールド州立公園
60km
40mi

スだったのかもしれない。

今になって顧みれば、高速道路網の整備に充てられた連邦や自治体の資金の一部が、マス・トランジットにも向けられていたならば、という意見は拝聴に値する。しかし、当時、アメリカ合衆国の一般市民が熱狂的なまでに求めていたのは、ようやく手が届く存在となった自動車を優先する未来社会の出現にあって、マス・トランジットを求める声はマイノリティにすぎなかった。一九三九年の世界博の目玉が、ゼネラルモーター社のフーチュラマだったことがそれを物語っている。

モーゼスが実質的に取り仕切ったこの世界博は、テーマを「明日の世界」と定めた。高速道路によって網の目のように結ばれた近未来的都市モデルの姿に、来場者は魅了された。そして一歩、会場を出れば、そこにはフーチュラマの未来都市を彷彿とさせる滑らかな高速道路が、現実のものとして目の前に展開されていた。[*12]

第二次世界大戦中、自動車生産は停止されたが、一九四五年七月三日にフォードが生産を再開した。自動車への需要は戦後さらに高まったから、すぐに戦前の生産量を超え、モーゼスの高速道路建設にも拍車がかかった。

モーゼス批判派の評論家たちは、高速道路を建設すればするほど、アーバンスプロール現象が激化し、住まいの郊外移転、人口流出が助長されたと主張した。とくに中流以上の市民層は、移民の人口が爆発的に膨らんだ結果、衛生面、安全面が脅かされる都心を避けて郊外へ逃れた。

その一方で、極貧層は市内に残され、スラム街での生活を余儀なくされた。改革進歩派は、この現象を指して、モーゼスの自動車道路建設は「都心ゲットー化政策」だと批判した。

問題はほかにもあると批評家は言う。地下鉄や鉄道の敷設ならば、開発は駅周辺に集中し、近隣商業の発展も含めた総合的な街づくりが期待できる。だが、自動車道の場合は、高速出口から一般道路を経てどこまでも住まいが拡散することになり、無秩序なアーバンスプロール現象が起きる。その上、輸送能力は鉄道に比べはるかに劣るから、都心への通勤で、高速道路の朝夕の渋滞は避けられない。さらに、都心に進入した車の駐車場もまた難問だ。狭くて地価の高い都会に駐車スペースを確保するのは容易ではなかった。

自動車道路優先主義に対する批判は、都市計画家のルイス・マンフォードを巻き込み声高に叫ばれはじめた。『ニューヨーカー』誌は、こう述べて批判派を煽った。「高速道路の渋滞を避けるベストの方法は、ウエストチェスターやロングアイランドに（モーゼスによって）張り巡らされたパークウェイのネットワークを避けることだ。昔ながらの信号があって、四つ葉のクローバー型をしたジャンクションなどない一般道路を走るに限る、と誰もがわかりはじめた。モーゼスは何を我々にもたらしたのか。答えはブーメランだ」。

投げても手許に戻ってくるブーメランのように、高速道路建設をいくら重ねても、とどのつまり渋滞問題は解決しない。マンフォードは「輸送は手段であって、目的ではない。ほかの手段と同様、それを用いて価値あるなんらかの人類の目的に使用されるべきである」として、モーゼスの頑ななまでの自動車道へのこだわりに警告を発した。

『ヘラルド・トリビューン』紙は、トライボロー公社の剰余金のすべてを債券償却に回せば、六年以内に全額完済可能となると論陣を張った。その暁にはすべての有料道路、橋梁を無料にして市民に供すべきだ。さもなければ、赤字の地下鉄事業をトライボローが救済するのが妥当ではないかという趣旨だった。

これに対するモーゼスの反応は極めてはっきりしていた。彼らの主張とは逆に、自身の思い描く公共事業をさらに強力に推し進めなければと確信したのであった。さもなければ、儲かりもしない地下鉄の救済を押しつけられるだけでなく、これからも絶対に必要な自動車道敷設、橋梁建設、公園網拡充などの計画が水の泡になってしまう。モーゼスもこの時すでに六五歳だったから、残された時間のなかで彼の夢を実現するには急ぐ必要があった。

多くの利点があるマス・トランジットだが、難点もまたあった。鉄路用地の収用には時間がかかる上、土地保有者との交渉も容易ではない。それを避けて地下鉄にすれば、トンネル掘削コストは禁止的に高かった。自動車専用道路の中央地帯に、鉄路を敷設する案もあったが、ニューヨークでこれが採用されることはなかった。

メトロポリタン・トランスポーテーション公社の特別文書保管担当のローラ・ロザンは「あの当時、自動車の代わりにマス・トランジットを利用すべきだと勧めるのは、今日でいえば、コンピューターでなくタイプライターを使えといっているのに等しい」として、モーゼスを弁護している。

当時のニューヨークのマス・トランジットとはどんなものだったのか。長距離鉄道は一日に数本しか走っていないうえ、遅延、事故、故障は日常茶飯事だった。地下鉄に至っては、強盗、ひったくり、暴力が駅構内、車両内部でも頻発し、善良な市民は身を縮めていた。現代のマス・トランジット、ましてや日本の新幹線、電車、地下鉄、バスなどとは全く異質なものだったと理解しておく必要がある。タイプライターといっても、とても手に負えない危険な代物だった。

現代に至っても、自動車の時代はまだまだつづいている。エネルギー源が石油から電力になったり、はたまた水素になったりするにせよ、あるいはＡＩを駆使した自動運転になるにせよ、人、物、サービスの輸送手段として自動車の優位性は世界中で認識されている。子供連れ、年寄り連れが荷物を持って荒天のなか移動することを考えれば、マス・トランジットで十分なのはせいぜい都会の限られた中心部だけだろう。広いアメリカだけでなく国土の狭い日本でも、郊外、地方に行けば自動車のない生活は考えられない。自動車が人類史上「火の発見」「車輪の発明」とならぶ偉大なる発明と称賛される所以だ。

「これから、市民は、どこに行くにも自動車を使うことになる」と一九三四年にモーゼスは予測していたが、彼は将来の世界がどうなっていくのかハッキリわかっていた。ニューヨークの問題は、「(モーゼスによって)自動車道路がつくられすぎたのではなく、あまりにも少なすぎたことにあった」とケネス・ジャクソン教授は指摘している。[*13]

コロンビア大学の助教授を務め、今はニューヨーク市立大学のハンター校で教鞭を執るオーエン・D・グートフロイントは、モーゼスの高速道路網に焦点をあてている。彼は「自動車時代におけるニューヨーク再建――ロバート・モーゼスと彼の高速道路」と題する論文でモーゼスを「然るべき時代に登場した、然るべき人物」として捉え、先人の革新的公共事業計画を時代の変化を反映しつつ、実現に漕ぎ着けたと評価し、「才気あふれる日和見主義者」とも表現している。[*14]

グートフロイントは、モーゼスの評判が地に落ちた最大の理由を、彼の初期の事業が郊外の過疎地で行われたのに、後年の事業は都市周辺、さらに中心地で行われたことにあると指摘している。人口密集地での自動車専用道路の敷設には大規模な住民退去が必然であり、時代の移ろいもあって、目的が公共の善にあったとしても私権の侵害は許されなくなった。ジェイコブズの例を見るまでもなく事業対象地域の住民や社会活動家の抗議運動も激化していた。

そして、モーゼスの凋落は彼がもはや「然るべき時代の、然るべき人物」ではなくなった結果だと断じている。仮に、モーゼスがその後も彼の胸中にあった事業計画を遂行していたなら、ニューヨークは結果的にいわゆる臨界点を越えてしまっていただろうと観測しているのだ。

日頃からモーゼスは、「インターステート・ハイウェイは、都市周辺部を巡るのではなく、都市の中心部を貫走すべきだ」と公言していたから、この観測はあながち的外れではない。[*15]表現を変えればモーゼスのハイウェイ事業は、これ以上やれば、副作用が大きくなる極限段階までやり尽くされたということだ。

モーゼスは「マス・トランジットはわたしの管轄外」であり、ほかに直轄担当者がいたのだから、彼らが独自の資金調達に汗を流し、一筋縄ではいかない議会の承認を取りつけ、さらに近隣を説得して、事業を発展させるべきではなかったのか、とカロへの反証のなかで述べている。

住宅供給事業、スラム撤去と都市再生、PPP

一九五〇年代、モーゼスは公民連携（PPP）のはしりとも位置づけられるタイトル1事業「スラム撤去と都市再生」に取り組んだ。

彼は一九四八年一二月に早くも計画を練りはじめ、一九四九年七月の連邦法案成立時には、ほかに先駆けて事業を展開することができた。実際ほかの都市では、一九五一年に至ってもまだ連邦政府の意図がハッキリ理解できない状態にあった。モーゼスは、その後、三二カ所の計画許可を取得し、一九六〇年にスラムクリアランス委員会の委員長を辞するまでの間に、自ら手がけたのは一七カ所に及んだ。

タイトル1の推進には強力な主導者が必要で、フィラデルフィアには、エドマンド・ベイコンが、ボストンにはエドワルド・ログーがいて、それぞれ強権を発揮していた。ひとりモーゼスだけが専制君主であったのでは決してなかった。とはいえ、ニューヨーク市が受領したタイトル1連邦資金の総額は六五八〇万ドルと最多で、それに次ぐシカゴは半額以下だ。

モーゼスは、事業を加速するため、杓子定規の連邦政府規制を柔軟に解釈して、より実践的な手筈を整えた。民間スポンサーをまず決め、彼らにスラム地区を選ばせ、住民の退去や、転居先の手当ても任せた。土地の払い下げ価格は入札なしで個々に決定された。公民談合のそしりを受けかねないが、こうでもしなければ、当初民間スポンサーを見つけるのは至難だった。

市の立場からしても、民間スポンサーのあてがないまま、「悪徳スラム大家」たちから大規模なスラム地区を高値で購入するリスクはとれなかったし、その状態では財政評価委員会のお墨つきももらえなかった。一方、民間スポンサーにとっては、高い投資効果が期待できる「真っ当な地区」でない限り、手が出せないのは当然だった。従って、事業が公表された時点では、すべての関係者が決定されパッケージとなって完結していた。これをもって、モーゼスの決定プロセスが透明性を欠くものだという批判があるが、実情を知ればやむをえない面が強い。事前にすべてをアレンジしなければ、ヘッジできない裸のリスクが残り、事業の先行きは覚束なかった。

また、払い下げ価格についても、モーゼスは柔軟に対応した。相場と無関係に、使用目的によって価格を変えたのである。ワシントン・スクエアの南に位置するニューヨーク大学が、隣接スラム地区のスポンサーとなってキャンパスの拡張を図った際、モーゼスは極めて低価格で払い下げた。キャンパス周辺の不動産価格は将来上昇が見込まれたし、高い能力を持つ人材を育成すれば、中長期的にニューヨークの魅力を高められると計算したからだ。鋭い先見性と柔軟な思考の持ち主だった。

モーゼスの柔軟な流儀は功を奏し実績はあがったが、その一方で民間スポンサーの選別を誤るとマンハッタンタウンのように取り返しのつかないことになった。ゼッケンドルフが引き受けた結果、このプロジェクトそのものは維持できたが、そのゼッケンドルフでさえ一九六五年には破綻してしまった。建築家I・M・ペイと組んで、この事業に熱を入れ、手を広げすぎてしまったのだ。

また、低所得層向けの公営住宅は絶対的に不足していたから、撤去に先立って転居先を見つけるのは至難の業で、一番影響を受けたのは黒人層であった。住んでいたスラムを追われ、やむなくほかのスラムに潜り込む悲惨な状態だった。カロは、これをモーゼスの犯した罪だと糾弾したが、当時のニューヨーク市内では、低廉住宅の絶対数が膨張する移民や貧困者の数に追いつけなかったことに主たる原因があった。

スラム撤去、そして民間スポンサーによる再開発の結果、新たに誕生した街に住んだのは主としてミドルクラスだった。モーゼスはスラムを放置しておけば、しまいには富裕層と極貧層の二極化が起こってしまうと恐れていて、都市の再生、再建には教員、弁護士、市政府の職員らミドルクラスの存在が極めて重要だと考えていた。タイトル1の民間スポンサーの採算上も、極貧の黒人、プエルトリコ人、アジア人などは敬遠された。

スラムに居住していた極貧層が排除され、新居に入れない現象は社会問題だったが、その一方で、当時のスラムが撤去されない状態で残るのもまた、社会問題だった。トイレなし、窓なし、害虫、ネズミ、臭気を放つゴミの山、疫病の蔓延、犯罪の多発。狭隘な空間に多数の人間が超過密状態で暮らす、およそ人間の尊厳とは無縁の場所。しかも単に住環境が劣悪というだけでなく、社会病理の発生で、都市が壊死する可能性が憂慮された。[*16]

再生された新開発地域は、それまでの八〇〜九〇パーセントの建蔽率が三〇パーセント程度に低下し、日照と風通しが確保された。さらにレノックステラスのように、敷地内に小売りの商店、学校、遊び場、教会、公衆浴場、プールなどが組み入れられた例もある。たいていの場合、四角いブロックの中央にはコミュニティセンターが設けられ、その周りに娯楽施設が配置されて、さらにその周りに住居や商業施設が置かれていた。一種の限定的ミックスドユース手法のはしりだったといってよいだろう。十分な駐車スペースも確保されていた。

モーゼスのタイトル1事業をより詳しく見ていくと、ミドルクラスとそれ以下の貧困層の問題、あるいは人種隔離の問題に挑戦し、それなりに考えていたいくつかの点が見えてくる。なかで注目すべきは、彼が、同質の住民を隔離状態にして特定地域に囲い込むようなことを避けるべきだと考えていた事実である。ヒラリー・バロン教授は、ワシントン・スクエア・サウス再生事業において、モーゼスは廉価の公営住宅とミドルクラス向け住宅とを交互に配置するユニークな案を企てたと指摘する。

ただ、この計画案は、周辺住民の反対が激しく実現しなかった。住民からだけでなく、矢は行政からも飛んできた。ニューヨーク市住宅公社の総裁ウィリアム・レードは、彼の管轄下の公営住宅には、シングルペアレント、市民権のない者、失業者は入居させないと頑なに主張し、ましてやモーゼスの交互配置案には賛同しなかった。

連邦政府資金が入る以上、融通がきかない規制が多かった。レイアウトや設計を変えれば、再審査に回され大幅な遅延を生じ、民間スポンサーの採算を狂わせた。都市の再生をミドルクラスの都心回帰を通じて実現することに傾注したモーゼスの努力を、透明性欠如、腐敗、汚職、人種差別、近隣破壊と烙印を押すことは退けられない問題だ。

人種差別

モーゼスの人種差別について、ケネス・ジャクソン教授はモーゼスの活躍した二〇世紀初頭あたりは当然のこと、最近に至るまで肌の色による差別は合衆国では一般的だったとしている。

だが、カロはモーゼスが張り巡らしたパークウェイは、立体交差する陸橋を意図的に低く設計することでバスやトラックの通行を妨げ、自動車を保有できない貧しい黒人たちから公園での娯楽を奪ったと非難した。また、プールの水温を低くして、冷水に弱いとされる黒人を排除したとも攻撃し、人種差別者だと決めつけている。ただ、これをモーゼスの意図的な仕業だとするカロの根拠は、必ずしも堅固だとはいえない。彼は、モーゼスの権威失墜後にかつての彼の部下との面談からこれらのことを引き出したのである。*17

緑のリボンとも謳われるパークウェイではすべての立体交差橋は美しい石造りのアーチ型をしていて、商業車の走行は一切禁止されていたから、ことさら極貧層、黒人層のバス行楽を狙ったものではないと思われるし、彼の建造した一般高速道は当然ながら商業車走行が自由だったから、カロの指摘はあまり意味を持たない。

また、モーゼスは黒人居住地にも小規模の遊び場、公園さらには大規模プールを多数つくっていて、むしろ彼らの娯楽、福祉に関心を持っていた。彼以前に、こんな配慮をした人物は誰もいなかった。もちろんモーゼス自身、パークウェイについても、プールの水温についても、かような批判に対して、強く否定している。

コロンビア大学のアフリカ系アメリカ人研究家マーサ・ビオンディ教授は、一九四三年八月一日付け『ニューヨーク・タイムズ・マガジン』に載ったモーゼスの小論「どうした？　ニューヨーク」[*18]を引用している。そこでモーゼスは、州の公民権法修正案制定の動きに水を差したとして、自身の関与を明らかにした。ジムクロウ法にみられる人種隔離思想に染まっていたのは事実だとビオンディ教授は指摘している。

だが、行政官が、おおやけの場で州公民権法修正に水を差したと自ら唱えることの是非はあるにせよ、当時そのような風潮はモーゼスに限ったことではなかった。たとえば、一九四九年の連邦住宅法タイトル1の法案審議に際して、リベラル派の議員たちでさえも人種差別禁止条項の挿入については反対する者が多数みられた。

彼らは、南部の民主党に気を遣い、機嫌を損ねて法案自体が廃案になるのを恐れていたのだ。金融関係、不動産関係、そして連邦のいくつかの部局さえも、時にあからさまに、時に陰で、差別禁止条項の導入を妨害していた事実もあった。

当時は、黒人が地域に流入すれば不動産相場は急落したから、連邦住宅公社でさえも、地図上で黒人地域を赤線で囲って周辺と区分していたし、また、あるプールでは、黒人の子供が遊んだからという理由で、水が入れ替えられることまで起こった。時代がそのような時代だったのだ。公民権法が制定されたのはリンドン・ジョンソン大統領治世下の一九六四年七月二日で、まだまだ先のことである（ニューヨーク市の五行政区で見ると、今でこそ黒人の人口比率は二五パーセントを超えているが、一九二〇〜四〇年当時は五パーセント程度の圧倒的マイノリティであった）。

そうした世相を考慮すれば、とりわけモーゼスが人種差別主義者だと非難するのは行きすぎだ。ましてや、公共事業における彼の偉大な功績はいささかも損なわれないとマーサ・ビオンディ教授は主張し、ハーバート・カウフマンの意見と同調している。*19

汚職、不正利得

執拗にモーゼスを批判したロバート・カロでさえ、モーゼス自身の不正利得行為の証拠をあげることはできなかった。それ以前に厳しい目でモーゼスの事業に目を光らせた若手の追及調査型報道記者たちも同様だった。彼らは、モーゼスが主導権を握っていた各種大型インフラ事業、とりわけタイトル１にまつわる多くの不正を見つけ出しただけだった。だが、それさえもモーゼスは、「すべてのタイトル１事業は、スラム撤去候補地選定、民間事業者選定、連邦負担額決定、再開発施設、住宅など細部にわたり、市の財政評価委員会の正式決定を取得されていて不正が絡む余地はなかった」と反証し、いわれなき攻撃だとしている。

当初、モーゼスは一般大衆の味方として大富豪と土地の収用を巡って闘い、ある時点までは些細な妥協さえも拒んだ。州知事アル・スミスの全面的支援を後ろ盾にしていたからだ。だが、スミスの後任にフランクリン・D・ルーズベルトが就くや、事情が大きく変わった。名だたる「羽ぼうき」知事の一貫しない態度を見て、モーゼスは戦略を変える。時に長いものに巻かれ、時に不正にも目をつぶる、そうやって事業の遂行を進めたほうが「おおやけの利益」を迅速に実現するためには有効だ、と気づいたからだ。

市長フィオレロ・ラガーディアとの関係も微妙だった。そのような立場のなか、大規模事業がもたらす巨額の契約、請負事業者、長期公社債の引受金融機関の選定などに絡んで、この傾向はさらに加速され、腐敗政治家との友好関係樹立のために利用した。大規模都市インフラ整備の予算は巨大で、利害関係は広く複雑に絡み合う。どこの国でも、どの時代にも起こりうる汚職、腐敗の類いはモーゼスの事業についてまわった。

とはいうものの、たとえば巨額の公共投資資金を調達するにあたり、連邦、州、ならびに市の保証もないまま超長期とも言うべき期間四〇年もの公社債を売りさばくのは決して容易ではない。筆頭引受銀行の役割は極めて大きく、その選出にあたっては慎重にならざるをえないのは当然だ。チェース・マンハッタン銀行を選定したのは、賢明かつ当然のことでもあった。この銀行は、資金力、収益力、そしてバランスシートの内容でも、全米随一の強力、健全金融機関であったからだ。そういう意味では、建設請負あるいは保険会社の選定などにおいても同様な配慮は必要不可欠で、公正、不正の線引きは必ずしも明白ではない。

それでも、これだけ巨額の資金が絡む事業だから、たしかに不正はついてまわっただろうが、救いはモーゼス自身の直接関与がなかったことだ。贈収賄に彼が直接的に関与した証拠は一切出てこなかった。彼の死後、遺された資産は、母親から譲られたマンハッタンのマンションと、バビロンの自宅、そして現金が五万ドルだけだ。高潔の士とされるラガーディアの遺産に比べても遜色ない質素な遺産だった。事業の遂行にのみ関心があった「仕事師」の潔い生き様だったと思われる。彼はカロへの反証で、「かかる大型公共投資に、些細な不正は付きもの」と客観的なコメントを残している。

終章

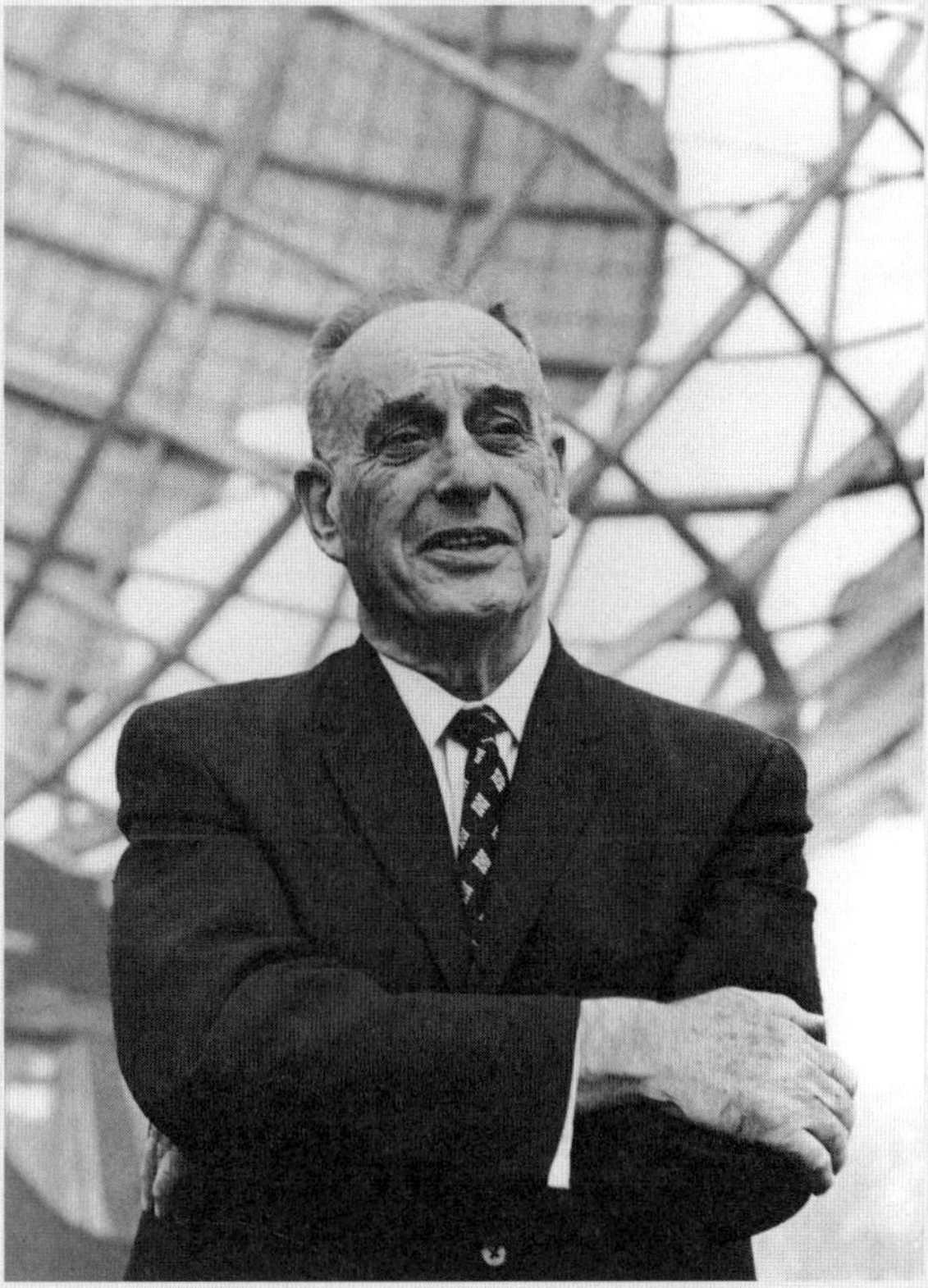

世界博覧会の巨大地球儀（ユニスフィアー）のモニュメントの
前に立つモーゼス（1964年）

モーゼスの関与した事業は、当時の国家的要請であったこと、そして半世紀以上経った時間の流れのなかで、目線を高くしてニューヨーク全体を鳥瞰すれば、なくてはならない事業だったと理解できる。国家や自治体の発展段階に応じて、都市インフラを充実させなければ、膨張する人口、急増する交通運輸量に対応することが不可能となり、やがては本当の意味で都市の「衰退」は避けられない。工事にあたって、転居を強いられた住民、商店などの苦悩は決して無視できないが、モーゼスでない人物がやったにせよ、犠牲は生じよう。自治体、国のレベルで、犠牲を極限化する努力、救済制度の確立が必要だ。

カロがモーゼス告発本を世に出した一九七四年当時、スラムクリアランスという荒療治によって転居を余儀なくされた住民たちの傷跡はまだ新しく生々しかった。だが、年月を経た今、モーゼスのタイトル1事業の成果は都市に溶け込み、市場価値も高く評価されているのである。モーゼス自身もタイトル1について当時、「この事業はロードマップなしだから、全く新しい未踏の、そして試験的なものだ」と説明し、それゆえにスローペースで難問だらけの事業だと警告していた。*1 評価は後世に託されたのだ。

さらにここで、指摘しておきたいのは、日本で盛んに言われる「箱もの行政」と、モーゼスの建造物との違いだ。モーゼスの事業の成果は、今も、ほとんど健在で市民に愛されている。地方再生の旗印でつくられその後荒廃してしまい、自治体財政をさらに圧迫する類いと同等では決してない。どれをとっても国際都市ニューヨークを支える屋台骨として立派に機能し、今でも市民、米国民、さらには外国からの来訪者の支持をえている。「おおやけの利益」の達成は、モーゼスの手によって実現したのだといえよう。

市民参加が風潮となった今日、NINBY（Not in my Backyard＝わたしの裏庭にだけは何もつくらせない）やBANANA（Build Absolutely Nothing Anywhere Near Anything＝なにがなんでもなにかの近くには何もつくらせない）、あるいはNOTE（Not Over There Either＝そこもかしこも全部ダメ）といった利己主義者が跋扈し、環境意識の高まりと相まってすべての公共事業計画が住民会議、住民団体、市民団体、都市計画委員会、裁判所の公聴会や調査にかけられ、あげくの果てに潰えてしまう。

たしかにモーゼスの事業貫徹のやり方は、民主的とは呼べない面があり、そしてまた現代の基準では適切でない面があった。しかし、都市の発展段階のどこかでは、誰かが大きな絵を描いて公益のために決断を下す必要がある。

ジェイコブズとモーゼス、このふたりに共通しているのは、両者とも都市に暮らす生活者のために、より快適な都市を創造しようとしている点だ。ジェイコブズが都市生活をこよなく愛したことはいまさら語る必要はないが、モーゼスもまた、都市の魅力を十分認識していて、都市の疲弊、郊外への人口流出を引き戻すために、都市のインフラをいっそう充実させることに注力し成功した。

彼は一九六八年に、『USワールド・ニュース&レポート』誌のインタビューで次のように語っているが、その内容は、まるでジェイコブズの言葉だと言われても不思議はない。「すでに（郊外に逃れた）多くの人びとが都心に回帰しています。この人たちは、街の街路の光景や、騒音そして匂いを恋しく思い、郊外の生活に満足しないのです。子供が大きくなるとすぐにでも彼らは慣れ親しんだ街なかへ帰りたいのです。そのような熱烈なファンや強い郷愁をもつ人びとは、都市を決して見殺しにはしないのです。あしざまに言う人、だんまりや、それに田舎者たちだって、（本心はともかく）大都市の風景や都会人を見に観光にやってくるではないですか」。

だからこそ、自らが先頭に立って、政治家の駆け引きをうまく利用し、役所仕事のレッドテープをくぐり抜け、資金を確保し、一気呵成に都市インフラ事業を仕上げる、時代に先駆けて。それがモーゼスの本音だ。

ジェイコブズとの対立は、彼女が愛したグリニッジあたりを、モーゼスの公共事業が切り裂こうとしたことから生まれた。そしてその地区紛争で軍配はジェイコブズに挙がった。だが、二人の直接的な闘いが激しかったことだけをもって、対立軸の両極に安易に位置付けてしまうわけにはいかないと思う。むしろそれぞれの主張は、街づくりにおける車の両輪にも喩えられるべきだ。

一九九七年から二〇一一年まで、『ニューヨーカー』誌の建築批評欄を担当していたポール・ゴールドバーガーは、モーゼスが問題だったのは、大きな絵から目をそらすことができなかったことだと指摘した。モーゼスはニューヨークの巨大なスケールに焦点をあてるあまり、その巨大さのなかに存在する小さなものへの心遣りがなかった。弱者たる近隣住民へ十分な関心と配慮を寄せなかったモーゼスの悪評を、カロは『パワーブローカー』を出版することで不朽のものとし、国際都市ニューヨークをつくり上げた彼の大きな功績までを全否定してしまった。

一方で、ジェイコブズは、近隣のきめ細かな微粒にまで光を当て、都市の生活に新鮮な望みを見つけ出すことに成功した。しかし、モーゼス流の巨視的な思考に代償がついてまわるように、ジェイコブズ流のこまごました思考にもまた代償がある。そしてこのふたつの思考の「バランスをまだ我々は見つけ出していない[*2]」としている。

二〇一七年三月、ニューヨーク州知事アンドリュー・クオモは、半世紀前にモーゼスが建設したシェリダン・エクスプレスウェイを取り壊し、近隣にやさしい緑の大通りに変えると発表した[*3]。七億ドルのコストが見込まれるこのプロジェクトは、エクスプレスウェイによって分断されていたコミュニティを再び一つにすると期待されている。この高速道路は、ブロンクス・リバーの水辺へのアクセスを遮断し、住民はこの五年間、撤廃を叫んで活動を繰り返していた。

一九七五年にカウフマンがいみじくも予言したように、モーゼスの業績、そして都市計画のあり方を巡り、振り子は揺れつづけている。都市のあるべき姿は、ことほどさように複雑で、右か左かで決めつけられるほどシンプルではないからだろう。パリのオスマン男爵、東京の後藤新平、ニューヨークのモーゼス、彼らの偉大な都市づくりが各々の歴史的タイミングのなかで行われたという事実を、将来に向けて都市を語る時、忘れてはならない。そしてまた、そのような大規模公共事業推進の陰で生ずる多くの犠牲に目を向け、それをいかに極小化させるべきかにもまた、取り組まねばならない。

都市は、衰退したり、消滅したりはしない。発展にともなって、さまざまな問題を抱えることは間違いないが、力強いリーダーシップの発揚がある限り、都市の未来は明るい。

註釈

序章

＊1 Carole Paquette, "Showcasing the Career of Robert Moses" *New York Times*/NY/Region, Oct.1,1995.

＊2 Alice Zaruka, "Moses Exhibit: Audio Tape Former Mayor Gilbert C Hanse" President, Historical Society.

＊3 Paul Goldberger, "Robert Moses: Master Builder, is Dead at 92" *New York Times*, Jul 30, 1981.

＊4 アンソニー・フリント著、拙訳『ジェイコブズ対モーゼス――ニューヨーク都市計画をめぐる闘い』鹿島出版会、二〇一一年

＊5 Upton Sinclair, *The Jungle*, Doubleday , 1906.

＊6 Robert A. Caro, *The Power Broker: Robert Moses and the Fall of New York*, New York, Alfred A. Knopf, 1974.

＊7 David A. Dunlap, "Scrutinizing the Legacy of Robert Moses", *New York Times*, May 11, 1987.

第一章

＊1 モーゼスの幼少期に関しては、Cleveland Rogers, *Robert Moses: Builder for Democracy*, Holt, 1952, pp.1-13.

＊2 同書、p.10.

＊3 Francis Parkins Center, "Her Life: The Woman Behind The New Deal"（http://francesperkinscenter.org/life-new/）.

＊4 メアリー・シムスは、建築家フランク・ロイド・ライトのまたいとこにあたる。Robert Moses, *Public Works: A Dangerous Trade*, McGraw-Hill, 1970, p.856.

＊5 Cleveland Rogers, *Robert Moses: Builder for Democracy*, p.23.
＊6 Elisabeth I. Perry, *Belle Moskowitz: Feminine Politics and the Excise of Power in the Age of Alfred E. Smith*, Oxford University Press, 1987.
＊7 アル・スミスとの関係については、Robert Moses, *Public Works*, pp.823–841.
＊8 David R. Colburn, *Governor Alfred E. Smith and Penal Reform*, Political Science Quarterly Vol.91, No.2, 1976, pp.315–327.
＊9 Robert Moses, *Public Works*, pp.317–327.
＊10 同書、p.318.

第11章

＊1 Robert A. Caro, *Power Broker*, p.155.
＊2 "Kismet: A Community Born Out of Nothing," *Fire Island News*, Aug. 27, 2017.
＊3 Cleveland Rogers, *Robert Moses*, p.33.
＊4 "A Few Rich Golfers Accused of Blocking Plan for State Park," *The New York Times*, Jan. 18, 1925.
＊5 Christpher M. Finan, *Alfred E. Smith: The Happy Worrier*, Hill & Wang, 2002, p.243.
＊6 Robert A. Caro, *Power Broker*, p.285.
＊7 Cleveland Rogers, *Robert Moses*, p.31.
＊8 Bruce Lambert, "One Man's Dream, Blissful Jones Beach Is Like No Other Place," *The New York Times*, Sep. 28, 1997.
＊9 Robert Moses, *Public Works*, p.817.
＊10 Robert A. Caro, "The City Shaper", *New Yorker*, May, 1998.
＊11 Robert Moses, *Public Works*, pp.28-30.

第三章

*1 Thomas Kessner, *Fiorello H. Laguadia and the Making of Modern New York*, McGraw-Hill, 1989.
*2 Robert A. Caro, *Power Broker*, p.360.
*3 同書、p.361.
*4 同書、pp.371–372.
*5 同書、p.448.
*6 "Mayor Calls Police to Halt Razing of Ferry by Moses," *The New York Times*, July 23, 1936.
*7 Robert A. Caro, *Power Broker*, pp.375–376.
*8 Robert Moses, *Public Works*, p.27.
*9 Robert A. Caro, *Power Broker*, pp.381–385.

第四章

*1 "President Errs on Bridge Data," *The Sun*, July 11, 1936.
*2 https://en.wikipedia.org/wiki/Triborough_Bridge
*3 Robert Moses, *Public Works*, p.191.
*4 同書、p.164
*5 アンソニー・フリント著、拙訳『ジェイコブズ対モーゼス』p.62
*6 Sam Roberts, "Reappraising a Landmark Bridge, and the Visionary Behind it," *The New York Times*, July 11, 2006.
*7 Robert Moses, *Public Works*, pp.165–182.
*8 "The Secret Diary of H.L Iches, Feb. 21, 1934," quoted by *Public Works*, p.173.
*9 Robert A. Caro, *Power Broker*, p.433.
*10 Samuel Johnson, *A Dictionary of the English Language*, 1755.

＊11 "The Secret Diary of H L Iches, July 12, 1936," quoted by *Public Works*, p.180.
＊12 Robert Moses, *Public Works*, pp.183–188.
＊13 "For a Henry Hudson Bridge, Board of Estimate Will Appropriate $2M Today to Build it," *The New York Times*, April 6, 1906.
＊14 "Henry Hudson Span Opens Upper Level", *The New York Times*, May 8, 1938.

第五章

＊1 Robert A. Caro, *Power Broker*, p.617.
＊2 同書、p.628.
＊3 Robert Moses, *Public Works*, pp.197–207.
＊4 "Mayor Sends Appeal For Battery Bridge," *The New York Times*, March 11, 1939.
＊5 Robert Moses, *Public Works*, p.202.
＊6 Cleveland Rogers, *Robert Moses*, p.93.
＊7 The New York Preservation Archive Project（http://www.nypap.org）.
＊8 H. Paul Jeffers, *Napoleon of New York: Mayor Fiorello La Guardia*, John Wiley & Sons, 2002, p.4.
＊9 同書、p.374.
＊10 Robert A. Caro, *Power Broker*, p.715.
＊11 William L. Riordon, "George Washington Plunkitt, Honest Graft and Dishonest Graft," 1905.
＊12 Robert A. Caro, *Power Broker*, p.771.
＊13 同書、p.774.
＊14 Matthew Schuerman, "The Zeckendorf Family," *Observer*, Dec. 18, 2006（http://observer.com/2006/12/the-zeckendorf-family/）.

第六章

＊1 Robert Moses, *Public Works*, p.306.

＊2 同書、p.307.

＊3 アンソニー・フリント著、拙訳『ジェイコブズ対モーゼス』p.195

＊4 Robert Moses, *Public Works*, pp.923–925.

＊5 H. Paul Jeffers, *The Napoleon of New York: Mayor Fiorello La Guardia*, p.259.

＊6 Robert A. Caro, *Power Broker*, pp.445–6, 471, 599, 785.

＊7 Cleveland Rogers, *Robert Moses*, pp.128, 133, 160, 245.

第七章

＊1 Robert Moses, *Public Works*, p.430.

＊2 Joel Schwartz, *The New York Approach: Robert Moses, Urban Liberals and Redevelopment of the Inner City*, Ohio State University Press, 1993.

＊3 Cleveland Rogers, *Robert Moses*, p.155.

＊4 *New York Post*, Oct. 22, 1951.

＊5 Robert A. Caro, *Power Broker*, p.789.

＊6 同書、p.613.

＊7 Charles V. Bagli, "$5.4 Billion Bid Wins Complex in NY Deal," *The New York Times*, Oct. 18, 2006.

＊8 Robert Moses, *Public Works*, pp.432–433.

＊9 Ivanhoe, Blackstone make deal with Manhattan to preserve middle-class housing, CBC News, Oct. 20, 2015.

＊10 Konrad Putzier, "How Stuy Town was Won," *The Real Deal*, Oct. 29, 2015.

＊11 Robert A. Caro, *Power Broker*, p.1005.
＊12 Robert Moses, *Public Works*, p.451.
＊13 Charles Grutzer, "Stevens Expands Lincoln Sq. Plans," *The New York Times*, Oct. 27, 1956.
＊14 Robert A. Caro, *Power Broker*, p.1013.
＊15 Robert Moses, *Public Works*, p.449.
＊16 Robert A. Caro, *Power Broker*, p.1015.

第八章

＊1 "Head for Rent & Rehabilitation Administration," *The New York Times*, Jan 15, 1955.
＊2 *The New York Times*, May 26, 1957.
＊3 Robert A. Caro, *The Power Broker*, p.1060.
＊4 Robert Moses, *Public Works*, p.535.
＊5 Robert Moses, "Flushing Meadow Park: 10th Anniversary," *Herald Tribune*, May 22, 1949.
＊6 Robert A. Caro, *Power Broker*, p.1064.
＊7 Robert Moses, *Public Works*, p.553.
＊8 同書、p.543.

第九章

＊1 "Lindsey Survey City from Copter," *The New York Times*, July 25, 1965.
＊2 Robert Moses, *Public Works*, p.303.
＊3 Robert A. Caro, *Power Broker*, p.1118.
＊4 Robert Moses, *Public Works*, p.255.
＊5 Robert A. Caro, *Power Broker*, p.1067.

＊6 同書、pp.1074–1076.
＊7 同書、p.1081.
＊8 Robert Moses, *Public Works*, p.257.
＊9 "Nelson and David Rockefeller Reported Principal in Secret 1968 Transit Plan," *The New York Times*, Oct. 10, 1974.
＊10 Robert A. Caro, *Power Broker*, Chapter 49.
＊11 Robert Moses, *Public Works*, p.259.
＊12 Robert A. Caro, *Power Broker*, p.1150.
＊13 同書、p.1159.
＊14 Hilary Ballon, Kenneth T. Jackson, *Robert Moses and the Modern City: The Transformation of New York*, W. W. Norton & Company, 2008, p.241.
＊15 Robert A. Caro, *Power Broker*, p.1161.

第一〇章

＊1 Joan Marans Dim, "Did Robert Moses Ruin New York City?" *Barron's*, Mar 17, 2012.
＊2 Bruce Lambert, "The Father of Parks and Traffic," *The New York Times*, Oct 31, 1999.
＊3 同右
＊4 Geoff Boeing, "We Live in a Motorized Civilization: Robert Moses Replies to Robert Caro" Department of City & Regional Planning, University of California Berkeley, Mar. 2017.
＊5 "Annals of Politics, Power Broker I～IX," *New Yorker*, 1974.
＊6 Herbert Kaufman, "Robert Moses: Charismatic Bureaucrat," *Political Science Quarterly*, Vol 90, Autumn, 1975, p.521–538.
＊7 David Dunlop, "Scrutinizing the Legacy of Robert Moses," *The New York Times*, Mar 11, 1987.

＊8 Nicolai Ouroussoff, "Outgrowing Jane Jacobs and Her New York," *The New York Times*, April 30, 2006.

＊9 アンソニー・フリント著、拙訳『ジェイコブズ対モーゼス』p.289

＊10 Hilary Ballon, Kenneth T. Jackson, *Robert Moses and the Modern City: The Transformation of New York*, W. W. Norton & Company, 2008.

＊11 Kenneth T. Jackson, "Robert Moses and The Rise of New York: Power Broker in Perspective," *Robert Moses and the Modern City*, pp.67-71.

＊12 アンソニー・フリント著、拙訳『ジェイコブズ対モーゼス』p.90

＊13 Michael Powell, "The Tale of Two Cities," *The New York Times*, May 6, 2007.

＊14 Owen Gutfreund, "Rebuilding New York in the Auto Age: Robert Moses and His Highway," *Robert Moses and the Modern City*, pp.86-93.

＊15 Robert Moses Statement at Conference of Mayors, Oct. 7, 1954.

＊16 Herbert J. Gans, "The Urban Villagers: Group and Class in the Life of Italian-Americans," 1965.

＊17 Caro's interview with Sid Shapiro.

＊18 Robert Moses, "What's the Matter With New York," *The New York Times Magazine*, Aug. 1, 1943.

＊19 Martha Biondi, "Robert Moses, Race, and the Limits of an Activist State," *Robert Moses and the Modern City*, pp.116–121.

終章

＊1 Hillary Barron, "Robert Moses and Urban Renewal," *Robert Moses and the Modern City*, p.97.

＊2 Paul Goldberger, "Robert Moses, Master Builder, Is Dead at 92," *The New York Times*, July 30, 1981.

＊3 David W Dunlop, "Why Robert Moses Keeps Rising From an Unquiet Grave," *The New York Times*, Mar 21, 2017.

参考文献

Alice Sparberg Alexiou, *Jane Jacobs: Urban Visionary*, Rutgers University Press, 2006.

Anthony Flint, *Wrestling with Moses: How Jane Jacobs Took on New York's Master Builder and Transformed the American City*, Random House, 2009.　邦訳：アンソニー・フリント著、拙訳『ジェイコブズ対モーゼス』鹿島出版会、二〇一一年

Christopher M. Finan, *Alfred E. Smith: The Happy Worrior*, Hill and Wang, 2002.

Cleveland Rodgers, *Robert Moses: Builder for Democracy*, Henry Holt, 1952.

H. Paul Jeffers, *The Napoleon of New York: Mayor Fiorello La Guardia*, John Wiley & Sons, 2002.

Herbert J. Gans, *The Human Implications of Current Redevelopment and Relocation Planning*, Journal of the American Institute of Planners, Feb. 1959.

Hilary Ballon and Kenneth T. Jackson, *Robert Moses and the Modern City: The Transformation of New York*, W. W. Norton & Company, 2008.

Jane Jacobs, *The Death and Life of Great American Cities*, Random House, 1961.　邦訳：ジェイン・ジェイコブズ著、山形浩生訳『新版 アメリカ大都市の死と生』鹿島出版会、二〇一〇年

Jane Jacobs, *Dark Age Ahead*, Vintage Books, 2005.

ジェイン・ジェイコブズ著、中江利忠、加賀谷洋一訳『都市の原理（ＳＤ選書２５７）』鹿島出版会、二〇一一年

Lewis Mumford, *The Highway and the City*, New American Library, 1964.

Martha Biondi, *To Stand and Fight : The Struggle for Civil Rights in Postwar New York*, Harvard University Press, 2003.

Peter Laurence, *Becoming Jane Jacobs*, University of Pennsylvania Press, 2017.

Pierre Christin, Olivier Balez, *Robert Moses: The Master Builder of New York City*, Nobrow Press, 2014.

Robert A. Caro, *The Power Broker: Robert Moses and The Fall of New York*, New York, Alfred A. Knopf, 1974.

Robert Moses, *Public Works: A Dangerous Trade*, McGraw-Hill Book Company, 1970.

Roberta Brandes Gratz, *The Battle for Gotham: New York in the Shadow of Robert Moses and Jane Jacobs*, Nation Books, A Member of the Perseus Books Group, 2011.

Upton Sinclair, *The Jungle*, Double Day, 1906.

『ジェイン・ジェイコブズの世界：１９１６～２００６　〔別冊「環」〕』藤原書店、二〇一六年

Bruce Lambert, “One Man’s Dream, Blissful Jones Beach Is Like No Other Place”, *The New York Times*, September 28, 1997.

Bruce Lambert, “The Father of Parks, and Traffic”, *The New York Times*, October 31, 1999.

Carole Paquette, “Showcasing the Career of Rober Moses”, *The New York Times*, October 1, 1995.

Christopher Gray, “Streetscapes/Henry Hudson Bridge;A Controversial ’36 Span Through Dreamy Isolation”, *The New York Times*, Aug.10, 2003.

David W. Dunlap, “Scrutinizing the Legacy of Robert Moses”, *The New York Times*, May 11, 1987.

David W. Dunlap, “Why Robert Moses Keeps Rising From an Unquiet Grave”, *The New York Times*, March 21, 2017.

Geoff Boeing, “We Live in a Motorized Civilization: Robert Moses Replies to Rober Caro”, March 2017, Working paper.

Michael Powell,“A Tale of Two Cities”, *The New York Times*, May 6, 2007.

Nicolai Ouroussoff, “Outgrowing Jane Jacobs and Her New York”, *The New York Times*, April 30, 2006.

Oliver Burkeman, “The Power Broker: Robert Moses and the Fall of New York by Robert Caro Review-a landmark study”, *The Guardian*, October 23, 2015.

Sam Roberts, "Reappraising a Landmark Bridge, and the Visionary Behind it", *The New York Times*, July 11, 2006.

Sewell Chan, "Willian J. Ronan, Architect of the M.T.A., Dies at 101", *The New York Times*, October 17, 2014.

Frank J. Prial, "Nelson and David Rockefeller Reported Principals in Secret 1968 Transit Pact" , *The New York Times*, October 10, 1974.

Robert Moses, "What's the Matter With New York?", *The New York Times*, August 1, 1943

"Biography, Fiorello La Guardia", *Bio Newsletter*.

"For A Henry Hudson Bridge; Board of Estimate will Appropriate $2,000,000 Today to Build it", *The New York Times*, April 6, 1906.

"Mayor Calls Police to Halt Razing of Ferry by Moses", *The New York Times*, July 23, 1936.

"The Moses Resignations", *The New York Times*, December 2, 1962.

年表

年	年齢	ロバート・モーゼス 経歴と関与した主なプロジェクト	ニューヨーク州知事	ニューヨーク市長	出来事
1888		コネチカット州ニューヘイブンにて誕生			
1889	1				
1908	20				
1909	21	イェール大学からオックスフォード大学へ			
1910	22				
1911	23				トライアングル・シャツウエスト工場火災
1912	24				
1913	25	コロンビア大学博士号／市政調査会養成学校へ			
1914	26			ジョン・P・ミチェル	
1915	27	メアリー・シムスと結婚	チャールズ・ホイットマン		
1916	28				
1917	29			ジョン・F・ハイラン	
1918	30				
1919	31	州再建委員会事務総長（～21年まで）	アルフレッド・スミス		
1920	32				
1921	33		ネイサン・J・ミラー		初の公社、ニューヨーク港湾公社設立
1922	34				
1923	35		アルフレッド・スミス		
1924	36	ロングアイランド州立公園局長、州立公園評議会議長			高速交通網基本案（地域計画協会）

*州知事選・市長選は前年秋に行われ、就任は翌年1月から。上の年表は在任期間を示す。

1925	37		←	←	ブロンクス・リバー・パークウェイ
1926	38			ジミー・ウォーカー	
1927	39	州務長官			ホーランド・トンネル
1928	40				
1929	41	ヘックシャー州立公園、サザン・ステート・パークウェイ、ワンタフ・コーズウェイ、ジョーンズ・ビーチ州立公園	フランクリン・D・ルーズベルト		世界恐慌
1930	42	オーシャン・パークウェイ			
1931	43				エンパイアステートビル
1932	44			ジョセフ・V・マッキー	
1933	45	市立公園局長、トライボロー・ブリッジ公社総裁、マリン・パークウェイ公社総裁など	ハーバート・レーマン	ジョン P・オブライエン	CWA連邦土木事業庁、ニューディール政策
1934	46	セントラルパーク動物園新装、メドーブルックパークウェイ		フィオレロ・ラガーディア	連邦住宅法、リンカーン・トンネル
1935	47				
1936	48	トライボロー・ブリッジ、ヘンリー・ハドソン・ブリッジ			トンネル公社設立、ニューヨーク市新憲章制定
1937	49				連邦住宅法
1938	50				
1939	51	ニューヨーク世界博覧会			
1940	52	クイーンズ・ミッドタウン・トンネル			
1941	53				
1942	54		チャールズ・ポレッティ		
1943	55		トーマス・デューイ		
1944	56				

年	年齢	ロバート・モーゼス 経歴と関与した主なプロジェクト	ニューヨーク州知事	ニューヨーク市長	出来事
1945	57				FDR死去、国連設立
1946	58	国連本部ビル／ローメックス計画、建設コーディネーター		ウィリアム・オドワイヤー	
1947	59	スタイブサントタウン			ラガーディア死去
1948	60				
1949	61	スラム撤去委員会委員長			連邦住宅法（タイトル1）
1950	62	クイーンズ・バッテリー・トンネル		ヴィンセント・インペリテリ	
1951	63				
1952	64				
1953	65				
1954	66			ロバート・F・ワーグナーJr.	
1955	67	リンカーンセンター着工	アヴェレル・ハリマン		
1956	68	メジャー・ディーガン・エクスプレスウェイ、ブロンクスリバー・パークウェイ、コロシアム			インターステート・ハイウェイ法
1957	69				
1958	70	市動脈道路計画発表			ジェイン・ジェイコブズ「ダウンタウンは人々のものである」
1959	71		ネルソン・ロックフェラー		
1960	72	市政府職辞任、世界博会長			
1961	73				ジェイン・ジェイコブズ『アメリカ大都市の死と生』
1962	74	ローメックス計画否認／州政府職辞任、リンカーンセンター			

1963	75	クロス・ブロンクス・エクスプレスウェイ、アレクサンダー・ハミルトン・ブリッジ			
1964	76	ニューヨーク世界博覧会			
1965	77				
1966	78	メアリー・グレイディと再婚		ジョン・リンゼイ	
1967	79				
1968	80	トライボロー公社総裁辞任			MTA設立
1969	81	リンカーンセンター完成			
1970	82	『パブリック・ワークス』刊行			
1971	83				
1972	84				
1973	85	ロングアイランド海峡横断道路橋中止決定	マルコルム・ウィルソン		
1974	86			エイブラハム・ビーム	ロバート・カロ『THE POWER BROKER』
1975	87		ヒュー・カレイ		
1976	88				
1977	89				
1978	90			エド・コッチ	
1979	91				
1980	92				
1981		死去			
1995		モーゼス回顧展開催			
2007		「ロバート・モーゼスと近代都市」展開催			

あとがき

一九七〇年代、ニューヨークに駐在中だったわたしは、ある朝、『ニューヨーク・タイムズ』を開いて目にした写真に強くひかれた。そこには、ロングアイランド海峡を横断する高速道路橋の美しいCG画像が描かれてあり、記事は、この約一〇キロの巨大橋梁計画が断念されたとあった。正確な内容についてはもはや記憶にないが、この海峡横断橋梁はロバート・モーゼスが発案したものの、ネルソン・ロックフェラー知事が環境への配慮の高まりに押されて廃案にしたものであったことは今回判明することができた。

仮にモーゼスの提案が実現していれば、人、物、サービスの移動効率は間違いなく向上していただろうし、アマチュア的観点から言えば、あの美しい橋の姿を目にできないのはちょっと残念な気がする。

日本で東京湾を横断するアクアラインが敷設されたのは、一九九七年であったから、約四〇年の時を隔てて類似の橋梁（全長一五・一キロ、ただし橋梁部分は四・四キロ）が出現したことになる。二〇一七年の一二月、千葉県知事は「房総半島に大きな経済効果をもたらしたレガシーだ」と二〇周年を祝福し、環境への懸念などについては全く触れていない。

今日、マンハッタン市内の道路の混雑ぶりは目に余る。ピーク時に所要時間を読むことなどおよそ不可能だ。仮の話が続くが、モーゼスのローワー・マンハッタン横断道が実現していたなら、どうだっただろうか。ニュージャージーとロングアイランドが直結されることで、マンハッタンに用のない車は高速を降りずに走行できるから市内の混雑は大幅緩和されたにちがいない。

もちろん、その場合、ソーホーあたりの下町は鉋をかけられたように削られ、計画案の一つにあったように、五、六階建てのビルが連なり、その二、三階部分を貫いて敷設された高速道路を車が疾走する風景が出現していたことであろう。

ニューヨークのみならず、概して海外の主要都市の中心部に高速道路を通すケースは稀だが、東京では一九六四年のオリンピックを契機に首都高を完成させてしまった。今になって地下化の計画もちらほら聞こえるが、これを全く廃止して、通常の幹線道路に戻すとすれば、賛否は大きく分かれるだろう。経済や効率を優先するのか、町の風情の保全、あるいは活性化に光をあてるのか、このバランスは個々のケースによって違うから、回答もまた微妙に違ってくる。

二〇一六年は、ジェイン・ジェイコブズ生誕一〇〇周年にあたり、「シチズン・ジェイン」のタイトルで彼女の街づくりの理念、闘いを賞賛する映画が作成され、本邦でも「ジェイン・ジェイコブズ――ニューヨーク都市計画革命」として二〇一八年春に公開される。事前に映画を観せてもらったが、もちろん、そこでモーゼスは例によって悪役ぶりを存分に発揮している。

できれば、この映画を見るにあたって本書『評伝ロバート・モーゼス――世界都市ニューヨークの創造主《マスタービルダー》』を読み合わせていただくとありがたいと思っている。

そもそも、本書を著すきっかけは、拙訳本『ジェイコブズ対モーゼス』の翻訳作業中に抱いた違和感にある。今日のまちづくりにおいて、世論があまりにもジェイコブズびいきになりすぎているのではないかという疑問である。映画「ジェイン・ジェイコブズ」の紹介パンフレットには、「もしもジェイコブズがいなかったら、世界で一番エキサイティングな都市・ニューヨークは、きっとずっと退屈だった」とあるが、同じ文章を「もしもモーゼスがいなかったら」と替えても、わたしには全く違和感がない。本書をお読みいただいた方々が、どのような感じを持たれるのか興味深い。

モーゼスを語る時、どうしてもロバート・カロの大著『パワー・ブローカー』に依存せざるをえない。カロの筆は、権力者に対して厳しく執拗で、一三〇〇ページを通じてモーゼスを、これでもかとばかりに描き出す。成就した事業の評価というよりは、強権を振り回すモーゼスへの個人攻撃に重点をおいているかのようだ。検証しようにもあまりに遠い昔のことなので、資料の収集にはずいぶん時間を取られた。

ちなみに、日本でモーゼスについて書かれた論文、著作は皆無といってよい。都市計画の大御所、故井上孝東京大学教授がモーゼスを紹介したほんの数ページの小論を読んだ記憶があるが、その後どこかに紛れてしまい、今回探してみたが発見できなかった。

したがって、参考文献はほとんど海外書籍で、新聞雑誌のアーカイブへのアクセスでは、日本外国人特派員クラブ（ＦＣＣＪ）や、アメリカンクラブのライブラリアンに、大変お世話になった。

バビロン在住の元学芸員アリス・ザルーカは、高齢にもかかわらず、二〇年前のモーゼス回顧展の古い資料を探しに倉庫に潜ってくれた。彼女の体調がよからんことを祈りたい。

推薦文をお願いしたわたしの敬愛する建築家、槇文彦氏に心よりの御礼を申し上げたい。ニューヨークを愛する氏は、九・一一のグラウンド・ゼロにとても美しい高層金融オフィスビルを完成させ、多くのニューヨーカーから賞賛されている。

鹿島出版会の渡辺奈美さんにはことのほかお世話になった。彼女は以前『ジェイコブズ対モーゼス』でも担当していただいたので、わたしの性格もよく理解してくださり忍耐強く対応してくれた。あつく御礼申し上げたい。

最後にワイフ、寿恵子の協力にも感謝したい。彼女は、別途ピエール・クリスティンの漫画『ロバート・モーゼス――ニューヨークのマスタービルダー』を翻訳してみて、数コマ分の漫画で説明されている事柄が、わたしの本書では数ページを要していることを面白がっていた。視覚に訴える漫画の発信力は、げにおそるべしと知った。

二〇一八年三月　　渡邉泰彦

わ

ま

は

た

な

さ

か

索引

図版クレジット

Archive Photos/Getty Images: p.267
Bettmann/CORBIS/amanaimages: p.009
©Andrew L. Moore: p.171
Courtesy of MTA Bridges and Tunnels Special Archive: p.095, p.121, p.155
itographer/Getty Images: カバー表1
Jim Jacobs: p.199
New York Daily News Photos: p.037
Photo by Fred W. McDarrah/Getty Images: p.164
Photograph by Max Ulrich: p.075
Photo by Vernon Merritt III/The LIFE Picture Collection/Getty Images: p.016

渡邉泰彦（わたなべ・やすひこ）

慶應義塾大学経済学部卒業、ペンシルバニア大学ウォートンスクールMBA。

東京三菱銀行退任後、三菱地所にて丸の内再開発事業に携わる。

アーバンランド・インスティチュート（ULI）・ジャパン会長、
日本ファシリティマネジメント推進協会副会長、
筑波大学大学院システム情報工学科客員教授などを歴任。

現在、慶應大学ビジネススクール顧問など。

訳書に『ジェイコブズ対モーゼス——ニューヨーク都市計画をめぐる闘い』（2011）、

『フェリックス・ロハティン自伝——ニューヨーク財政危機を救った投資銀行家』

（2012、ともに鹿島出版会）など。

評伝《ひょうでん》ロバート・モーゼス 世界都市《せかいとし》ニューヨークの創造主《マスタービルダー》

2018年5月15日　第1刷発行

著者　渡邉泰彦《わたなべやすひこ》
発行者　坪内文生
発行所　鹿島出版会
〒104-0028　東京都中央区八重洲2-5-14
電話03-6202-5200　振替00160-2-180883
印刷・製本　壮光舎印刷
組版・装幀　伊藤滋章

ISBN 978-4-306-07341-8 C3052

本書の内容に関するご意見・ご感想は下記までお寄せ下さい。
URL: http://www.kajima-publishing.co.jp/
e-mail: info@kajima-publishing.co.jp